Richard Wagner

Der Ring des Nibelungen

Richard Wagner

Der Ring des Nibelungen

Vollständiger Text
mit Notentafeln der Leitmotive

Herausgegeben von Julius Burghold

SCHOTT

Bibliografische Information der Deutschen Nationalbibliothek
Die Deutsche Nationalbibliothek verzeichnet diese Publikation in der Deutschen Nationalbibliografie; detaillierte bibliografische Daten sind im Internet über http://dnb.d-nb.de abrufbar.

Serie Musik

Bestellnummer SEM 8229
ISBN 978-3-254-08229-9
Reprint der Originalausgabe 1913

www.schott-music.com
www.schott-buch.de

Umschlagmotiv: „Erste Szene aus Das Rheingold". Gemälde von Henri Fantin-Latour, 1888 (Archiv für Kunst und Geschichte, Berlin)
Gesamtherstellung: CPI – Clausen & Bosse, Leck
Printed in Germany · BSS 46530

Inhalt

Die Notentafeln der Leitmotive befinden sich immer am Schluß jeder Oper

VORSPIEL.

Natur-M., dann mit Wellen-M.

ERSTE SCENE.

Auf dem Grunde des Rheines.

Grünliche Dämmerung, nach oben zu lichter, nach unten zu dunkler. Die Höhe ist von wogendem Gewässer erfüllt, das rastlos von rechts nach links zu strömt. Nach der Tiefe zu lösen sich die Fluthen in einen immer feineren feuchten Nebel auf, so dass der Raum der Manneshöhe vom Boden auf gänzlich frei vom Wasser zu sein scheint, welches wie in Wolkenzügen über den nächtlichen Grund dahin fliesst. Ueberall ragen schroffe Felsenriffe aus der Tiefe auf, und grenzen den Raum der Bühne ab; der ganze Boden ist in ein wildes Zackengewirr zerspalten, so dass er nirgends vollkommen eben ist und nach allen Seiten hin in dichtester Finsterniss tiefere Schlüffte annehmen lässt.

Um ein Riff in der Mitte der Bühne, welches mit seiner schlanken Spitze bis in die dichtere, heller dämmernde Wasserfluth hinaufragt, kreis't in anmuthig schwimmender Bewegung eine der RHEINTÖCHTER.

WOGLINDE.

Rheintöchter-M.

Weia! Waga!
Woge, du Welle,
walle zur Wiege!
Wagalaweia!
Wallala weiala weia!

WELLGUNDE'S
(Stimme, von oben).

Woglinde, wach'st du allein?

WOGLINDE.

Mit Wellgunde wär' ich zu zwei.

WELLGUNDE
(taucht aus der Fluth zum Riff herab).
Lass' seh'n, wie du wach'st.
(Sie sucht WOGLINDE zu erhaschen.)

WOGLINDE
(entweicht ihr schwimmend).

Natur- u. Wellen-M.

Sicher vor dir.
(Sie necken sich und suchen sich spielend zu fangen.)

FLOSSHILDE'S
(Stimme, von oben).
Heiala weia!
Wildes Geschwister!

WELLGUNDE.
Flosshilde, schwimm'!
Woglinde flieht:
hilf mir die Fliessende fangen!

FLOSSHILDE
(taucht herab und fährt zwischen die Spielenden).

Wellen-M. (moll).

Des Goldes Schlaf
hütet ihr schlecht;
besser bewacht
des Schlummernden Bett,
sonst büss't ihr beide das Spiel!

Natur- u. Wellen-M.

Mit munt'rem Gekreisch fahren die beiden auseinander, FLOSSHILDE sucht bald die eine, bald die andere zu erhaschen; sie entschlüpfen ihr und vereinigen sich endlich, um gemeinschaftlich auf FLOSSHILDE Jagd zu machen: so schnellen sie gleich Fischen von Riff zu Riff, scherzend und lachend.

Aus einer finstern Schlufft ist währenddem ALBERICH, an einem Riffe klimmend, dem Abgrunde entstiegen. Er hält, noch vom Dunkel umgeben, an und schaut dem Spiele der Wassermädchen mit steigendem Wohlgefallen zu.

ALBERICH.
He he! Ihr Nicker!
Wie seid ihr niedlich,
neidliches Volk!
Aus Nibelheim's Nacht
naht' ich mich gern,
neigtet ihr euch zu mir.
(Die Mädchen halten, als sie ALBERICH's Stimme hören mit ihrem Spiele ein.)

WOGLINDE.

Hei! wer ist dort?

FLOSSHILDE.

Es dämmert und ruft.

WELLGUNDE.

Lugt, wer uns belauscht!

(Sie tauchen tiefer herab und erkennen den Nibelung.)

WOGLINDE und WELLGUNDE.

Pfui! der Garstige!

FLOSSHILDE
(schnell auftauchend).

Hütet das Gold!
Vater warnte
vor solchem Feind.

(Die beiden andern folgen ihr, und alle drei versammeln sich schnell um das mittlere Riff.)

ALBERICH.

Ihr da oben!

DIE DREI.

Was willst du dort unten?

ALBERICH.

Stör' ich eu'r Spiel,
wenn staunend ich still hier steh'!
Tauchtet ihr nieder,
mit euch tollte
und neckte der Niblung sich gern

WOGLINDE.

Mit uns will er spielen?

WELLGUNDE.

Ist ihm das Spott?

ALBERICH.

Wie scheint im Schimmer
ihr hell und schön!
Wie gern umschlänge
der Schlanken eine mein Arm,
schlüpfte hold sie herab!

FLOSSHILDE.

Nun lach' ich der Furcht:
der Feind ist verliebt.

(Sie lachen.)

WELLGUNDE.

Der lüsterne Kauz!

WOGLINDE.

Lasst ihn uns kennen!

(Sie lässt sich auf die Spitze des Riffes hinab, an dessen Fusse ALBERICH angelangt ist.)

ALBERICH.

Die neigt sich herab.

WOGLINDE.

Nun nahe dich mir!

ALBERICH

(klettert mit koboldartiger Behendigkeit, doch wiederholt aufgehalten, der Spitze des Riffes zu).

Garstig glatter
glitschriger Glimmer!
Wie gleit' ich aus!
Mit Händen und Füssen
nicht fasse noch halt' ich
das schlecke Geschlüpfer!

(Er pruhstet.)

Feuchtes Nass
füllt mir die Nase:
verfluchtes Niesen!

(Er ist in der Nähe WOGLINDE's angelangt.)

WOGLINDE

(lachend).

Pruhstend naht
meines Freiers Pracht!

ALBERICH.

Mein Friedel sei,
du fräuliches Kind!

(Er sucht sie zu umfassen.)

WOGLINDE
(sich ihm entwindend).

Willst du mich frei'n,
so freie mich hier!

(Sie ist auf einem andern Riffe angelangt. Die Schwestern lachen.)

ALBERICH
(kratzt sich den Kopf).

O weh! du entweich'st?
Komm' doch wieder!
Schwer ward mir,
was so leicht du erschwingst.

WOGLINDE
(schwingt sich auf ein drittes Riff in grösserer Tiefe).

Steig' nur zu Grund:
da greifst du mich sicher!

ALBERICH
(klettert hastig hinab).

Wohl besser da unten!

WOGLINDE
(schnellt sich rasch aufwärts nach einem hohen Seitenriffe)

Nun aber nach oben!

(Alle Mädchen lachen.)

ALBERICH.

Wie fang' ich im Sprung
den spröden Fisch?
Warte, du Falsche!

(Er will ihr eilig nachklettern.)

WELLGUNDE
(hat sich auf ein tieferes Riff auf der andern Seite gesenkt).

Heia! Du Holder!
hör'st du mich nicht?

ALBERICH
(sich umwendend).

Ruf'st du nach mir?

WELLGUNDE.

Ich rathe dir wohl:
zu mir wende dich,
Woglinde meide!

ALBERICH
(klettert hastig über den Bodengrund zu WELLGUNDE).
Viel schöner bist du
als jene Scheue,
die minder gleissend
und gar zu glatt. —
Nur tiefer tauche,
willst du mir taugen!

WELLGUNDE
(noch etwas mehr zu ihm sich herabsenkend)
Bin nun ich dir nah'?

ALBERICH.
Noch nicht genug!
Die schlanken Arme
schlinge um mich,
dass ich den Nacken
dir neckend betaste,
mit schmeichelnder Brunst
an die schwellende Brust mich dir schmiege.

WELLGUNDE.
Bist du verliebt
und lüstern nach Minne,
lass' seh'n, du Schöner,
wie bist du zu schau'n? —
Pfui, du haariger,
höck'riger Geck!
Schwarzes, schwieliges
Schwefelgezwerg!
Such' dir ein Friedel,
dem du gefällst!

ALBERICH
(sucht sie mit Gewalt zu halten).
Gefall' ich dir nicht,
dich fass' ich doch fest!

WELLGUNDE
(schnell zum mittleren Riff auftauchend).
Natur- u. Wellen-M. Nur fest, sonst fliess' ich dir fort!
(Alle Drei lachen.)

ALBERICH
(erbost ihr nachzankend).

Falsches Kind!
Kalter, grätiger Fisch!
Schein' ich nicht schön dir,
niedlich und neckisch,
glatt und glau —
hei! so buhle mit Aalen,
ist dir eklig mein Balg!

FLOSSHILDE.

Was zank'st du, Alp?
Schon so verzagt?
Du freitest um zwei:
früg'st du die dritte,
süssen Trost
schüfe die Traute dir!

ALBERICH.

Holder Sang
singt zu mir her!
Wie gut, dass ihr
eine nicht seid:
von vielen gefall' ich wohl einer,
bei einer kies'te mich keine! —
Soll ich dir glauben,
so gleite herab!

FLOSSHILDE
(taucht zu ALBERICH hinab).

Wie thörig seid ihr,
dumme Schwestern,
dünkt euch dieser nicht schön!

ALBERICH
(hastig ihr nahend).

Für dumm und hässlich
darf ich sie halten,
seit ich dich Holdeste seh'.

FLOSSHILDE
(schmeichelnd).

O singe fort

so süss und fein;
wie hehr verführt es mein Ohr!

ALBERICH
(zutraulich sie berührend).

Mir zagt, zuckt
und zehrt sich das Herz,
lacht mir so zierliches Lob.

FLOSSHILDE
(ihn sanft abwehrend).

Wie deine Anmuth
mein Aug' erfreut,
deines Lächelns Milde
den Muth mir labt!
(Sie zieht ihn zärtlich an sich.)
Seligster Mann!

ALBERICH.

Süsseste Maid!

FLOSSHILDE.

Wär'st du mir hold!

ALBERICH.

Hielt' ich dich immer!

FLOSSHILDE
(ihn ganz in ihren Armen haltend).

Deinen stechenden Blick,
deinen struppigen Bart,
o säh' ich ihn, fasst' ich ihn stets!
Deines stachlichen Haares
strammes Gelock,
umflöss' es Flosshilde ewig!
Deine Krötengestalt,
Deiner Stimme Gekrächz,
o dürft' ich staunend und stumm,
sie nur hören und seh'n!
(WOGLINDE und WELLGUNDE sind nahe herabgetaucht und schlagen jetzt ein helles Gelächter auf.)

ALBERICH
(erschreckt aus FLOSSHILDE's Armen auffahrend).

Lacht ihr Bösen mich aus?

FLOSSHILDE
(sich plötzlich ihm entreissend).

Wie billig am Ende vom Lied.

(Sie taucht mit den Schwestern schnell in die Hohe und stimmt in ihr Gelächter ein.)

ALBERICH
(mit kreischender Stimme).

Wehe! ach wehe! Wehe-M.
O Schmerz! O Schmerz!
Die dritte, so traut,
betrog sie mich auch? —
Ihr schmählich schlaues,
lüderlich schlechtes Gelichter!
Nährt ihr nur Trug,
ihr treuloses Nickergezücht?

DIE DREI RHEINTÖCHTER.

Wallala! Lalaleia! Lalei! Rheintöchter-M.
Heia! Heia! Haha!
Schäme dich, Albe!
Schilt nicht dort unten!
Höre, was wir dich heissen!
Warum, du Banger,
bandest du nicht
das Mädchen, das du minnst?
Treu sind wir
und ohne Trug
dem Freier, der uns fängt. —
Greife nur zu
und grause dich nicht!
In der Fluth entfliehn wir nicht leicht. Rheintöchter-M.

(Sie schwimmen aus einander, hierher und dorthin, bald tiefer, bald höher, um ALBERICH zur Jagd auf sie zu reizen.)

ALBERICH.

Wie in den Gliedern
brünstige Gluth
mir brennt und glüht!
Wuth und Minne,
wild und mächtig,
wühlt mir den Muth auf. —

Wie ihr auch lacht und lügt,
lüstern lechz' ich nach euch,
und eine muss mir erliegen!

Er macht sich mit verzweifelter Anstrengung zur Jagd auf: mit grauenhafter Behendigkeit erklimmt er Riff für Riff, springt von einem zum andern, sucht bald dieses bald jenes der Mädchen zu erhaschen, die mit höhnischem Gelächter stets ihm entweichen; er strauchelt, stürzt in den Abgrund hinab, klettert dann hastig wieder zur Höhe, — bis ihm endlich die Geduld entfährt: vor Wuth schäumend hält er athemlos an und streckt die geballte Faust nach den Mädchen hinauf.

Rheintöchter-M.

ALBERICH
(kaum seiner mächtig).

Fing' eine diese Faust! . . .

Er verbleibt in sprachloser Wuth, den Blick aufwärts gerichtet, wo er dann plötzlich von folgendem Schauspiele angezogen und gefesselt wird.

Durch die Fluth ist von oben her ein immer lichterer Schein gedrungen, der sich nun an einer hohen Stelle des mittleren Riffes zu einem blendend hell strahlenden Goldglanze entzündet: ein zauberisch goldenes Licht bricht von hier durch das Wasser.

Rheingold-M.

WOGLINDE.

Lugt, Schwestern!
Die Weckerin lacht in den Grund.

Rheingold-M.

WELLGUNDE.

Durch den grünen Schwall
den wonnigen Schläfer sie grüsst.

Rheingold-M.

FLOSSHILDE.

Jetzt küsst sie sein Auge,
dass er es öff'ne.

WELLGUNDE.

Rheingold-M.

Schaut, es lächelt
in lichtem Schein.

WOGLINDE.

Durch die Fluthen hin
fliesst sein strahlender Stern!

Rheingold-M.

DIE DREI
(zusammen das Riff anmuthig umschwimmend).

Rheintöchtersang.

Heiajaheia!
Heiajaheia!

Wallala lalala leiajahei!
Rheingold!
Rheingold!
Leuchtende Lust,
wie lach'st du so hell und hehr!
Glühender Glanz
entgleisset dir weihlich im Wag!
Heiajahei
Heiajaheia!
Wache, Freund,
wache froh!
Wonnige Spiele
spenden wir dir:
flimmert der Fluss,
flammet die Fluth,
umfliessen wir tauchend,
tanzend und singend,
im seligen Bade dein Bett!
Rheingold!
Rheingold!
Heiajaheia!
Wallala lalaleia jahei!

(Rheintöchter-sang.)

Rheingold-M.

ALBERICH
(dessen Auge mächtig vom Glanze angezogen, starr an dem Golde haftet).

Was ist's, ihr Glatten,
das dort so glänzt und gleisst?

DIE DREI MÄDCHEN
(abwechselnd).

Wo bist du Rauher denn heim,
dass vom Rheingold nie du gehört? —
Nicht weiss der Alp
von des Goldes Auge,
das wechselnd wacht und schläft? —
von der Wassertiefe
wonnigem Stern,
der hehr die Wogen durchhellt? —

Sieh, wie selig
im Glanze wir gleiten!
Willst du Banger
in ihm dich baden,
Rheintöchter-M. so schwimm' und schwelge mit uns!
Rheingold-M. Wallala lalaleia jahei!

ALBERICH.

Eu'rem Taucherspiele
nur taugte das Gold?
Mir gält' es dann wenig!

WOGLINDE.

Des Goldes Schmuck
schmähte er nicht,
wüsste er all seine Wunder.

WELLGUNDE.

Ring-M. Der Welt Erbe
gewänne zu eigen,
wer aus dem Rheingold
schüfe den Ring,
der masslose Macht ihm verlieh'.

FLOSSHILDE.

Der Vater sagt' es,
und uns befahl er
klug zu hüten
den klaren Hort,
dass kein Falscher der Fluth ihn entführe:
drum schweigt, ihr schwatzendes Heer!

WELLGUNDE.

Du klügste Schwester!
Verklag'st du uns wohl?
Weisst du denn nicht,
wem nur allein
das Gold zu schmieden vergönnt?

WOGLINDE.

Nur wer der Minne
Macht versagt,
nur wer der Liebe
Lust verjagt,
nur der erzielt sich den Zauber,
zum Reif zu zwingen das Gold.

Entsagungs-M.

Ring-M.

WELLGUNDE.

Wohl sicher sind wir
und sorgenfrei:
denn was nur lebt will lieben,
meiden will keiner die Minne.

WOGLINDE.

Am wenigsten er,
der lüsterne Alp:
vor Liebesgier
möcht' er vergeh'n!

FLOSSHILDE.

Nicht fürcht' ich den,
wie ich ihn erfand:
seiner Minne Brunst
brannte fast mich.

WELLGUNDE.

Ein Schwefelbrand
in der Wogen Schwall:
vor Zorn der Liebe
zischt er laut!

DIE DREI
(zusammen).

Wallala! Wallaleia! Lala!
Lieblicher Albe,
lach'st du nicht auch?
In des Goldes Scheine
wie leuchtest du schön!
O komm', Lieblicher, lache mit uns!

Rheintöchter-M.
Rheintöchtersang.

(Rheintöchter-sang.) Heia jaheia!
Rheingold-M. Wallala lalala leia jahei!
Rheintöchter-sang. (Sie schwimmen lachend im Glanze auf und ab).

ALBERICH
(die Augen starr auf das Gold gerichtet, hat dem hastigen Geplauder der Schwestern wohl gelauscht).

Ring-M. Der Welt Erbe
gewänn' ich zu eigen durch dich?
Erzwäng' ich nicht Liebe,
doch listig erzwäng' ich mir Lust? —
Entsagungs-M. (Furchtbar laut.)
Spottet nur zu!
Der Nibelung naht eu'rem Spiel!

Wüthend springt er nach dem mittleren Riff hinüber und klettert in grausiger Hast nach dessen Spitze hinauf. Die Mädchen fahren kreischend auseinander und tauchen nach verschiedenen Seiten hin auf.

DIE DREI RHEINTÖCHTER.

Heia! Heia! Heiajahei!
Rettet euch!
es raset der Alp!
in den Wassern sprüht's
wohin er springt:
die Minne macht ihn verrückt!
(Sie lachen im tollsten Uebermuth.)

ALBERICH
(gelangt mit einem letzten Sprung zur Spitze).

Bangt euch noch nicht?
So buhlt nun im Finstern,
feuchtes Gezücht!
Rheingold-M. (moll.) (Er streckt die Hand nach dem Golde aus.)
Das Licht lösch' ich euch aus,
entreisse dem Riff das Gold,
Ring-M. schmiede den rächenden Ring;
denn hör' es die Fluth —
Entsagungs-M. so verfluch' ich die Liebe!

Rheingold-M. Er reisst mit furchtbarer Gewalt das Gold aus dem Riffe und stürzt damit hastig in die Tiefe, wo er schnell verschwindet. Dichte Nacht bricht plötzlich überall herein. Die Mädchen tauchen jach dem Räuber in die Tiefe nach.

DIE RHEINTÖCHTER
(schreiend).

Haltet den Räuber!
Rettet das Gold!
Hülfe! Hülfe!
Weh! Weh!

Die Fluth fällt mit ihnen nach der Tiefe hinab; aus dem untersten Grunde hört man ALBERICH's gellendes Hohngelächter. — In dichtester Finsterniss verschwinden die Riffe; die ganze Bühne ist von der Höhe bis zur Tiefe von schwarzem Wassergewoge erfüllt, das eine Zeit lang immer nach abwärts zu sinken scheint. — **Entsagungs-M.**

ZWEITE SCENE.

Allmälig gehen die Wogen in Gewölke über, das sich nach und nach abklärt, und als es sich endlich, wie in feinem Nebel, gänzlich verliert, wird eine — **Ring-M. allmälig übergehend in Walhall-M.**

freie Gegend auf Bergeshöhen

sichtbar, anfänglich noch in nächtlicher Beleuchtung. — Der hervorbrechende Tag beleuchtet mit wachsendem Glanze eine Burg mit blinkenden Zinnen, die auf einem Felsgipfel im Hintergrunde steht; zwischen diesem burggekrönten Felsgipfel und dem Vordergrunde der Scene ist ein tiefes Thal, durch welches der Rhein fliesst, anzunehmen. — Zur Seite auf blumigem Grunde liegt WOTAN, neben ihm FRICKA, beide schlafend.

FRICKA
(erwacht: ihr Blick fällt auf die Burg; sie staunt und erschrickt).

Wotan, Gemahl! erwache!

WOTAN
(im Traume leise).

Der Wonne seligen Saal — **Ring-M.**
bewachen mir Thür' und Thor:
Mannes Ehre, — **Walhall-M.**
ewige Macht,
ragen zu endlosem Ruhm!

FRICKA
(rüttelt ihn).

Auf, aus der Träume
wonnigem Trug!
Erwache, Mann, und erwäge!

WOTAN
(erwacht und erhebt sich ein wenig: sein Auge wird sogleich vom Anblick der Burg gefesselt).

Walhall-M. Vollendet das ewige Werk:
auf Berges Gipfel
die Götter-Burg,
prächtig prahlt
der prangende Bau!
Wie im Traum ich ihn trug,
wie mein Wille ihn wies,
stark und schön
steht er zur Schau;
hehrer, herrlicher Bau!

FRICKA.
Nur Wonne schafft dir
was mich erschreckt?
Dich freut die Burg,
mir bangt es um Freia.
Achtloser, lass dich erinnern
des ausbedungenen Lohns!
Vertrags-M. Die Burg ist fertig,
verfallen das Pfand:
vergassest du, was du vergab'st?

Riesen-M. WOTAN.
Wohl dünkt mich's, was sie bedangen,
die dort die Burg mir gebaut;
Vertrags-M. durch Vertrag zähmt' ich
ihr trotzig Gezücht,
dass sie die hehre
Halle mir schüfen;
Vertrags-M. die steht nun — Dank den Starken: —
um den Sold sorge dich nicht.

FRICKA.
O lachend frevelnder Leichtsinn!
Liebelosester Frohmuth!
Wusst' ich um eu'ren Vertrag,
dem Truge hätt' ich gewehrt;

doch muthig entferntet
ihr Männer die Frauen,
um taub und ruhig vor uns
allein mit den Riesen zu tagen.
So ohne Scham
verschenktet ihr Frechen
Freia, mein holdes Geschwister
froh des Schächergewerb's.
Was ist euch Harten
doch heilig und werth,
giert ihr Männer nach Macht!

WOTAN. Ring-M.

Gleiche Gier
war Fricka wohl fremd,
als selbst um den Bau sie mich bat? Ring-M.

FRICKA.

Um des Gatten Treue besorgt
muss traurig ich wohl sinnen,
wie an mich er zu fesseln,
zieht's in die Ferne ihn fort:
herrliche Wohnung, Weib-M.
wonniger Hausrath,
sollten dich binden
zu säumender Rast.
Doch du bei dem Wohnbau sannst
auf Wehr und Wall allein:
Herrschaft und Macht
soll er dir mehren;
nur rastlosern Sturm zu erregen
erstand dir die ragende Burg.

WOTAN
(lächelnd).

Wolltest du Frau Weib-M.
in der Feste mich fangen,
mir Gotte musst du schon gönnen,
dass, in der Burg
gebunden, ich mir

Walhall-M. von aussen gewinne die Welt.
Wandel und Wechsel
liebt wer lebt:
das Spiel drum kann ich nicht sparen.

FRICKA.

Liebeloser,
leidigster Mann!
Um der Macht und Herrschaft
müssigen Tand
verspielst du in lästerndem Spott
Entsagungs-M. Liebe und Weibes Werth?

WOTAN
(ernst).

Vertrags-M Um dich zum Weib zu gewinnen,
mein eines Auge
setzt' ich werbend daran:
wie thörig tadelst du jetzt!
Ehr' ich die Frauen
doch mehr als dich freut!
Und Freia, die gute,
geb' ich nicht auf:
nie sann dies ernstlich mein Sinn.

FRICKA.

So schirme sie jetzt:
in schutzloser Angst
läuft sie nach Hülfe dort her!

FREIA
(hastig auftretend).

Freia- u. Angst-M. Hilf mir, Schwester!
Schütze mich, Schwäher!
Vom Felsen drüben
drohte mir Fasolt,
Riesen-M. mich Holde käm' er zu holen.

WOTAN.

Lass' ihn droh'n! —
Sah'st du nicht Loge?

FRICKA.

Dass am liebsten du immer
dem Listigen trau'st!
Viel Schlimmes schuf er uns schon,
doch stets bestrickt er dich wieder.

WOTAN.

Wo freier Muth frommt
allein, frag' ich nach keinem;
doch des Feindes Neid
zum Nutz' sich fügen,
lehrt nur Schlauheit und List,
wie Loge verschlagen sie übt.
Der zum Vertrage mir rieth,
versprach mir Freia zu lösen:
auf ihn verlass' ich mich nun.

FRICKA.

Und er lässt dich allein. —
Dort schreiten rasch   **Riesen-M.**
die Riesen heran:
wo harrt dein schlauer Gehülf?

FREIA.

Wo harren meine Brüder,   **Freia- u. Angst-M.**
dass Hülfe sie brächten,
da mein Schwäher die Schwache verschenkt?
Zu Hülfe, Donner!
Hieher! hieher!
Rette Freia, mein Froh!

FRICKA.

Die in bösem Bund dich verriethen,
sie alle bergen sich nun.

FASOLT und FAFNER
(beide in riesiger Gestalt, mit starken Pfählen bewaffnet, treten auf).   **Riesen-M.**

FASOLT.

Sanft schloss
Schlaf dein Aug':

Riesen-M.

wir beide bauten
Schlummers bar die Burg.
Mächt'ger Müh'
müde nie,
stauten starke
Stein' wir auf;
steiler Thurm,
Thür' und Thor,
deckt und schliesst
im schlanken Schloss den Saal.

Walhall-M.

Dort steht's,
was wir stemmten,
schimmernd hell
bescheint's der Tag:
zieh' nun ein,
uns zahl' den Lohn!

Riesen-M.

WOTAN.

Nennt, Leute, den Lohn:
was dünkt euch zu bedingen?

FASOLT.

Vertrags-M.

Bedungen ist's,
was tauglich uns dünkt;
gemahnt es dich so matt?

Freia-M.

Freia, die holde,
Holda, die freie,
— vertragen ist's —
sie tragen wir heim.

WOTAN.

Seid ihr bei Trost
mit eurem Vertrag?
Denkt auf andern Dank:
Freia ist mir nicht feil!

FASOLT
(vor wüthendem Erstaunen einen Augenblick sprachlos).

Vertrags-M.

Was sagst du, ha!
Sinnst du Verrath?

Verrath am Vertrag?
Die dein Speer birgt, — Vertrags-M.
sind sie dir Spiel,
des berath'nen Bundes Runen?

FAFNER
(höhnisch).

Getreu'ster Bruder!
Merkst du Tropf nun Betrug? — Loge-M.

FASOLT.

Lichtsohn du,
leicht gefügter,
hör' und hüte dich: — Vertragsschutz-M.
Verträgen halte Treu'!
Was du bist,
bist du nur durch Verträge;
bedungen ist, — Vertrags-M.
wohl bedacht deine Macht.
Bist weiser du
als witzig wir sind,
bandest uns Freie
zum Frieden du:
all deinem Wissen fluch' ich,
fliehe weit deinen Frieden,
weisst du nicht offen, — Vertragstreue-M.
ehrlich und frei,
Verträgen zu wahren die Treu'! —
Ein dummer Riese
räth dir das:
du Weiser, wiss' es von ihm! — Vertragstreue-M.

WOTAN.

Wie schlau für Ernst du achtest,
was wir zum Scherz nur beschlossen.
Die liebliche Göttin,
licht und leicht,
was taugt euch Tölpeln ihr Reiz?

FASOLT.

Höhnst du uns?

Ha! wie unrecht! —
Freia-M. Die ihr durch Schönheit herrscht,
schimmernd hehres Geschlecht,
wie thörig strebt ihr
Walhall-M. nach Thürmen von Stein,
setzt um Burg und Saal
Entsagungs-M. Weibes Wonne zum Pfand!
Riesen-M. Wir Plumpen plagen uns
schwitzend mit schwieliger Hand,
Freia-M. ein Weib zu gewinnen,
das wonnig und mild
bei uns Armen wohne: —
Freia-M. und verkehrt nennst du den Kauf?

FAFNER.

Schweig' dein faules Schwatzen;
Gewinn werben wir nicht:
Freia's Haft
hilft wenig;
doch viel gilt's
den Göttern sie zu entreissen.
Jugend-M. Goldne Aepfel
wachsen in ihrem Garten,
sie allein
weiss die Aepfel zu pflegen;
der Frucht Genuss
frommt ihren Sippen
zu ewig nie
alternder Jugend;
siech und bleich
doch sinkt ihre Blüthe,
alt und schwach
schwinden sie hin,
müssen Freia sie missen.
Ihrer Mitte drum sei sie entführt!

Jugend- u. Riesen-M.

WOTAN
(für sich).

Loge säumt zu lang!

FASOLT.

Schlicht gieb nun Bescheid! **Riesen-M.**

WOTAN.

Sinnt auf andern Sold!

FASOLT.

Kein andrer: Freia allein! **Riesen-M.**

FAFNER.

Du da, folge uns!
(Sie dringen auf FREIA ein.)

FREIA
(fliehend).

Helft! helft vor den Harten!

DONNER und FROH **Jugend-M.**
(kommen eilig).

FROH
(Freia in seine Arme fassend).

Zu mir, Freia! —
Meide sie, Frecher!
Froh schützt die Schöne.

DONNER
(sich vor die beiden Riesen stellend).

Fasolt und Fafner,
fühltet ihr schon
meines Hammers harten Schlag?

FAFNER.

Was soll das Droh'n?

FASOLT.

Was dringst du her?
Kampf kies'ten wir nicht, **Riesen-M.**
verlangen nur unsren Lohn.

DONNER
(den Hammer schwingend).

Schon oft zahlt' ich
Riesen den Zoll.
Kommt her! des Lohnes Last
wäg' ich mit gutem Gewicht!

WOTAN

Vertrags-M. (seinen Speer zwischen den Streitenden ausstreckend).

Halt, du Wilder!
Nichts durch Gewalt!
Vertragsschutz-M. Verträge schützt
meines Speeres Schaft:
spar' deines Hammers Heft!

Freia-M. FREIA.

Wehe! Wehe!
Wotan verlässt mich!

FRICKA.

Begreif' ich dich noch,
grausamer Mann?

WOTAN

Loge-M. (wendet sich ab und sieht LOGE kommen).

Endlich Loge!
Eiltest du so,
den du geschlossen,
den schlimmen Handel zu schlichten?

LOGE

(ist im Hintergrunde aus dem Thale aufgetreten).

Wie? welchen Handel
hätt' ich geschlossen?
Wohl was mit den Riesen
dort im Rathe du dangst?
Walhall-M. Zu Tiefen und Höhen
treibt mich mein Hang;
Haus und Herd
behagt mir nicht;
Donner und Froh,
die denken an Dach und Fach;
wollen sie frei'n,
ein Haus muss sie erfreu'n:
ein stolzer Saal,
ein starkes Schloss,
danach stand Wotan's Wunsch. —

Haus und Hof, Walhall-M.
Saal und Schloss,
die selige Burg,
sie steht nun stark gebaut;
das Prachtgemäuer
prüft' ich selbst;
ob alles fest
forscht' ich genau:
Fasolt und Fafner
fand ich bewährt:
kein Stein wankt im Gestemm'.
Nicht müssig war ich, Loge-M.
wie mancher hier:
der lügt, wer lässig mich schilt!

WOTAN.

Arglistig Loge-M.
weichst du mir aus:
mich zu betrügen
hüte in Treuen dich wohl!
Von allen Göttern
dein einz'ger Freund,
nahm ich dich auf
in der übel trauenden Tross. —
Nun red' und rathe klug! Vertrags-M.
Da einst die Bauer der Burg
zum Dank Freia bedangen, Loge-M.
du weisst, nicht anders
willigt' ich ein,
als weil auf Pflicht du gelobtest
zu lösen das hehre Pfand.
Loge-M.

LOGE.

Mit höchster Sorge
drauf zu sinnen,
wie es zu lösen,
das — hab' ich gelobt:

Loge-M. doch dass ich fände,
was nie sich fügt,
was nie gelingt,
wie liess' sich das wohl geloben?

FRICKA
(zu Wotan).

Loge-M. Sieh, welch' trugvollem
Schelm du getraut!

FROH.

Loge heisst du,
doch nenn' ich dich Lüge!

DONNER.

Verfluchte Lohe,
dich lösch' ich aus!

LOGE.

Ihre Schmach zu decken
schmähen mich Dumme.

(DONNER und FROH wollen ihm zu Leibe.)

WOTAN
(wehrt ihnen).

In Frieden lasst mir den Freund!
Nicht kennt ihr Loge's Kunst:
reicher wiegt
seines Rathes Werth,
zahlt er zögernd ihn aus.

FAFNER.

Riesen-M. Nichts gezögert!
rasch gezahlt!

FASOLT.

Lang währt's mit dem Lohn.

WOTAN
(zu Loge).

Loge-M. Jetzt hör', Störrischer!
halte Stich!
Wo schweiftest du hin und her?

LOGE.

Immer ist Undank
Loge's Lohn!
Um dich nur besorgt
sah ich mich um,
durchstöbert' im Sturm
alle Winkel der Welt, — *Loge-M.*
Ersatz für Freia zu suchen,
wie er den Riesen wohl recht.
Umsonst sucht' ich
und sehe nun wohl,
in der Welten Ring
nichts ist so reich,
als Ersatz zu muthen dem Mann
für Weibes Wonne und Werth. — *Entsagungs-M.*

(Alle gerathen in Erstaunen und Betroffenheit.) — *Naturweben- u. Freia-M.*

So weit Leben und Weben, — *Naturweben-M.*
in Wasser, Erd' und Luft,
viel frug ich,
forschte bei allen,
wo Kraft nur sich rührt
und Keime sich regen:
was wohl dem Manne — *Freia-M.*
mächt'ger dünk'
als Weibes Wonne und Werth? — *Entsagungs-M.*
Doch so weit Leben und Weben, — *Naturweben- u. Freia-M.*
verlacht nur ward
meine fragende List:
in Wasser, Erd' und Luft
lassen will nichts
von Lieb' und Weib. —
Nur einen sah ich,
der sagte der Liebe ab:
um rothes Gold — *Rheingold-M.*
entrieth er des Weibes Gunst.
Des Rheines klare Kinder — *Rheintöchtersang.*
klagten mir ihre Noth:
der Nibelung,

(Rheintöchter-sang.) Nacht-Alberich,
Rheintöchter-M. buhlte vergebens
um der Badenden Gunst;
das Rheingold da
Rheingold-M. raubte sich rächend der Dieb:
Ring-M. das dünkt ihm nun
das theuerste Gut,
Entsagungs-M. hehrer als Weibes Huld.
Rheintöchter-sang. Um den gleissenden Tand,
der Tiefe entwandt,
erklang mir der Töchter Klage:
an dich, Wotan,
wenden sie sich,
dass zu Recht du zögest den Räuber,
Rheingold-M. das Gold dem Wasser
wieder gebest,
Rheingold-M. und ewig es bliebe ihr Eigen.
Rheintöchter-sang. (Hingebende Bewegung Aller.)
Dir's zu melden
gelobt' ich den Mädchen:
Loge-M. nun löste Loge sein Wort.

WOTAN.

Thörig bist du,
wenn nicht gar tückisch!
Mich selbst siehst du in Noth:
wie hülf' ich andren zum Heil?

FASOLT
(der aufmerksam zugehört, zu FAFNER).

Nicht gönn' ich das Gold dem Alben,
viel Noth schuf uns der Niblung,
doch schlau entschlüpfte
unsrem Zwange immer der Zwerg.

FAFNER.

Neue Neidthat
sinnt uns der Niblung,
giebt das Gold ihm Macht. —
Loge-M. Du da, Loge!

Sag' ohne Lug:
was Grosses gilt denn das Gold,
dass dem Niblung es genügt?

LOGE.

Ein Tand ist's
in des Wassers Tiefe,
lachenden Kindern zur Lust;
doch, ward es zum runden
Reife geschmiedet,
hilft es zur höchsten Macht,
gewinnt dem Manne die Welt.

Rheintöchter-sang.

Ring-M.

WOTAN.

Von des Rheines Gold
hört' ich raunen:
Beute-Runen
berge sein rother Glanz,
Macht und Schätze
schüf' ohne Mass ein Reif.

FRICKA.

Taugte wohl
des goldnen Tandes
gleissend Geschmeid
auch Frauen zu schönem Schmuck?

LOGE.

Des Gatten Treu'
ertrotzte die Frau,
trüge sie hold
den hellen Schmuck,
den schimmernd Zwerge schmieden,
rührig im Zwange des Reif's.

Weib-M.

Nibelungen-M.

FRICKA.

Gewänne mein Gatte
sich wohl das Gold?

Freia-M.

WOTAN
(wie in einem Zustande wachsender Bezauberung).

Des Reifes zu walten,

Rheingold-M.
Ring-M.

(Ring-M.) räthlich will es mich dünken. —
Doch wie, Loge,
lernt' ich die Kunst?
wie schüf' ich mir das Geschmeid?

LOGE.

Ring-M. Ein Runenzauber
zwingt das Gold zum Reif;
keiner kennt ihn;
Entsagungs-M. doch einer übt ihn leicht,
der sel'ger Lieb' entsagt.
(WOTAN wendet sich unmuthig ab.)
Das spar'st du wohl;
zu spät auch käm'st du:
Alberich zauderte nicht;
Ring-M. zaglos gewann er
des Zaubers Macht:
Entsagungs-M. gerathen ist ihm der Ring!

DONNER.

Zwang uns allen
schüfe der Zwerg,
würd' ihm der Reif nicht entrissen.

WOTAN.

Den Ring muss ich haben!

FROH.

Leicht erringt
Entsagungs-M. ohne Liebesfluch er sich jetzt.

LOGE.

Spott-leicht,
ohne Kunst wie im Kinder-Spiel

WOTAN.

So rathe, wie?

LOGE.

Durch Raub!
Was ein Dieb stahl,
das stiehlst du dem Dieb:

ward leichter ein Eigen erlangt? — **Loge-M.**
Doch mit arger Wehr
wahrt sich Alberich; **Rheingold-M.**
klug und fein **Ring-M.**
musst du verfahren,
ziehst den Räuber du zu Recht,
um des Rheines Töchtern **Rheintöchtersang.**
den rothen Tand,
das Gold, wieder zu geben:
denn darum flehen sie dich. **Rheingold-M.**

WOTAN.

Des Rheines Töchtern? **Rheintöchtersang.**
Was taugt mir der Rath!

FRICKA.

Von dem Wassergezücht **Rheintöchter-M.**
mag ich nichts wissen:
schon manchen Mann
— mir zum Leid —
verlockten sie buhlend im Bad.

WOTAN steht stumm mit sich kämpfend; die übrigen Götter heften in schweigender Spannung die Blicke auf ihn. — Während dem hat FAFNER bei Seite mit FASOLT berathen.

Freia-M.

FAFNER.

Glaub' mir, mehr als Freia
frommt das gleissende Gold:
auch ew'ge Jugend erjagt,
wer durch Goldes Zauber sie zwingt.

(FASOLT's Geberde deutet an, dass er sich wider Willen überredet fühlt. Beide treten wieder an WOTAN heran.) **Jugend-M. Rheingold-M. Riesen-M.**

Hör', Wotan,
der Harrenden Wort: **Riesen-M.**
Freia bleib' euch in Frieden;
leichter'n Lohn
fand ich zur Lösung:
uns rauhen Riesen genügt **Riesen-M.**
des Niblungen rothes Gold. **Ring-M.**

WOTAN.

Seid ihr bei Sinn?
was nicht ich besitze,
soll ich euch Schamlosen schenken?

FAFNER.

Riesen-M. Schwer baute
Walhall-M. dort sich die Burg:
leicht wird's dir
mit list'ger Gewalt
(was im Neidspiel nie uns gelang)
den Niblungen fest zu fah'n.

Loge-M.

WOTAN.

Für euch müht' ich
mich um den Alben?
für euch fing' ich den Feind?
Unverschämt
und überbegehrlich
macht euch Dumme mein Dank!

FASOLT
(ergreift plötzlich FREIA und führt sie mit FAFNER zur Seite).

Hieher, Maid!
in uns're Macht!
Als Pfand folgst du uns jetzt,
bis wir Lösung empfahn.

(FREIA schreit laut auf: alle GÖTTER sind in höchster Bestürzung.)

FAFNER.

Fort von hier
sei sie entführt!
Bis Abend, achtet's wohl,
pflegen wir sie als Pfand:
wir kehren wieder;
doch kommen wir,
Ring-M. und bereit liegt nicht als Lösung
das Rheingold licht und roth —

FASOLT.

Zu End' ist die Frist dann,
Freia verfallen;
für immer folge sie uns!

FREIA.

Schwester! Brüder!
Rettet! helft!

(Sie wird von den hastig enteilenden Riesen fortgetragen: in der Ferne hören die bestürzten Götter ihren Wehruf verhallen.)

FROH.

Auf, ihnen nach!

DONNER.

Breche denn alles! Freia-M.
(Sie blicken WOTAN fragend an.)

LOGE
(den Riesen nachsehend).

Ueber Stock und Stein zu Thal
stapfen sie hin;
durch des Rheines Wasserfurth
waten die Riesen:
fröhlich nicht
hängt Freia
den Rauhen über dem Rücken! —
Heia! hei!
Wie taumeln die Tölpel dahin!
Durch das Thal talpen sie schon:
wohl an Riesenheim's Mark
erst halten sie Rast!
(Er wendet sich zu den Göttern.)
Was sinnt nun Wotan so wild? —
Den sel'gen Göttern wie geht's?

Ein fahler Nebel erfüllt mit wachsender Dichtheit die Bühne; in ihm erhalten die Götter ein zunehmend bleiches und ältliches Aussehen; alle stehen bang und erwartungsvoll auf Wotan blickend, der sinnend die Augen an den Boden heftet. Freia- u. Angst-M.

LOGE.

Trügt mich ein Nebel?

Jugend-M. neckt mich ein Traum?
Freia- u. Angst-M. Wie bang und bleich
verblüht ihr so bald!
Euch erlischt der Wangen Licht;
der Blick eures Auges verblitzt! —
Frisch, mein Froh,
noch ist's ja früh! —
Deiner Hand, Donner,
entsinkt ja der Hammer! —
Was ist's mit Fricka?
freut sie sich wenig
Jugend-M. ob Wotan's grämlichem Grau,
das schier zum Greisen ihn schafft?

Freia-M. FRICKA.
Wehe-M. Wehe! Wehe!
Was ist gescheh'n?

DONNER.
Mir sinkt die Hand.

FROH.
Mir stockt das Herz.

Jugend-M. LOGE.
Jetzt fand ich's: hört, was euch fehlt!
Von Freia's Frucht
genosset ihr heute noch nicht:
Jugend-M. die gold'nen Aepfel
in ihrem Garten,
sie machten euch tüchtig und jung,
ass't ihr sie jeden Tag.
Des Gartens Pflegerin
ist nun verpfändet;
an den Aesten darbt
und dorrt das Obst,
bald fällt faul es herab. —
Loge-M. Mich kümmert's minder;
an mir ja kargte
Freia von je

knausernd die köstliche Frucht: — Loge-M.
denn halb so ächt nur
bin ich wie, Herrliche, ihr! — Loge-M.
Doch ihr setztet alles
auf das jüngende Obst:
das wussten die Riesen wohl;
auf euer Leben
legten sie's an:
nun sorgt, wie ihr das wahrt!
Ohne die Aepfel — Jugend-M.
alt und grau,
greis und grämlich,
welkend zum Spott aller Welt,
erstirbt der Götter Stamm.

FRICKA.

Wotan, Gemahl,
unsel'ger Mann!
Sieh, wie dein Leichtsinn
lachend uns allen
Schimpf und Schmach erschuf!

WOTAN — Ring-M.

(mit plötzlichem Entschluss auffahrend).

Auf, Loge!
hinab mit mir!
Nach Nibelheim fahren wir nieder:
gewinnen will ich das Gold.

LOGE. — Rheintöchtersang.

Die Rheintöchter
riefen dich an;
so dürfen Erhörung sie hoffen?

WOTAN

(heftig).

Schweige, Schwätzer!
Freia, die gute,
Freia gilt es zu lösen.

LOGE.

Wie du befiehlst
führ' ich dich gern:
steil hinab
steigen wir denn durch den Rhein?

WOTAN.

Nicht durch den Rhein!

LOGE.

So schwingen wir uns
durch die Schwefelkluft:
dort schlüpfe mit mir hinein!

Loge-M.

Er geht voran und verschwindet seitwärts in einer Kluft aus der sogleich ein schwefliger Dampf hervorquillt.

WOTAN.

Ihr andren harrt
bis Abend hier:
verlorner Jugend
erjag' ich erlösendes Gold!

Ring-M.

Loge-M.

Er steigt Loge nach in die Kluft hinab: der aus ihr dringende Schwefeldampf verbreitet sich über die ganze Bühne und erfüllt diese schnell mit dickem Gewölk. Bereits sind die Zurückbleibenden unsichtbar.

DONNER.

Fahre wohl, Wotan!

FROH.

Glück auf! Glück auf!

FRICKA.

O kehre bald
Zur bangenden Frau!

Loge-, Entsagungs-, Wehe-, Angst-, Rheingold-, Ring-, Nibelungen-M.

Der Schwefeldampf verdüstert sich bis zu ganz schwarzem Gewölk, welches von unten nach oben steigt; dann verwandelt sich dieses in festes, finstres Steingeklüft, das sich immer aufwärts bewegt, so dass es den Anschein hat, als sänke die Scene immer tiefer in die Erde hinab.

DRITTE SCENE.

Endlich dämmert von verschiedenen Seiten aus der Ferne her dunkelrother Schein auf: wachsendes Geräusch wie von Schmiedenden wird überall her vernommen. Endlich wird eine unabsehbar weit sich dahinziehende — **Nibelungen-M. (Ambose hinter der Scene.) Wehe-, Ring-M.**

unterirdische Kluft

erkennbar, die nach allen Seiten hin in enge Schachte auszumünden scheint.

Alberich zerrt den kreischenden Mime an den Ohren aus einer Seitenschlufft herbei. — **Wehe-M.**

ALBERICH.

Hehe! hehe!
hieher! hieher!
Tückischer Zwerg!
tapfer gezwickt
sollst du mir sein,
schaffst du nicht fertig,
wie ich's bestellt,
zur Stund' das feine Geschmeid!

MIME
(heulend).

Ohe! Ohe!
Au! Au!
Lass' mich nur los!
Fertig ist's,
wie du befahlst;
mit Fleiss und Schweiss
ist es gefügt:
nimm nur die Nägel vom Ohr!

ALBERICH
(loslassend).

Was zögerst du dann
und zeigst es nicht?

MIME.

Ich Armer zagte,
dass noch was fehle.

ALBERICH.

Was wär' noch nicht fertig?

MIME
(verlegen).

Hier . . . und da .

ALBERICH.

Was hier und da?
Her das Geschmeid!

Tarnhelm-M. Er will ihm wieder an das Ohr fahren: vor Schreck lässt MIME ein metallenes Gewirke, das er krampfhaft in den Händen hielt, sich entfallen. ALBERICH hebt es hastig auf und prüft es genau.

Schau' du Schelm!
Alles geschmiedet
und fertig gefügt,
wie ich's befahl!
So wollte der Tropf
schlau mich betrügen?
für sich behalten
das hehre Geschmeid,
das meine List
ihn zu schmieden gelehrt?
kenn' ich dich dummen Dieb?

Tarnhelm-M. (Er setzt das Gewirk als „Tarnhelm" auf den Kopf.)

Dem Haupt fügt sich der Helm:
ob sich der Zauber auch zeigt?
— „Nacht und Nebel,
Niemand gleich!" —

(Seine Gestalt verschwindet: statt ihrer gewahrt man eine Nebelsäule.)

Siehst du mich, Bruder?

MIME
(blickt sich verwundert um).

Wo bist du? ich sehe dich nicht.

ALBERICH'S
(Stimme).

Wehe-M. So fühle mich doch.
du fauler Schuft!
Nimm' das für dein Diebsgelüst!

MIME

(schreit und windet sich unter empfangenen Geisselhieben, deren Fall man vernimmt ohne die Geissel selbst zu sehen). Wehe-M.

ALBERICH'S

(Stimme, lachend).

Hab' Dank, du Dummer!
Dein Werk bewährt sich gut. —
Hoho! hoho! Wehe-M.
Niblungen all,
neigt euch nun Alberich!
Ueberall weilt er nun,
euch zu bewachen;
Ruh' und Rast
ist euch zerronnen;
ihm müsst ihr schaffen, Ring-M.
wo nicht ihr ihn schaut;
wo ihr nicht ihn gewahrt,
seid seiner gewärtig:
unterthan seid ihr ihm immer!
Hoho! hoho!
hört ihn: er naht,
der Niblungen-Herr!

Die Nebelsäule verschwindet dem Hintergrunde zu: man hört in immer weiterer Ferne ALBERICH's Toben und Zanken; Geheul und Geschrei antwortet ihm aus den untern Klüften, das sich endlich in immer weitere Ferne unhörbar verliert. — MIME ist vor Schmerz zusammengesunken: sein Stöhnen und Wimmern wird von WOTAN und LOGE gehört, die aus einer Schlufft von oben her sich herablassen. Nibelungen- u. Wehe-M. Loge-M.

LOGE.

Nibelheim hier:
durch bleiche Nebel
wie blitzen dort feurige Funken?

MIME. Nibelungen- u. Wehe-M.

Au! au!

WOTAN.

Hier stöhnt es laut:
was liegt im Gestein? Wehe-M.

LOGE
(neigt sich zu Mime).
Was Wunder wimmerst du hier?

MIME.
Wehe-M. Ohe! Ohe!
Au! Au!

LOGE.
Hei, Mime! muntrer Zwerg!
was zwingt und zwackt dich denn so?

MIME.
Lass' mich in Frieden!

LOGE.
Das will ich freilich,
und mehr noch, hör':
helfen will ich dir, Mime!

MIME
(sich etwas aufrichtend).
Grübel-M. Wer hälfe mir?
Gehorchen muss ich
dem leiblichen Bruder,
der mich in Bande gelegt.

LOGE.
Dich, Mime, zu binden
was gab ihm die Macht?

MIME.
Grübel-M. Mit arger List
schuf sich Alberich
aus Rheines Gold
einen gelben Reif:
seinem starken Zauber
Ring-M. zittern wir staunend;
mit ihm zwingt er uns alle,
der Niblungen nächt'ges Heer. —
Nibelungen-M. Sorglose Schmiede,
schufen wir sonst wohl
Schmuck unsren Weibern,
wonnig Geschmeid,

niedlichen Niblungentand:
wir lachten lustig der Müh'.
Nun zwingt uns der Schlimme
in Klüfte zu schlüpfen,
für ihn allein
uns immer zu müh'n.
Durch des Ringes Gold
erräth seine Gier,
wo neuer Schimmer
in Schachten sich birgt:
da müssen wir spähen,
spüren und graben,
die Beute schmelzen
und schmieden den Guss,
ohne Ruh' uud Rast
dem Herrn zu häufen den Hort.

(Nibelungen-M.)

Wehe-M.

Ring-M.

LOGE.

Dich Trägen so eben
traf wohl sein Zorn?

MIME.

Mich Armen, ach!
mich zwang er zum ärgsten:
ein Helmgeschmeid
hiess er mich schweissen;
genau befahl er,
wie es zu fügen.
Wohl merkt' ich klug
welch' mächt'ge Kraft
zu eigen dem Werk,
das aus Erz ich wob;
für mich drum hüten
wollt' ich den Helm,
durch seinen Zauber
Alberich's Zwang mich entzieh'n —
vielleicht, ja vielleicht
den Lästigen selbst überlisten,
in meine Gewalt ihn zu werfen,

Tarnhelm-M. (dazwischen Nibelungen-M.).

Nibelungen-M.

Ring-M. den Ring ihm zu entreissen,
dass, wie ich Knecht jetzt dem Kühnen,
mir Freien er selber dann fröhn'!

Ring- u. Nibelungen-M.

LOGE.

Warum, du Kluger,
glückte dir's nicht?

MIME.

Ach, der das Werk ich wirkte,
Tarnhelm-M. den Zauber, der ihm entzuckt,
den Zauber errieth ich nicht recht!
Der das Werk mir rieth,
und mir's entriss,
der lehrte mich nun
— doch leider zu spät! —
welche List läg' in dem Helm:
meinem Blick entschwand er,
doch Schwielen dem Blinden
schlug unschaubar sein Arm.

Wehe-M. (Heulend und schluchzend.)

Das schuf ich mir Dummen
schön zu Dank!

Ring-M. (Er streicht sich den Rücken. Die Götter lachen.)

LOGE
(zu WOTAN).

Gesteh', nicht leicht
gelingt der Fang.

WOTAN.

Doch erliegt der Feind,
hilft deine List.

Loge-M.

MIME
(von dem Lachen der Götter betroffen, betrachtet diese aufmerksamer).

Mit eurem Gefrage
wer seid denn ihr Fremde?

LOGE.

Freunde dir;
von ihrer Noth

befrei'n wir der Niblungen Volk.
(ALBERICH's Zanken und Züchtigen nähert sich wieder.)

Nibelungen- u. Wehe-M.

MIME.

Nehmt euch in Acht!
Alberich naht.

WOTAN.

Sein harren wir hier.

Er setzt sich ruhig auf einen Stein; LOGE lehnt ihm zur Seite. — ALBERICH, der den Tarnhelm vom Haupte genommen und in den Gürtel gehängt hat, treibt mit geschwungener Geissel aus der untern, tiefer gelegenen Schlucht, aufwärts eine Schaar NIBELUNGEN vor sich her: diese sind mit goldenem und silbernem Geschmeide beladen, das sie, unter Alberich's stetem Schimpfen und Schelten, all auf einen Haufen speichern und so zu einem Horte häufen.

Nibelungen- u. Wehe-M.

ALBERICH.

Hieher! Dorthin!
Hehe! Hoho!
Träges Heer,
dort zu Hauf
schichtet den Hort!
Du da, hinauf!
Willst du voran?
Schmähliches Volk,
ab das Geschmeide!
Soll ich euch helfen?
Alles hieher!
(Er gewahrt plötzlich WOTAN und LOGE.)
He! wer ist dort?
Wer drang hier ein? —
Mime! Zu mir,
schäbiger Schuft!
Schwatztest du gar
mit dem schweifenden Paar?
Fort! du Fauler!
Willst du gleich schmieden und schaffen?
(Er treibt MIME mit Geisselhieben unter den Haufen der Nibelungen hinein.)
He! an die Arbeit!
Alle von hinnen!
Hurtig hinab!

Aus den neuen Schachten
schafft mir das Gold!
Euch grüsst die Geissel,
grabt ihr nicht rasch!
Dass keiner mir müssig
bürge mir Mime,
sonst birgt er sich schwer
meines Armes Schwunge:
dass ich überall weile,
wo keiner mich wähnt,
das weiss er, dünkt mich, genau! —
Zögert ihr noch?
Zaudert wohl gar?

Ring-M. **(Er zieht seinen Ring vom Finger, küsst ihn und streckt ihn drohend aus.)**

Wehe-M. – Goldherrschaft-M.

Zittre und zage,
gezähmtes Heer:
rasch gehorcht
des Ringes Herrn!

Ring-M. **Unter Geheul und Gekreisch stieben die Nibelungen (unter ihnen Mime) auseinander, und schlüpfen nach allen Seiten in die Schachte hinab.**

ALBERIGH

Nibelungen- u. Wehe-M. **(grimmig auf Wotan und Loge zutretend).**

Was wollt ihr hier?

WOTAN.

Von Nibelheim's nächt'gem Land
vernahmen wir neue Mähr':
mächt'ge Wunder
wirke hier Alberich;
daran uns zu weiden
trieb uns Gäste die Gier.

Loge-M.

ALBERICH.

Nach Nibelheim
führt euch der Neid:
so kühne Gäste,
glaubt, kenn' ich gut.

Loge-M.

LOGE.

Kennst du mich gut,
kindischer Alp?
Nun sag': wer bin ich,
dass du so bell'st?
Im kalten Loch,
da kauernd du lag'st,
wer gab dir Licht
und wärmende Lohe,
wenn Loge nie dir gelacht?
Was hülf' dir dein Schmieden
heizt' ich die Schmiede dir nicht?
Dir bin ich Vetter, Loge-M.
und war dir Freund:
nicht fein drum dünkt mich dein Dank!

ALBERICH.

Den Lichtalben
lacht jetzt Loge,
der listige Schelm? Loge-M.
Bist du Falscher ihr Freund,
wie mir Freund du einst warst, Loge-M.
haha! mich freut's!
von ihnen fürcht' ich dann nichts.

LOGE.

So denk' ich, kannst du mir trau'n?

ALBERICH.

Deiner Untreu' trau' ich,
nicht deiner Treu'! —
Doch getrost trotz' ich euch allen.

LOGE.

Hohen Muth Loge-M.
verleiht deine Macht:
grimmig gross
wuchs dir die Kraft.

ALBERICH.

Siehst du den Hort,

Loge-M. den mein Heer
dort mir gehäuft?

LOGE.

So neidlichen sah ich noch nie.

ALBERICH.

Hort-M. Das ist für heut',
ein kärglich Häufchen:
kühn und mächtig
soll es künftig sich mehren.

WOTAN.

Zu was doch frommt dir der Hort,
da freudlos Nibelheim,
und nichts für Schätze hier feil?

ALBERICH.

Schätze zu schaffen
und Schätze zu bergen,
nützt mir Nibelheim's Nacht;
Hort-M. doch mit dem Hort,
in der Höhle gehäuft,
Ring-M. denk' ich dann Wunder zu wirken:
die ganze Welt
Ring-M. gewinn' ich mit ihm mir zu eigen!

WOTAN.

Wie beginnst du, Gütiger, das?

ALBERICH.

Die in linder Lüfte Weh'n
da oben ihr lebt,
Freia-M. lacht und liebt:
mit gold'ner Faust
euch Göttliche fang' ich mir alle!
Entsagungs-M. Wie ich der Liebe abgesagt,
Alles was lebt
soll ihr entsagen:
Freia-M. mit Golde gekirrt
nach Gold nur sollt ihr noch gieren.

Auf wonnigen Höh'n
in seligem Weben
wiegt ihr euch;
den Schwarz-Alben
verachtet ihr ewigen Schwelger:
habt Acht!
habt Acht!
denn dient ihr Männer
erst meiner Macht,
eure schmucken Frau'n —
die mein Frei'n verschmäht —
sie zwingt zur Lust sich der Zwerg,
lacht Liebe ihm nicht. —
Hahahaha!
Habt ihr's gehört?
Habt Acht!
Habt Acht vor dem nächtlichen Heer,
entsteigt des Niblungen Hort
aus stummer Tiefe zu Tag!

Walhall-M.
Hort-M.
Wehe-M.
Rheingold-M.
Walhall-M.

WOTAN
(auffahrend).
Vergeh', frevelnder Gauch!

ALBERICH.
Was sagt der?

LOGE
(ist dazwischen getreten).
Sei doch bei Sinnen!
(Zu ALBERICH.)
Wen doch fasste nicht Wunder,
erfährt er Alberich's Werk?
Gelingt deiner herrlichen List,
was mit dem Horte du heischest,
den Mächtigsten muss ich dich rühmen;
denn Mond und Stern'
und die strahlende Sonne,
sie auch dürfen nicht anders,
dienen müssen sie dir. —
Doch wichtig acht' ich vor allem,

Loge-M.
Machtdünkel-M.
Nibelungen-M.

(Nibelungen-M.) dass des Hortes Häufer,
der Niblungen Heer,
neidlos dir geneigt.
Ring-M. Einen Ring rührtest du kühn,
dem zagte zitternd dein Volk:
Nibelungen-M. doch wenn im Schlaf
ein Dieb dich beschlich',
den Ring schlau dir entriss',
wie wahrtest du Weiser dich dann?

Loge-M.

ALBERICH.

Der Listigste dünkt sich Loge;
andre denkt er
immer sich dumm:
Loge-M. dass sein ich bedürfte
zu Rath und Dienst
um harten Dank,
das hörte der Dieb jetzt gern! —
Tarnhelm-M. Den hehlenden Helm
ersann ich mir selbst;
der sorglichste Schmied,
Mime, musst' ihn mir schmieden:
schnell mich zu wandeln,
nach meinem Wunsch
die Gestalt mir zu tauschen,
taugt mir der Helm;
niemand sieht mich,
wenn er mich sucht;
doch überall bin ich,
geborgen dem Blick.
So ohne Sorge
bin ich selbst sicher vor dir,
du fromm sorgender Freund!

Machtdünkel-M.

LOGE.

Loge-M. Vieles sah ich,
Seltsames fand ich:
doch solches Wunder
gewahrt' ich nie.

Dem Werk ohne Gleichen
kann ich nicht glauben;
wäre diess eine möglich,
deine Macht währte dann ewig. (Loge-M.)

ALBERICH.

Meinst du, ich lüg'
und prahle wie Loge?

LOGE.

Bis ich's geprüft,
bezweifl' ich, Zwerg, dein Wort.

ALBERICH.

Vor Klugheit bläht sich
zum platzen der Blöde: Nibelungen-M.
nun plage dich Neid!
Bestimm', in welcher Gestalt
soll ich jach vor dir stehn?

LOGE.

In welcher du willst:
nur mach' vor Staunen mich stumm!

ALBERICH
(hat den Helm aufgesetzt).

„Riesen-Wurm
winde sich ringelnd!" Tarnhelm-M.

Sogleich verschwindet er: eine ungeheure Riesenschlange windet sich statt seiner am Boden; sie bäumt sich und streckt den aufgesperrten Rachen nach WOTAN und LOGE hin. Wurm-M.

LOGE
(stellt sich von Furcht ergriffen).

Ohe! Ohe!
schreckliche Schlange!
verschlinge mich nicht!
Schone Logen das Leben!

WOTAN
(lacht).

Gut, Alberich!
gut, du Arger!
Wie wuchs so rasch
zum riesigen Wurme der Zwerg!

(zugleich.)

Die Schlange verschwindet und statt ihrer erscheint sogleich ALBERICH wieder in seiner wirklichen Gestalt.

ALBERICH.

Hehe! Ihr Klugen,
glaubt ihr mir nun?

LOGE.

Mein Zittern mag dir's bezeugen.
Zur grossen Schlange
schuf'st du dich schnell:
weil ich's gewahrt,
Machtdünkel-M. willig glaub' ich dem Wunder.
Doch, wie du wuchsest,
kannst du auch winzig
und klein dich schaffen?
Das Klügste schien' mir das,
Gefahren schlau zu entflieh'n:
das aber dünkt mich zu schwer!

ALBERICH.

Zu schwer dir,
weil du zu dumm!
Wie klein soll ich sein?

LOGE.

Dass die feinste Klinze dich fasse,
wo bang die Kröte sich birgt.

ALBERICH.

Pah! nichts leichter!
Tarnhelm-M. Luge du her!
(Er setzt den Tarnhelm wieder auf.)
„Krumm und grau
krieche Kröte!“

Er verschwindet: die Götter gewahren im Gestein eine Kröte auf sich zukriechen.

LOGE
(zu WOTAN).

Dort die Kröte,
greife sie rasch!

WOTAN setzt seinen Fuss auf die Kröte: LOGE fährt ihr nach dem Kopfe und hält den Tarnhelm in der Hand.

ALBERICH

(wird plötzlich in seiner wirklichen Gestalt sichtbar, wie er sich unter WOTAN's Fusse windet).

Ohe! Verflucht!
ich bin gefangen!

LOGE.

Halt' ihn fest,
bis ich ihn band.

Er hat ein Bastseil hervorgeholt, und bindet ALBERICH damit Arme und Beine; den Geknebelten, der sich wüthend zu wehren sucht, fassen dann Beide, und schleppen ihn mit sich nach der Kluft, aus der sie herabkamen.

LOGE.

Nur schnell hinauf!
dort ist er unser!

(Sie verschwinden, aufwärts steigend.)

Wehe-M. } Machtdünkel-M.

VIERTE SCENE.

Loge-, Ring-, Entsagungs-, Nibelungen- u. Wehe-M.
Nibelungen-M. (Ambose.)
Angst-M., Riesen-, Walhall- u. Loge- (aufsteigend), Jugend-, Wehe-, Loge-M.
Wehe-M.

Die Scene verwandelt sich, nur in umgekehrter Weise, wie zuvor; die Verwandlung führt wieder an den Schmieden vorbei; schliesslich erscheint wieder die

freie Gegend auf Bergeshöhen,

wie in der zweiten Scene; nur ist sie jetzt noch in einem fahlen Nebelschleier verhüllt, wie vor der zweiten Verwandlung nach FREIA's Abführung.

WOTAN und LOGE, den gebundenen ALBERICH mit sich führend, steigen aus der Kluft herauf.

LOGE.

Da, Vetter,
sitze du fest!
Luge, Liebster,
dort liegt die Welt,
die du Lung'rer gewinnen dir willst:
welch Stellchen, sag',
bestimmst du drin mir zum Stall?

(Er schlägt tanzend ihm Schnippchen.)

Loge-M.

ALBERICH.

Schändlicher Schächer!

du Schalk! du Schelm!
Löse den Bast,
binde mich los,
den Frevel sonst büssest du Frecher!

WOTAN.

Gefangen bist du,
fest mir gefesselt,
wie du die Welt,
was lebt und webt,
in deiner Gewalt schon wähntest.
In Banden liegst du vor mir,
du Banger kannst es nicht läugnen,
zu ledigen dich
bedarf's nun der Lösung.

ALBERICH.

O, ich Tropf!
ich träumender Thor!
Wie dumm traut' ich
dem diebischen Trug!
Furchtbare Rache
räche den Fehl!

LOGE.

Soll Rache dir frommen,
vor allem rathe dich frei:
dem gebund'nen Manne
büsst kein Freier den Frevel.
Drum sinn'st du auf Rache,
rasch ohne Säumen
sorg' um die Lösung zunächst!

Loge-M. **(Er zeigt ihm, mit den Fingern schnalzend, die Art der Lösung an.)**

ALBERICH
(barsch).

So heischt, was ihr begehrt!

WOTAN.

Den Hort und dein helles Gold.

ALBERICH.

Gieriges Gaunergezücht! Ring-M.

(Für sich.)

Doch behalt' ich mir nur den Ring,
des Hortes entrath' ich dann leicht:
denn von neuem gewonnen
und wonnig genährt
ist er bald durch des Ringes Gebot.
Eine Witzigung wär's,
die weise mich macht:
zu theuer nicht zahl' ich die Zucht,
lass' für die Lehre ich den Tand. —

WOTAN.

Erlegst du den Hort?

ALBERICH.

Lös't mir die Hand,
so ruf' ich ihn her.

(LOGE löst ihm die rechte Hand.)

Ring-M. Wehe-M. Goldherrschaft-M.

ALBERICH
(rührt den Ring mit den Lippen und murmelt den Befehl).

Nibelungen-M.

— Wohlan, die Niblungen
rief ich mir nah:
ihrem Herrn gehorchend
hör' ich den Hort
aus der Tiefe sie führen zu Tag. —
Nun lös't mich vom lästigen Band!

Hort-M.

WOTAN.

Nicht eh'r, bis alles gezahlt.

Die NIBELUNGEN steigen aus der Kluft herauf, mit den Geschmeiden des Hortes beladen, und schichten während des Folgenden den Hort auf.

Nibelungen-, Wehe-u. Hort-M.

ALBERICH.

O schändliche Schmach,
dass die scheuen Knechte
geknebelt selbst mich erschau'n! —
Dorthin geführt,
wie ich's befehl'!
All zu Hauf

(Nibelungen-, Wehe-u.Hort-M.) schichtet den Hort!
Helf' ich euch Lahmen? —
Hieher nicht gelugt! —
Rasch da! rasch!
dann rührt euch von hinnen.
Dass ihr mir schafft!
Fort in die Schachten!
Weh' euch, treff' ich euch faul!
Wehe- u. Nibelungen-M. Auf den Fersen folg' ich euch nach.

Goldherrschaft- u. Nibelungen M. Er küsst seinen Ring und streckt ihn gebieterisch aus. Wie von einem Schlage getroffen, drängen sich die Nibelungen scheu und ängstlich der Kluft zu, in die sie schnell hinabschlüpfen.

Nibelungen-M.

ALBERICH.

Gezahlt hab' ich:
nun lass' mich ziehn!
Tarnhelm-M. Und das Helmgeschmeid,
das Loge dort hält,
das gebt mir nun gütlich zurück!

LOGE
(den Tarnhelm zum Horte werfend).

Zur Busse gehört auch die Beute.

ALBERICH.

Ring-M. Verfluchter Dieb! —
Doch nur Geduld!
Der den alten mir schuf,
schafft einen andern:
noch halt' ich die Macht,
der Mime gehorcht.
Schlimm zwar ist's,
dem schlauen Feind
Tarnhelm-M. zu lassen die listige Wehr! —
Nun denn! Alberich
liess euch alles:
jetzt löst, ihr Bösen, das Band!

LOGE
(zu WOTAN).

Bist du befriedigt?
bind ich ihn frei?

WOTAN.

Ein gold'ner Ring
ragt dir am Finger:
hörst du, Alp?
der, acht' ich, gehört mit zum Hort.

ALBERICH
(entsetzt).

Der Ring?

WOTAN.

Zu deiner Lösung
musst du ihn lassen.

ALBERICH.

Das Leben — doch nicht den Ring!

WOTAN.

Den Reif verlang' ich:
mit dem Leben mach' was du willst!

ALBERICH.

Lös' ich mir Leib und Leben,
den Ring auch muss ich mir lösen:
Hand und Haupt,
Aug' und Ohr,
sind nicht mehr mein Eigen
als hier dieser rothe Ring!

WOTAN.

Dein Eigen nennst du den Ring?
Rasest du, schamloser Albe?
Nüchtern sag',
wem entnahmst du das Gold,
daraus du den schimmernden schuf'st?
War's dein Eigen,
was du Arger
der Wassertiefe entwandt?
Bei des Rheines Töchtern Rheintöchter-sang.
hole dir Rath,
ob ihr Gold
sie zu eigen dir gaben,
das du zum Ring dir geraubt.

ALBERICH.

Schmähliche Tücke!
schändlicher Trug!
Wirfst du Schächer
die Schuld mir vor,
die dir so wonnig erwünscht?
Ring-M. Wie gern raubtest
du selbst dem Rheine das Gold,
war nur so leicht
die Kunst, es zu schmieden, erlangt?
Wie glückt' es nun
dir Gleissner zum Heil,
dass der Niblung ich
aus schmählicher Noth,
in des Zornes Zwange,
den schrecklichen Zauber gewann,
dess' Werk nun lustig dir lacht?
Des Unseligen,
Angstversehrten
fluchfertige,
furchtbare That,
zu fürstlichem Tand
soll sie fröhlich dir taugen?
zur Freude dir frommen mein Fluch? —
Ring-M. Hüte dich,
herrischer Gott!
Frevelte ich,
so frevelt' ich frei an mir:
doch an allem, was war,
ist und wird,
frevelst, Ewiger, du,
entreissest du frech mir den Ring!

WOTAN.

Her den Ring!
Vertrags-M. Kein Recht an ihm
schwörst du schwatzend dir zu.

(Er entzieht ALBERICH's Finger mit heftiger Gewalt den Ring.)

ALBERICH
(grässlich aufschreiend).

Ha! Zertrümmert! Zerknickt! — Rheingold-M.
Der Traurigen traurigster Knecht! — Entsagungs-M.

WOTAN
(den Ring betrachtend).

Nun halt' ich, was mich erhebt,
der Mächtigen mächtigsten Herrn!
(Er steckt den Ring an.) — Ring-M

LOGE.

Ist er gelöst?

WOTAN.

Bind' ihn los!

LOGE
(löst ALBERICH die Bande).

Schlüpfe denn heim!
Keine Schlinge hält dich:
frei fahre dahin!

ALBERICH
(sich vom Boden erhebend, mit wüthendem Lachen). — Nibelungenhass-M.

Bin ich nun frei?
wirklich frei? —
So grüss' euch denn
meiner Freiheit erster Gruss! —
Wie durch Fluch er mir gerieth, — Fluch-M.
verflucht sei dieser Ring!
Gab sein Gold
mir — Macht ohne Mass,
nun zeug' sein Zauber
Tod dem — der ihn trägt!
Kein Froher soll — Ring-M.
seiner sich freu'n;
keinem Glücklichen lache
sein lichter Glanz;
wer ihn besitzt, — Nibelungenhass-M.
den sehre die Sorge,
und wer ihn nicht hat,
den nage der Neid!

(Nibelungenhass-M.) Jeder giere
nach seinem Gut,
doch keiner geniesse
mit Nutzen sein;
Ring-M. ohne Wucher hüt' ihn sein Herr,
doch den Würger zieh' er ihm zu!
Dem Tode verfallen,
fessle den Feigen die Furcht;
so lang' er lebt,
sterb' er lechzend dahin,
Wehe-M. des Ringes Herr
als des Ringes Knecht:
bis in meiner Hand
den geraubten wieder ich halte! —
So — segnet
in höchster Noth
der Nibelung seinen Ring!
Behalt' ihn nun,
hüte ihn wohl:
meinem Fluch fliehest du nicht!

Wehe-M. (Er verschwindet schnell in der Kluft.)

LOGE.

Lauschtest du
seinem Liebesgruss?

WOTAN
(in die Betrachtung des Ringes verloren).

Gönn' ihm die geifernde Lust!

Leiser Rhythmus des Riesen-M. Der Nebelduft des Vordergrundes klärt sich allmählich auf.

LOGE
(nach rechts blickend).

Fasolt und Fafner
nahen von fern;
Freia führen sie her.

Jugend-M. Von der andern Seite treten FRICKA, DONNER und FROH auf.)

FROH.

Sie kehrten zurück.

DONNER.

Willkommen, Bruder!

FRICKA
(besorgt auf WOTAN zueilend).

Bringst du mir gute Kunde? Nibelungen-hass-M.

LOGE
(auf den Hort deutend).

Mit List und Gewalt
gelang das Werk:
dort liegt, was Freia lös't.

DONNER.

Aus der Riesen Haft
naht dort die Holde.

FROH.

Wie liebliche Luft
wieder uns weht,
wonnig Gefühl
die Sinne erfüllt!
Traurig ging' es uns allen,
getrennt für immer von ihr,
die leidlos ewiger Jugend
jubelnde Lust uns verleiht.

Der Vordergrund ist wieder hell geworden; das Aussehen der Götter gewinnt durch das Licht wieder die erste Frische; über dem Hintergrunde haftet jedoch noch der Nebelschleier, so dass die ferne Burg unsichtbar bleibt.

FASOLT und FAFNER treten auf, FREIA zwischen sich führend.

FRICKA
(eilt freudig auf die Schwester zu, um sie zu umarmen).

Lieblichste Schwester,
süsseste Lust!
Bist du mir wiedergewonnen?

FASOLT
(ihr wehrend).

Halt! Nicht sie berührt! Vertragsschutz-M.
Noch gehört sie uns. —
Auf Riesenheim's Riesen-M.
ragender Mark
rasteten wir:
mit treuem Muth

Vertragstreue-M.

des Vertrages Pfand
pflegten wir;
so sehr mich's reut,
zurück doch bring' ich's,
erlegt uns Brüdern
die Lösung ihr.

WOTAN.

Bereit liegt die Lösung:
des Goldes Mass
sei nun gütlich gemessen.

FASOLT.

Das Weib zu missen,
Freia-M.
wisse, gemuthet mich weh:
soll aus dem Sinn sie mir schwinden,
des Geschmeides Hort
häufe denn so,
dass meinem Blick
Entsagungs-M.
die Blühende ganz er verdeck'!

WOTAN.

So stellt das Mass
nach Freia's Gestalt.

Freia- u. Angst-M. Riesen-M. Vertragstreue-M.

FREIA wird von den beiden Riesen in die Mitte gestellt. Darauf stossen sie ihre Pfähle zu FREIA's beiden Seiten so in den Boden, dass sie gleiche Höhe und Breite mit ihrer Gestalt messen.

FAFNER.

Gepflanzt sind die Pfähle
nach Pfandes Mass:
gehäuft füll' es der Hort.

WOTAN.

Eilt mit dem Werk:
widerlich ist mir's!

LOGE.

Hilf mir, Froh!

FROH.

Freia's Schmach
eil' ich zu enden.

(LOGE und FROH häufen hastig zwischen den Pfählen die Geschmeide.)

Vertragstreue- u. Nibelungen-M.

FAFNER.

Nicht so leicht
und locker gefügt:
fest und dicht
füll' er das Mass!

Riesen- u. Nibelungen-M.

Mit roher Kraft drückt er die Geschmeide dicht zusammen; er beugt sich, um nach Lücken zu spähen.

Hort- u. Nibelungen-M.

Hier lug' ich noch durch:
verstopft mir die Lücken!

LOGE.

Zurück, du Grober!
greif' mir nichts an!

FAFNER.

Hieher! die Klinze verklemmt!

WOTAN

(unmuthig sich abwendend).

Tief in der Brust
brennt mir die Schmach.

(Den Blick auf FREIA geheftet.)

FRICKA.

Sieh, wie in Scham
schmählich die Edle steht:
um Erlösung fleht
stumm der leidende Blick.
Böser Mann,
der Minnigen botest du das!

Freia-M.

FAFNER.

Noch mehr hierher!

Riesen- u. Nibelungen-M.

DONNER.

Kaum halt' ich mich:
schäumende Wuth
weckt mir der schamlose Wicht! —

Hierher, du Hund!
willst du messen,
so miss dich selber mit mir!

FAFNER.

Ruhig, Donner!
Rolle wo's taugt:
hier nützt dein Rasseln dir nichts!

DONNER
(holt aus).

Nicht dich Schmählichen zu zerschmettern?

WOTAN.

Vertragstreue-M.

Friede doch!
Schon dünkt mich Freia verdeckt.

Hort- u. Nibelungen-M.

LOGE.

Der Hort ging auf.

Jugend-M.

FAFNER
(mit dem Blicke messend).

Noch schimmert mir Holda's Haar:
dort das Gewirk
wirf auf den Hort!

LOGE.

Wie, auch den Helm?

FAFNER.

Tarnhelm-M.

Hurtig, her mit ihm!

WOTAN.

Lass ihn denn fahren!

LOGE
(wirft den Helm auf den Haufen).

So sind wir denn fertig. —
Seid ihr zufrieden?

FASOLT.

Freia, die schöne,
schau' ich nicht mehr:
so ist sie gelös't?
muss ich sie lassen?

Hort-u. Nibelungen-M.
Freia- u. Angst-M.

(Er tritt nahe hinzu und späht durch den Hort.)

Weh! noch blitzt

ihr Blick zu mir her;
des Auges Stern
strahlt mich noch an:
durch eine Spalte
muss ich's erspäh'n! — **Freia- u. Angst-M.**
Seh' ich dies wonnige Auge,
von dem Weibe lass ich nicht ab. **Entsagungs-M.**

FAFNER.

He! euch rath' ich, **Nibelungen-M.**
verstopft mir die Ritze!

LOGE.

Nimmer-Satte!
seht ihr denn nicht,
ganz schwand uns der Hort?

FAFNER.

Mit nichten, Freund!
An Wotan's Finger
glänzt von Gold noch ein Ring,
den gebt, die Ritze zu füllen!

WOTAN.

Wie? diesen Ring?

LOGE.

Lasst euch rathen!
Den Rheintöchtern **Rheintöchter-sang.**
gehört dies Gold:
ihnen giebt Wotan es wieder.

WOTAN.

Was schwatzest du da?
Was schwer ich mir erbeutet,
ohne Bangen wahr' ich's für mich.

LOGE. **Rheingold-M.**

Schlimm dann steht's
um mein Versprechen,
das ich den Klagenden gab.

WOTAN.

Dein Versprechen bindet mich nicht:
als Beute bleibt mir der Reif.

Ring-M.

FAFNER.

Doch hier zur Lösung
musst du ihn legen.

WOTAN.

Fordert frech was ihr wollt:
alles gewähr' ich;
um alle Welt
doch nicht fahren lass' ich den Ring!

FASOLT

(zieht wüthend Freia hinter dem Horte hervor).

Aus denn ist's,
beim Alten bleibt's:
nun folgt uns Freia für immer!

FREIA.

Wehe-M.

Hülfe! Hülfe!

FRICKA.

Harter Gott,
gieb ihnen nach!

FROH.

Spare das Gold nicht!

DONNER.

Spende den Ring doch!

WOTAN.

Lasst mich in Ruh'!
Den Reif geb' ich nicht.

Ring-M.

Erda-M.

FAFNER hält den fortdrängenden FASOLT noch auf, Alle stehen bestürzt; WOTAN wendet sich zürnend von ihnen zur Seite. Die Bühne hat sich von Neuem verfinstert; aus der Felskluft zur Seite bricht ein bläulicher Schein hervor: in ihm wird plötzlich ERDA sichtbar, die bis zu halber Leibeshöhe aus der Tiefe aufsteigt; sie ist von edler Gestalt, weithin von schwarzem Haare umwallt.

ERDA

(die Hand mahnend gegen WOTAN ausstreckend).

Weiche, Wotan, weiche!

flieh' des Ringes Fluch!
Rettungslos
dunklem Verderben
weiht dich sein Gewinn.

WOTAN.

Wer bist du, mahnendes Weib?

ERDA.

Wie alles war, weiss ich; — Erda-M.
wie alles wird,
wie alles sein wird,
seh' ich auch:
der ew'gen Welt
Ur-Wala,
Erda mahnt deinen Muth.
Drei der Töchter, — Natur-M.
ur-erschaff'ne,
gebar mein Schoss:
was ich sehe, — Erda-M.
sagen dir nächtlich die Nornen. — Natur-M.
Doch höchste Gefahr — Nibelungen-hass-M.
führt mich heut'
selbst zu dir her:
höre! höre! höre! — Wehe-M.
Alles, was ist, endet. — Erda-M.
Ein düst'rer Tag — Götter-dämmerungs-M.
dämmert den Göttern:
dir rath' ich, meide den Ring! — Ring-M.

Sie versinkt langsam bis an die Brust, während der bläuliche Schein zu dunkeln beginnt.

WOTAN.

Geheimniss-hehr — Erda-M.
hallt mir dein Wort:
weile, dass mehr ich wisse!

ERDA
(im Verschwinden).

Ich warnte dich —
du weisst genug:

(Erda-M.) sinne in Sorg' und Furcht!

(Sie verschwindet gänzlich.)

WOTAN.

Soll ich sorgen und fürchten —
dich muss ich fassen,
alles erfahren!

Er will in die Kluft, um Erda zu halten: DONNER, FROH und FRICKA werfen sich ihm entgegen, und halten ihn auf.

FRICKA.

Was willst du, Wüthender?

FROH.

Halt' ein, Wotan!
Scheue die Edle,
achte ihr Wort!

Erda-M.

DONNER
(zu den Riesen).

Hört ihr Riesen!
zurück, und harret:
das Gold wird euch gegeben.

FREIA.

Darf ich es hoffen?
dünkt euch Holda
wirklich der Lösung werth?

Erda-M. (Alle blicken gespannt auf WOTAN.)

WOTAN

Vertrags-M. (nach tiefem Sinnen zu sich kommend, erfasst seinen Speer und schwenkt ihn, wie zum Zeichen eines muthigen Entschlusses).

Zu mir, Freia!
du bist befreit:
wieder gekauft

Entsagungs-M. kehr' uns die Jugend zurück! —
Ihr Riesen, nehmt euren Ring!

(Er wirft den Ring auf den Hort.)

Die Riesen lassen FREIA los: sie eilt freudig auf die Götter zu, die sie abwechselnd längere Zeit in höchster Freude liebkosen.

FAFNER

breitet sogleich einen ungeheuren Sack aus und macht sich über den Hort her, um ihn da hinein zu schichten.

FASOLT
(dem Bruder sich entgegenwerfend).

Halt, du Gieriger!
gönne mir auch 'was!
Redliche Theilung
taugt uns beiden.

Riesen- u. Nibelungen-M.

FAFNER.

Mehr an der Maid als am Gold
lag dir verliebtem Geck:
mit Müh' zum Tausch
vermocht' ich dich Thoren.
Ohne zu theilen
hättest du Freia gefreit:
theil' ich den Hort,
billig behalt' ich
die grösste Hälfte für mich.

FASOLT.

Schändlicher du!
Mir diesen Schimpf? —
(Zu den Göttern:)
Euch ruf' ich zu Richtern:
theilet nach Recht
uns redlich den Hort!
(WOTAN wendet sich verächtlich ab.)

LOGE
(zu FASOLT).

Den Hort lass' ihn raffen:
halte du nur auf den Ring!

Nibelungenhass-M.

FASOLT
(stürzt sich auf FAFNER, der währenddem mächtig eingesackt hat).

Ring-M.

Zurück, du Frecher!
mein ist der Ring:
mir blieb er für Freia's Blick.
(Er greift hastig nach dem Ring.)

FASOLT.

Fort mit der Faust!
der Ring ist mein!
(Sie ringen miteinander; FASOLT entreisst FAFNER den Ring.)

FASOLT.

(Ring-M.) Ich halt' ihn, mir gehört er!

FAFNER.

Halt' ihn fest, dass er nicht fall'!

Er holt wüthend mit seinem Pfahle nach FASOLT aus, und streckt ihn mit einem Schlage zu Boden, dem Sterbenden entreisst er dann hastig den Ring.

Nun blinzle nach Freia's Blick:
Ring-M. an den Reif rühr'st du nicht mehr!

Er steckt den Ring in den Sack, und rafft dann gemächlich vollends den Hort ein.

Fluch-M. (Alle Götter stehen entsetzt. Langes, feierliches Schweigen.)

WOTAN.

Furchtbar nun
erfind' ich des Fluches Kraft!

Fluch-M.

LOGE.

Nibelungen-hass-M. Was gleicht, Wotan,
wohl deinem Glücke?
Viel erwarb dir
des Ringes Gewinn;
dass er nun dir genommen,
nützt dir noch mehr:
Riesen-M. deine Feinde, sieh,
fällen sich selbst
um das Gold, das du vergabst.

WOTAN
(tief erschüttert).

Ring-M. Wie doch Bangen mich bindet!
Sorg' und Furcht
Erda-M. fesseln den Sinn;
wie sie zu enden,
lehre mich Erda:
zu ihr muss ich hinab!

FRICKA
Weib-M. (schmeichelnd sich an ihn schmiegend).

Wo weilst du, Wotan?
Winkt dir nicht hold
die hehre Burg,

die des Gebieters
gastlich bergend nun harrt? — Walhall-M.

WOTAN.

Mit bösem Zoll — Ring-M.
zahlt' ich den Bau! — Fluch-M.

DONNER

(auf den Hintergrund deutend, der noch in Nebelschleier gehüllt ist).

Schwüles Gedünst
schwebt in der Luft;
lästig ist mir
der trübe Druck:
das bleiche Gewölk
samml' ich zu blitzendem Wetter;
das fegt den Himmel mir hell.

Er hat einen hohen Felsstein am Thalabhang bestiegen und schwingt jetzt seinen Hammer.

Heda! Heda! Hedo! — Gewitter-M.
Zu mir, du Gedüft!
ihr Dünste, zu mir!
Donner, der Herr,
ruft euch zu Heer. — Gewitter-M.
Auf des Hammers Schwung
Schwebet herbei: — Gewitter-M.
dunstig Gedämpf!
schwebend Gedüft!
Donner der Herr
ruft Euch zu Heer!
Heda! Heda! Hedo! — Gewitter-M.

Die Nebel haben sich um ihn zusammen gezogen; er verschwindet völlig in einer immer finsterer sich ballenden Gewitterwolke. Dann hört man seinen Hammerschlag schwer auf den Felsstein fallen: ein starker Blitz entfährt der Wolke; ein heftiger Donnerschlag folgt. — Gewitter-M.

Bruder, hieher!
weise der Brücke den Weg!

FROH ist mit Gewölk verschwunden. Plötzlich verzieht sich die Wolke; DONNER und FROH werden sichtbar: von ihren Füssen aus zieht sich, mit blendendem Leuchten, eine Regenbogenbrücke über das Thal hinüber bis zur Burg, die jetzt, von der Abendsonne beschienen, im hellsten Glanze erstrahlt. — Regenbogen-M.

(Regenbogen-M.)

FAFNER, der neben der Leiche seines Bruders endlich den ganzen Hort eingerafft, hat, den ungeheuren Sack auf dem Rücken, während DONNER's Gewitterzauber die Bühne verlassen.

FROH.

Zur Burg führt die Brücke,
leicht, doch fest eurem Fuss:
beschreitet kühn
ihren schrecklosen Pfad!

WOTAN

Walhall-M.

(in den Anblick der Burg versunken).

Abendlich strahlt
der Sonne Auge;
in prächtiger Gluth
prangt glänzend die Burg.
In des Morgens Scheine
muthig erschimmernd,
lag sie herrenlos
hehr verlockend vor mir.

Ring-M.

Von Morgen bis Abend
in Müh' und Angst
nicht wonnig ward sie gewonnen!

Erda-M.

Es naht die Nacht:
vor ihrem Neid
biete sie Bergung nun.

Schwert-M.

(Wie von einem grossen Gedanken ergriffen, sehr entschlossen.)

So — grüss' ich die Burg,

Schwert-M.

sicher vor Bang und Grau'n. —

(Zu FRICKA.)

Folge mir, Frau:
in Walhall wohne mit mir!

(Er fasst ihre Hand.)

FRICKA.

Walhall-M.

Was deutet der Name?
Nie, dünkt mich, hört' ich ihn nennen.

WOTAN.

Was, mächtig der Furcht,
mein Muth mir erfand,

wenn siegend es lebt — (Walhall-M.)
leg' es den Sinn dir dar!

Wotan und Fricka schreiten der Brücke zu: Froh und Freia folgen zunächst, dann Donner.

LOGE

(im Vordergrunde verharrend und den Göttern nachblickend). Loge-u.Ring-M.

Ihrem Ende eilen sie zu,
die so stark im Bestehen sich wähnen.
Fast schäm' ich mich,
mit ihnen zu schaffen;
zur leckenden Lohe
mich wieder zu wandeln,
spür' ich lockende Lust,
sie aufzuzehren,
die einst mich gezähmt,
statt mit den Blinden
blöd zu vergeh'n,
und wären's göttlichste Götter! —
Nicht dumm dünkte mich das!
Bedenken will ich's: Loge-M.
wer weiss was ich thu'!

Er geht, um sich den Göttern in nachlässiger Haltung anzuschliessen. Walhall-M.

Aus der Tiefe hört man den Gesang der Rheintöchter heraufschallen.

DIE DREI RHEINTÖCHTER.

Rheingold! Rheingold! Rheintöchter-sang.
Reines Gold!
Wie lauter und hell
leuchtetest hold du uns!

WOTAN

(im Begriff, den Fuss auf die Brücke zu setzen, hält an und wendet sich um).

Welch' Klagen klingt zu mir her? Rheingold-M.

DIE RHEINTÖCHTER.

Um dich, du klares, Rheintöchter-sang.
wir nun klagen!

LOGE
(späht in das Thal hinab).
Des Rheines Kinder
beklagen des Goldes Raub.

WOTAN.
Verwünschte Nicker!

DIE RHEINTÖCHTER.
Rheintöchter-sang.
Gebt uns das Gold,
o gebt uns das reine zurück!

WOTAN
(zu LOGE).
Wehre ihrem Geneck!

LOGE
(in das Thal hinabrufend).
Walhall-M.
Ihr da im Wasser!
was weint ihr herauf?
Hört, was Wotan euch wünscht.
Glänzt nicht mehr
euch Mädchen das Gold,
in der Götter neuem Glanze
sonnt euch selig fortan!
Machtdünkel-M.
Die Götter lachen laut und beschreiten nun die Brücke.

DIE RHEINTÖCHTER
(aus der Tiefe).
Rhein-töchter-sang.
Rheingold! Rheingold!
Reines Gold!
O leuchtete noch
Rheingold-M.
in der Tiefe dein laut'rer Tand!
Traulich und treu
ist's nur in der Tiefe:
falsch und feig
ist was dort oben sich freut!
Walhall-M.
Regenbogen-M.
Als alle Götter auf der Brücke der Burg zuschreiten, fällt der Vorhang.

Rheingold.

1. Angst=M.

2. Entsagungs=M.

3. Erda=M. (vgl. M. 14.)

4. Fluch=M.

5. Freia=M.

6. Gewitter=M.

7. Götterdämmerungs = M.
(vgl. M. 14.)

8. Goldherrschafts=M.
(vgl. M. 210)

9. Grübel = M.

10. Hort=M.

11. Jugend=M.

12. Loge=M.

13. Machtdünkel=M. (vgl. M. 29b u. 12a)

14. Natur=M.

15. Naturweben=M.

16. Nibelungen = M.

17. Nibelungenhass=M.

18. Regenbogen=M.

19. Rheingold=M.

20. Rheingold = M.

21. Rheintöchtersang.

22. Riesen=M.

23. Ring=M.

24. Schwert=M.

25. Tarnhelm=M.

26. Vertrags=M.

27. Vertragsschutz=M.

28. Vertragstreue = M. (vgl. M. 26.)

29. Walhall = M. (vgl. M. 23.)

30. Wehe = M.

31. Weib = M.

32. Wellen = M. (vgl. M. 14b)

33. Wurm = M.

DIE WALKÜRE.

ERSTER TAG AUS DER TRILOGIE:

DER RING DES NIBELUNGEN

VON

RICHARD WAGNER.

PERSONEN.

Siegmund.
Hunding.
Wotan.
Sieglinde.
Brünnhilde.
Fricka.

Acht Walküren.

ERSTER AUFZUG.

Das Innere eines Wohnraumes.

In der Mitte steht der Stamm einer mächtigen Esche, dessen stark erhabene Wurzeln sich weithin in den Erdboden verlieren; von seinem Wipfel ist der Baum durch ein gezimmertes Dach geschieden, welches so durchschnitten ist, dass der Stamm und die nach allen Seiten hin sich ausstreckenden Aeste durch genau entsprechende Oeffnungen hindurch gehen; von dem belaubten Wipfel wird angenommen, dass er sich über dieses Dach ausbreite. Um den Eschenstamm, als Mittelpunkt, ist nun ein Saal gezimmert; die Wände sind aus roh behauenem Holzwerk, hie und da mit geflochtenen und gewebten Decken behangen. Rechts im Vordergrunde steht der Herd, dessen Rauchfang seitwärts zum Dache hinausführt: hinter dem Herde befindet sich ein innerer Raum, gleich einem Vorrathsspeicher, zu dem man auf einigen hölzernen Stufen hinaufsteigt: davor hängt, halb zurückgeschlagen, eine geflochtene Decke. Im Hintergrunde eine Eingangsthüre mit schlichtem Holzriegel. Links die Thüre zu einem inneren Gemache, zu dem gleichfalls Stufen hinaufführen; weiter vornen auf derselben Seite ein Tisch mit einer breiten, an der Wand angezimmerten Bank dahinter, und hölzernen Schemeln davor.

Sturm-M., später dazwischen Gewitter-M. Siegmund-M.

Ein kurzes Orchestervorspiel von heftiger, stürmischer Bewegung leitet ein. Als der Vorhang aufgeht, öffnet SIEGMUND von aussen hastig die Eingangsthüre und tritt ein: es ist gegen Abend; starkes Gewitter, im Begriff sich zu legen. — SIEGMUND hält einen Augenblick den Riegel in der Hand, und überblickt den Wohnraum: er scheint von übermässiger Anstrengung erschöpft; sein Gewand und Aussehen zeigen, dass er sich auf der Flucht befinde. Da er Niemand gewahrt, schliesst er die Thüre hinter sich, schreitet auf den Herd zu und wirft sich dort ermattet auf eine Decke von Bärenfell.

SIEGMUND.

Wess' Herd dies auch sei,
hier muss ich rasten.

Siegmund-M. Sturm-M.

Er sinkt zurück und bleibt einige Zeit regungslos ausgestreckt. SIEGLINDE tritt aus der Thüre des inneren Gemaches. Dem vernommenen Geräusche nach glaubte sie ihren Mann heimgekehrt: ihre ernste Miene zeigt sich dann verwundert, als sie einen Fremden am Herde ausgestreckt findet.

SIEGLINDE
(noch im Hintergrunde).

Ein fremder Mann!
Ihn muss ich fragen.

(Sie tritt ruhig einige Schritte näher.)

Wer kam in's Haus
und liegt dort am Herd?

Siegmund-M. (Da SIEGMUND sich nicht regt, tritt sie noch etwas näher und betrachtet ihn.)

Müde liegt er
von Weges Müh'n:
schwanden die Sinne ihm?
wäre er siech? —

Siegmund- u. Sieglinde-M. (Sie neigt sich näher zu ihm.)

Noch schwillt ihm der Athem;
das Auge nur schloss er: —
muthig dünkt mich der Mann,
sank er müd' auch hin.

Siegmund-M.

SIEGMUND
(jäh das Haupt erhebend).

Ein Quell! ein Quell!

SIEGLINDE.

Erquickung schaff' ich.

Siegmund- u. Sieglinde-M. (Sie nimmt schnell ein Trinkhorn, geht aus dem Hause und kommt mit dem gefüllten zurück, das sie SIEGMUND reicht.)

Sieglinde-M.

Labung biet' ich
dem lechzenden Gaumen:
Wasser, wie du gewollt!

Siegmund-M. Geschwisterliebe-M. Liebes-M. SIEGMUND trinkt und reicht ihr das Horn zurück. Nachdem er ihr mit dem Kopfe Dank zugewinkt, haftet sein Blick länger mit steigender Theilnahme an ihren Mienen.

SIEGMUND.

Kühlende Labung
gab mir der Quell,

Sieglinde-M.

des Müden Last
machte er leicht;
erfrischt ist der Muth,
das Aug' erfreut
des Sehens selige Lust: —

Sieglinde-M.

wer ist's, der so mir es labt?

SIEGLINDE.

Dies Haus und dies Weib
sind Hunding's Eigen;
gastlich gönn' er dir Rast:
harre bis heim er kehrt!

SIEGMUND. Siegmund-M.

Waffenlos bin ich:
dem wunden Gast
wird dein Gatte nicht wehren.

SIEGLINDE
(besorgt).

Die Wunden weise mir schnell!

SIEGMUND
(schüttelt sich und springt lebhaft vom Lager zu Sitz auf).

Gering sind sie,
der Rede nicht werth;
noch fügen des Leibes
Glieder sich fest.
Hätten halb so stark wie mein Arm
Schild und Speer mir gehalten,
nimmer floh ich dem Feind; —
doch zerschellten mir Speer und Schild.
Der Feinde Meute
hetzte mich müd',
Gewitter-Brunst
brach meinen Leib;
doch schneller als ich der Meute,
schwand die Müdigkeit mir:
sank auf die Lider mir Nacht, Siegmund-M.
die Sonne lacht mir nun neu.

SIEGLINDE
(hat ein Horn mit Meth gefüllt, und reicht es ihm). Sieglinde-M.

Des seimigen Methes
süssen Trank
mögst du mir nicht verschmäh'n. Sieglinde-M.

SIEGMUND.

Schmecktest du mir ihn zu?

Liebes-M.

Geschwister-liebe-M.

Sieglinde nippt am Horne, und reicht es ihm wieder; **Siegmund** thut einen langen Zug: dann setzt er schnell ab und reicht das Horn zurück. Beide blicken sich, mit wachsender Ergriffenheit, eine Zeit lang stumm an.

Siegmund-M.

SIEGMUND

(mit bebender Stimme).

Einen Unseligen labtest du:
Unheil wende
der Wunsch von dir!

Sieglinde-M.

(Er bricht schnell auf, um fortzugehen.)

Gerastet hab' ich
und süss geruh't:
weiter wend' ich den Schritt.

Sieglinde-M.

SIEGLINDE

(lebhaft sich umwendend).

Wer verfolgt dich, dass du schon flieh'st?

SIEGMUND

(von ihrem Rufe gefesselt, wendet sich wieder: langsam und düster).

Misswende folgt mir,
wohin ich fliehe;
Misswende naht mir,
wo ich mich neige:

Liebes-M.

dir Frau doch bleibe sie fern!
Fort wend' ich Fuss und Blick.

(Er schreitet schnell bis zur Thüre, und hebt den Riegel.)

SIEGLINDE

Sieglinde-M.

(in heftigem Selbstvergessen ihm nachrufend).

So bleibe hier!
Nicht bringst du Unheil dahin,
wo Unheil im Hause wohnt!

SIEGMUND

Wälsungenleid- u. Sieglinde-M. Siegmund-M.

(bleibt tief erschüttert stehen, und forscht in **Sieglinde**'s Mienen: diese schlägt verschämt und traurig die Augen nieder. Langes Schweigen. **Siegmund** kehrt zurück).

Wehwalt hiess ich mich selbst: —
Hunding will ich erwarten.

Wälsungenleid-M. Sieglinde-M. Liebes-M.

Er lehnt sich an den Herd; sein Blick haftet mit ruhiger und entschlossener Theilnahme an **Sieglinde**; diese hebt langsam das Auge wieder zu ihm auf; Beide blicken sich in tiefem Schweigen mit dem Ausdruck grosser Ergriffenheit in die Augen.

Plötzlich fährt Sieglinde auf, lauscht und hört Hunding, der sein Ross aussen zum Stall führt. Sie geht hastig zur Thüre und öffnet. | **Hunding-M.**

(Hunding, gewaffnet mit Schild und Speer, tritt ein, und hält unter der Thüre, als er Siegmund gewahrt.)

SIEGLINDE
(dem ernst fragenden Blicke, den Hunding auf sie richtet, entgegnend.)

Müd' am Herd
fand ich den Mann:
Noth führt' ihn in's Haus.

HUNDING.

Du labtest ihn?

SIEGLINDE.

Den Gaumen letzt' ich ihm,
gastlich sorgt' ich sein'.

SIEGMUND
(der fest und ruhig Hunding beobachtet).

Dach und Trank
dank' ich ihr:
willst du dein Weib drum schelten?

HUNDING.

Heilig ist mein Herd: —
heilig sei dir mein Haus!
(Zu Sieglinde, indem er die Waffen ablegt und ihr übergibt.) | **Hunding-M.**
Rüst' uns Männern das Mahl!
Sieglinde hängt die Waffen am Eschenstamme auf, holt Speise und Trank aus dem Speicher und rüstet auf dem Tische das Nachtmahl. Unwillkürlich heftet sie wieder den Blick auf Siegmund. | **Hunding-M.** | **Sieglinde-M. Geschwisterliebe-M.**

HUNDING
(misst scharf und verwundert Siegmund's Züge, die er mit denen seiner Frau vergleicht; für sich):

Wie gleicht er dem Weibe!
Der gleissende Wurm
glänzt auch ihm aus dem Auge.
(Er birgt sein Befremden, und wendet sich unbefangen zu Siegmund.) | **Vertrags-M. Hunding-M.**

Weit her! traun!
kamst du des Wegs;
ein Ross nicht ritt,

der Rast hier fand:
welch' schlimme Pfade
schufen dir Pein?

Sturm-M.

SIEGMUND.

Durch Wald und Wiese,
Haide und Hain,
jagte mich Sturm
und starke Noth:

Sturm-M.

nicht kenn' ich den Weg, den ich kam.
Wohin ich irrte
weiss ich noch minder:
Kunde gewänn' ich dess' gern.

HUNDING
(am Tische und SIEGMUND den Sitz bietend).

Dess' Dach dich deckt,
dess' Haus dich hegt,

Hunding-M.

Hunding heisst der Wirth;
wendest von hier du
nach West den Schritt,
in Höfen reich
hausen dort Sippen,

Hunding-M.

die Hunding's Ehre behüten.
Gönnt mir Ehre mein Gast,
wird sein Name nun mir genannt.

Wälsungenleid-M.
Sieglinde-M.
Liebes-M.

SIEGMUND, der sich am Tisch niedergesetzt, blickt nachdenklich vor sich hin. SIEGLINDE hat sich neben HUNDING, SIEGMUND gegenüber, gesetzt, und heftet mit auffallender Theilnahme und Spannung ihr Auge auf diesen.

HUNDING
(der beide beobachtet).

Trägst du Sorge,
mir zu vertrau'n,
der Frau hier gieb doch Kunde:
sieh', wie gierig sie dich frägt!

SIEGLINDE
(unbefangen und theilnahmvoll).

Gast, wer du bist
wüsst' ich gern.

SIEGMUND

(blickt auf, sieht ihr in das Auge, und beginnt ernst).

Wälsungenleid-M.

Friedmund darf ich nicht heissen;
Frohwalt möcht' ich wohl sein:
doch Wehwalt muss ich mich nennen.
Wolfe, der war mein Vater;
zu zwei kam ich zur Welt,
eine Zwillingsschwester und ich.
  Früh schwanden mir
  Mutter und Maid;
  die mich gebar,
  und die mit mir sie barg,
kaum hab' ich je sie gekannt. —
Wehrlich und stark war Wolfe;
der Feinde wuchsen ihm viel.
  Zum Jagen zog
  mit dem Jungen der Alte;
  von Hetze und Harst
  einst kehrten wir heim:
da lag das Wolfsnest leer;
  zu Schutt gebrannt
  der prangende Saal,
  zum Stumpf der Eiche
  blühender Stamm;
  erschlagen der Mutter
  muthiger Leib,
  verschwunden in Gluthen
  der Schwester Spur:
uns schuf die herbe Noth
der Neidinge harte Schaar.

Hunding-M.

  Geächtet floh
  der Alte mit mir;
  lange Jahre
  lebte der Junge
mit Wolfe im wilden Wald:
  manche Jagd
  ward auf sie gemacht;
  doch muthig wehrte

das Wolfspaar sich.

(Zu HUNDING gewendet.)

Ein Wölfing kündet dir das,
den als Wölfing mancher wohl kennt.

Hunding-M.

HUNDING.

Wunder und wilde Märe
kündest du, kühner Gast,
Wehwalt — der Wölfing!
Mich dünkt, von dem wehrlichen Paar
vernahm ich dunkle Sage,
kannt' ich auch Wolfe
und Wölfing nicht.

SIEGLINDE.

Doch weiter künde, Fremder:
wo weilt dein Vater jetzt?

SIEGMUND.

Ein starkes Jagen auf uns
stellten die Neidinge an:
der Jäger viele
fielen den Wölfen,
in Flucht durch den Wald
trieb sie das Wild:
wie Spreu zerstob uns der Feind.
Doch ward ich vom Vater versprengt:
seine Spur verlor ich,
je länger ich forschte;
eines Wolfes Fell
nur traf ich im Forst:
leer lag das vor mir,
Walhall-M. den Vater fand ich nicht. —
Aus dem Wald trieb es mich fort;
Liebes-M. mich drängt' es zu Männern und Frauen:
wie viel ich traf,
wo ich sie fand,
ob ich um Freund,
um Frauen warb, —
immer doch war ich geächtet,

Unheil lag auf mir.
Was rechtes je ich rieth,
andern dünkte es arg;
was schlimm immer mir schien,
andre gaben ihm Gunst.
  In Fehde fiel ich,
  wo ich mich fand;
  Zorn traf mich
  wohin ich zog;
  gehrt' ich nach Wonne,
  weckt' ich nur Weh': —
drum muss ich mich Wehwalt nennen;
des Wehes waltet' ich nur. **Hunding-M.**

(Er sieht zu Sieglinde auf und gewahrt ihren theilnehmenden Blick.) **Liebes-M.**

HUNDING.

Die so leidig Loos dir beschied,
nicht liebte dich die Norn:
froh nicht grüsst dich der Mann,
dem fremd als Gast du nahst. **Hunding-M.**

SIEGLINDE.

Feige nur fürchten den,
der waffenlos einsam fährt! — **Sieglinde-M.**
  Künde noch, Gast,
  wie du im Kampf
zuletzt die Waffe verlorst!

SIEGMUND
(immer lebhafter). **Sieglinde-M.**

  Ein trauriges Kind
  rief mich zum Trutz:
  vermählen wollte
  der Magen Sippe
dem Mann ohne Minne die Maid.
  Wider den Zwang
  zog ich zum Schutz;
  der Dränger Tross
  traf ich im Kampf:
dem Sieger sank der Feind.

	Erschlagen lagen die Brüder:
	die Leichen umschlang da die Maid;
	den Grimm verjagt' ihr der Gram.
	Mit wilder Thränen Fluth
	betroff sie weinend die Wal:
	um des Mordes der eig'nen Brüder
	klagte die unsel'ge Braut. —
Hunding-M.	Der Erschlag'nen Sippen
	stürmten daher;
	übermächtig
	ächzten nach Rache sie;
	rings um die Stätte
	ragten mir Feinde.
	Doch von der Wal
	wich nicht die Maid;
	mit Schild und Speer
	schirmt' ich sie lang',
	bis Schild und Speer
	im Harst mir zerhau'n.
Siegmund-M.	Wund und waffenlos stand ich —
	sterben sah ich die Maid:
Sturm-M.	mich hetzte das wüthende Heer —
Wälsungenleid-M.	auf den Leichen lag sie todt.
	(Mit einem Blick voll schmerzlichen Feuers auf Sieglinde.)
Wehwalt-M.	Nun weisst du, fragende Frau,
	Warum ich Friedmund — nicht heisse!
Wälsungen-M. **Wehwalt-M.**	**(Er steht auf und schreitet auf den Herd zu. Sieglinde blickt erbleichend und tief erschüttert zu Boden.)**

Hunding
(sehr finster).

	Ich weiss ein wildes Geschlecht,
	nicht heilig ist ihm
	was andren hehr:
	verhasst ist es Allen und mir.
Hunding-M.	Zur Rache ward ich gerufen,
	Sühne zu nehmen
	für Sippen-Blut:
	zu spät kam ich,
	und kehre nun heim

des flücht'gen Frevlers Spur
im eig'nen Haus zu erspäh'n. —
Mein Haus hütet,
Wölfing, dich heut';
für die Nacht nahm ich dich auf:
mit starker Waffe | Hunding-M.
doch wehre dich morgen;
zum Kampfe kies' ich den Tag:
für Todte zahlst du mir Zoll.

(Zu SIEGLINDE, die sich mit besorgter Gebärde zwischen die beiden Männer stellt.) | Sieglinde-M.

Fort aus dem Saal!
Säume hier nicht!
Den Nachttrunk rüste mir drin,
und harre mein' zur Ruh'.

SIEGLINDE steht eine Weile unentschieden und sinnend. Dann wendet sie sich langsam und zögernden Schrittes nach dem Speicher. Dort hält sie wieder an und bleibt, in Sinnen verloren, mit halb abgewandtem Gesicht stehen. Mit ruhigem Entschluss öffnet sie den Schrein, füllt ein Trinkhorn und schüttet aus einer Büchse Würze hinein. Dann wendet sie das Auge auf SIEGMUND, um seinem Blicke zu begegnen, den dieser fortwährend auf sie heftet. Sie gewahrt HUNDING's Spähen und wendet sich sogleich zum Schlafgemach. Auf den Stufen kehrt sie noch einmal um, heftet das Auge sehnsuchtsvoll auf SIEGMUND, und deutet mit dem Blicke andauernd und mit sprechender Bestimmtheit auf eine Stelle am Eschenstamme. HUNDING fährt auf und treibt sie mit einer heftigen Gebärde zum Fortgehen an. Mit einem letzten Blick auf SIEGMUND geht sie in das Schlafgemach und schliesst hinter sich die Thüre.

Sieglinde-M.
Sieglinde-M.
Wehwalt-M.
Sieglinde-M.
Geschwisterliebe-M.
Geschwisterliebe-M.
Schwert-M.
Hunding-M.
Schwert-M.

HUNDING
(nimmt seine Waffen vom Baume). | Hunding-M.

Mit Waffen wahrt sich der Mann. —
Dich Wölfing treffe ich morgen:
mein Wort hörtest du —
hüte dich wohl!

(Er geht mit den Waffen in das Gemach; man hört ihn von innen den Riegel schliessen.) | Hunding-M.

SIEGMUND
(allein).

Es ist vollständig Nacht geworden; der Saal ist nur noch von einem matten Feuer im Herde erhellt. SIEGMUND lässt sich, nah beim Feuer, auf dem Lager nieder, und brütet in grosser Aufregung eine Zeit lang schweigend vor sich hin.

Schwert-M. (moll) u. Hunding-M.

Vertrags-M. Ein Schwert verhiess mir der Vater,
ich fänd' es in höchster Noth. —
Hunding-M. Waffenlos fiel ich
in Feindes Haus:
seiner Rache Pfand
raste ich hier: —
ein Weib sah' ich,
wonnig und hehr;
Liebes-M. entzückendes Bangen
zehrt mein Herz: —
Hunding-M. zu der mich nun Sehnsucht zieht,
die mit süssem Zauber mich sehrt —
im Zwange hält sie der Mann,
der mich — Wehrlosen höhnt. —
Wälse! Wälse!
Wo ist dein Schwert?
Das starke Schwert,
das im Sturm ich schwänge,
bricht mir hervor aus der Brust
was wüthend das Herz noch hegt?

Schwert-M. **Das Feuer bricht zusammen; es fällt aus der aufsprühenden Gluth ein greller Schein auf die Stelle des Eschenstammes, welche Sieglinde's Blick bezeichnet hatte, und an der man jetzt deutlicher einen Schwertgriff haften sieht.**

Was gleisst dort hell
im Glimmerschein?
Welch' ein Strahl bricht
Schwert-M. aus der Esche Stamm? —
Des Blinden Auge
leuchtet ein Blitz:
Schwert-M. lustig lacht da der Blick. —
Wie der Schein so hehr
Schwert-M. das Herz mir sengt!
Ist es der Blick
der blühenden Frau,
den dort haftend
sie hinter sich liess,
Schwert-M. als aus dem Saal sie schied?

(Von hier an verglimmt das Herdfeuer allmälig.)

Nächtiges Dunkel
deckte mein Aug';
ihres Blickes Strahl
streifte mich da:
Wärme gewann ich und Tag. Schwert-M.
Selig schien mir
der Sonne Licht,
den Scheitel umgliss mir
ihr wonniger Glanz —
bis hinter Bergen sie sank.

(Ein neuer schwacher Aufschein des Feuers.) Schwert-M.

Noch einmal, da sie schied,
traf mich Abends ihr Schein;
selbst der alten Esche Stamm
erglänzte in gold'ner Gluth: Schwert-M.
da bleicht die Blüthe —
das Licht verlischt —
nächtiges Dunkel
deckt mir das Auge:
tief in des Busens Berge
glimmt nur noch lichtlose Gluth!

Das Feuer ist gänzlich verloschen: volle Nacht. — Das Seitengemach öffnet sich leise: SIEGLINDE, in weissem Gewande, tritt heraus, und schreitet auf SIEGMUND zu. Hunding-M. Sieglinde-M.

SIEGLINDE.

Schläfst du, Gast?

SIEGMUND

(freudig überrascht aufspringend).

Wer schleicht daher?

SIEGLINDE

(mit geheimnissvoller Hast).

Ich bin's: höre mich an! —
In tiefem Schlaf liegt Hunding;
ich würzt' ihm betäubenden Trank.
Nütze die Nacht dir zum Heil!

SIEGMUND

(hitzig unterbrechend).

Heil macht mich dein Nah'n!

SIEGLINDE.

Eine Waffe lass' mich dir weisen —
O wenn du sie gewänn'st!
  Den hehr'sten Helden
  dürft' ich dich heissen;
  dem Stärk'sten allein
Schwert-M. ward sie bestimmt.
O merke wohl was ich dir melde! —
  Der Männer Sippe
  sass hier im Saal,
von Hunding zur Hochzeit geladen:
  er freite ein Weib,
  das ungefragt
Schächer ihm schenkten zur Frau.
  Traurig sass ich
  während sie tranken:
ein Fremder trat da herein —
Walhall-M. ein Greis in grauem Gewand;
tief hing ihm der Hut,
der deckt' ihm der Augen eines;
  doch des andren Strahl,
  Angst schuf er allen,
  traf die Männer
  sein mächtiges Dräu'n:
  mir allein
  weckte das Auge
süss sehnenden Harm,
Thränen und Trost zugleich.
Schwert-M. Auf mich blickt' er,
  und blitzte auf Jene,
als ein Schwert in Händen er schwang;
  das stiess er nun
  in der Esche Stamm,
bis zum Heft haftet' es drin: —
dem sollte der Stahl geziemen,
der aus dem Stamm' es zög'.
  Der Männer Alle,
  so kühn sie sich müh'ten,

die Wehr sich keiner gewann;
  Gäste kamen
  und Gäste gingen,
die stärk'sten zogen am Stahl —
keinen Zoll entwich er dem Stamm:
dort haftet schweigend das Schwert. — **Schwert-M.**
Da wusst' ich, wer der war, **Walhall-M.**
der mich Gramvolle gegrüsst:
  ich weiss auch
  wem allein
im Stamm das Schwert er bestimmt.
  O fänd' ich ihn hier
  und heut', den Freund;
  käm' er aus Fremden
  zur ärmsten Frau:
  was je ich gelitten
  in grimmigem Leid,
  was je mich geschmerzt
  in Schande und Schmach, —
  süsseste Rache
  sühnte dann Alles!
  Erjagt hätt' ich
  was je ich verlor,
  was je ich beweint
  wär' mir gewonnen —
fänd' ich den heiligen Freund,
umfing' den Helden mein Arm!

SIEGMUND
(umfasst sie mit feuriger Gluth). **Wälsungen-M.**
  Dich selige Frau
  hält nun der Freund,
dem Waffe und Weib bestimmt!
  Heiss in der Brust
  brennt mir der Eid,
der mich dir Edlen vermählt.
  Was je ich ersehnt,
  ersah' ich in dir;
  in dir fand ich

was je mir gefehlt!
Littest du Schmach,
und schmerzte mich Leid;
war ich geächtet,
und warst du entehrt;
freudige Rache
ruft nun den Frohen!
Auf lach' ich
in heiliger Lust,
halt' ich dich Hehre umfangen,
fühl' ich dein schlagendes Herz!

SIEGLINDE
(fährt erschrocken zusammen und reisst sich los).

Ha, wer ging? wer kam herein?

Die hintere Thür ist aufgesprungen und bleibt weit geöffnet: aussen herrliche Frühlingsnacht; der Vollmond leuchtet herein und wirft sein helles Licht auf das Paar, das so sich plötzlich in voller Deutlichkeit wahrnehmen kann.

SIEGMUND
(in leiser Entzückung).

Keiner ging —
doch Einer kam:
siehe, der Lenz
lacht in den Saal;

(Er zieht sie mit sanftem Ungestüm zu sich auf das Lager.)

Liebe- u. Lenz-Lied.

Winterstürme wichen
dem Wonnemond,
in mildem Lichte
leuchtet der Lenz;
auf linden Lüften
leicht und lieblich,
Wunder webend
er sich wiegt;
durch Wald und Auen
weht sein Athem,
weit geöffnet
lacht sein Aug'.
Aus sel'ger Vöglein Sange
süss er tönt,

holde Düfte
haucht er aus;
seinem warmen Blut entblühen
wonnige Blumen,
Keim und Spross
entspriesst seiner Kraft.
Mit zarter Waffen Zier
bezwingt er die Welt.
Winter und Sturm wichen
der starken Wehr: —
wohl musste den tapfren Streichen
die strenge Thüre auch weichen,
die trotzig und starr
uns — trennte von ihm. —
Zu seiner Schwester — **Liebes-M.**
schwang er sich her; — **Geschwister-liebe-M.**
die Liebe lockte den Lenz; — **Liebes-M.**
in uns'rem Busen
barg sie sich tief:
nun lacht sie selig dem Licht.
Die bräutliche Schwester
befreite der Bruder; — **Liebes-M.**
zertrümmert liegt
was je sie getrennt; — **Liebes-M.**
jauchzend grüsst sich
das junge Paar:
vereint sind Liebe und Lenz! — **Liebes-M. Liebe- u. Lenz-Lied-M.**

SIEGLINDE.

Du bist der Lenz, — **Geschwister-liebe-M.**
nach dem ich verlangte
in frostigen Winter's Frist;
dich grüsste mein Herz — **Liebes-M.**
mit heiligem Grau'n,
als dein Blick zuerst mir erblühte. —
Fremdes nur sah ich von je,
freundlos war mir das Nahe;
als hätt' ich nie es gekannt

war was immer mir kam.

Liebes-M. — Doch dich kannt' ich
deutlich und klar:
als mein Auge dich sah,
warst du mein Eigen:
was im Busen ich barg,
was ich bin,
hell wie der Tag
taucht' es mir auf,

Liebes-M. — wie tönender Schall
schlug's an mein Ohr,
als in frostig öder Fremde
zuerst ich den Freund ersah.

Liebe- u. Lenz-Lied-M. — **(Sie hängt sich entzückt an seinen Hals, und blickt ihm nahe in's Gesicht.)**

SIEGMUND.

Wonne-M. — O süsseste Wonne!
seligstes Weib!

SIEGLINDE
(dicht an seinen Augen).

Wonne-M. — O lass in Nähe
zu dir mich neigen,
dass hell ich schaue
den hehren Schein,
der dir aus Aug'
und Antlitz bricht,

Liebes-M. — und so süss die Sinne mir zwingt!

SIEGMUND.

Wonne-M. — Im Lenzesmond
leuchtest du hell;
hehr umwebt dich
das Wellenhaar;

Liebes-M. — was mich berückt
errath' ich nun leicht —
denn wonnig weidet mein Blick.

SIEGLINDE
(schlägt ihm die Locken von der Stirn zurück, und betrachtet ihn staunend).

Wonne-M. — Wie dir die Stirn

so offen steht, (Wonne-M.)
der Adern Geäst
in den Schläfen sich schlingt!
Mir zagt es vor der Wonne,
die mich entzückt, —
ein Wunder will mich gemahnen: — Walhall-M.
den heut' zuerst ich erschaut,
mein Auge sah dich schon!

SIEGMUND.

Ein Minnetraum
gemahnt auch mich:
in heissem Sehnen
sah ich dich schon!

SIEGLINDE.

Im Bach erblickt' ich
mein eigen Bild —
und jetzt gewahr' ich es wieder: Wonne-M.
wie einst dem Teich es enttaucht,
bietest mein Bild mir nun du!

SIEGMUND.

Du bist das Bild — Geschwister-liebe-M.
das ich in mir barg.

SIEGLINDE.

(den Blick schnell abwendend).

O still! lass mich
der Stimme lauschen: —
mich dünkt, ihren Klang
hört' ich als Kind — —
doch nein! ich hörte sie neulich,
als meiner Stimme Schall Geschwister-liebe-M.
mir wiederhallte der Wald.

SIEGMUND.

O lieblichste Laute,
denen ich lausche! Liebes-M.

SIEGLINDE

(schnell ihm wieder in's Auge spähend). Wälsungen- u. Schwert-M.

Deines Auges Gluth

(Wälsungen- u. Schwert-M.)

Walhall-M.

erglänzte mir schon: —
so blickte der Greis
grüssend auf mich,
als der Traurigen Trost er gab.
An dem Blick
erkannt' ihn sein Kind —
schon wollt' ich bei'm Namen ihn nennen —
(Sie hält inne, und fährt dann leise fort.)
Wehwalt heiss'st du fürwahr?

SIEGMUND.

Nicht heiss' ich so
seit du mich liebst:
nun walt' ich der hehrsten Wonnen!

SIEGLINDE.

Und Friedmund darfst du
froh dich nicht nennen?

SIEGMUND.

Nenne mich du,
wie du liebst dass ich heisse:
den Namen nehm' ich von dir!

SIEGLINDE.

Doch nanntest du Wolfe den Vater?

SIEGMUND.

Ein Wolf war er feigen Füchsen!

Walhall-M.

Doch dem so stolz
strahlte das Auge,
wie, Herrliche, hehr dir es strahlt,
der war — Wälse genannt.

SIEGLINDE
(ausser sich).

War Wälse dein Vater,
und bist du ein Wälsung,
stiess er für dich
sein Schwert in den Stamm —
so lass mich dich heissen
wie ich dich liebe:

Siegmund —
so nenn' ich dich.

SIEGMUND
(springt auf den Stamm zu, und fasst den Schwertgriff).	Wälsungen-M.

Siegmund heiss' ich,
und Siegmund bin ich:
bezeug' es dies Schwert,	Schwert-M.
das zaglos ich halte!
Wälse verhiess mir,
in höchster Noth	Schwert-M.
fänd' ich es einst;
ich fass' es nun!	Schwert- u. Vertrags-M.
Heiligster Minne	Entsagungs-M.
höchste Noth,
sehnender Liebe
sehrende Noth,
brennt mir hell in der Brust,
drängt zu That und Tod:
Nothung! Nothung! —	Nothung-M.
so nenn' ich dich Schwert —
Nothung! Nothung!	Nothung-M.
neidlicher Stahl!
Zeig' deiner Schärfe
schneidenden Zahn:
heraus aus der Scheide zu mir!

Er zieht mit einem gewaltigen Zuck das Schwert aus dem Stamme, und zeigt es der von Staunen und Entzücken erfassten SIEGLINDE.	Schwert-M.

Siegmund den Wälsung
siehst du, Weib!	Wälsungen-M.
Als Brautgabe
bringt er dies Schwert:	Wälsungen-M.
so freit er sich
die seligste Frau;
dem Feindeshaus
entführt er dich so.
Fern von hier	Liebe- u. Lenz-Lied-M.
folge mir nun,

(Liebe- u. Lenz-Lied-M.) Schwert-M.

fort in des Lenzes
lachendes Haus:
dort schützt dich Nothung das Schwert,
wenn Siegmund dir liebend erlag!

Liebes-M.

(Er umfasst sie, um sie mit sich fortzuziehen.)

SIEGLINDE
(in höchster Trunkenheit).

Wonne M.

Bist du Siegmund,
den ich hier sehe: —
Sieglinde bin ich,
die dich ersehnt:
die eig'ne Schwester
gewann'st du zueins mit dem Schwert!

SIEGMUND.

Liebes-M.

Braut und Schwester
bist du dem Bruder —
so blühe denn Wälsungen-Blut!

Schwert- u. Liebes-M. Wehe-M.

Er zieht sie mit wüthender Gluth an sich; sie sinkt mit einem Schrei an seine Brust. — Der Vorhang fällt schnell.

ZWEITER AUFZUG.

Schwert-, Geschwisterliebe-, Wonne-, Hunding-, Walküren-M.

VORSPIEL.

Wildes Felsengebirg.

Im Hintergrunde zieht sich von unten her eine Schlucht herauf, die auf ein erhöhtes Felsjoch mündet; von diesem senkt sich der Boden dem Vordergrunde zu wieder abwärts.

WOTAN, kriegerisch gewaffnet, und mit dem Speer: vor ihm BRÜNNHILDE, als WALKÜRE, ebenfalls in voller Waffenrüstung.

WOTAN.

Nun zäume dein Ross,
reisige Maid!
Bald entbrennt
brünstiger Streit:
Brünnhilde stürme zum Kampf,
dem Wälsung kiese sie Sieg!
Hunding wähle sich

wem er gehört:
nach Walhall taugt er mir nicht.
Drum rüstig und rasch
reite zur Wal!

BRÜNNHILDE
(jauchzend von Fels zu Fels die Höhe rechts hinaufspringend).

Hojotoho! Hojotoho! — **Walkürenruf.**
Heiaha! Heiaha!
Heiahaja! Hojoho!

Auf einer hohen Felsspitze hält sie an, blickt in die hintere Schlucht hinab, und ruft zu WOTAN zurück.

Dir rath' ich, Vater,
rüste dich selbst;
harten Sturm
sollst du bestehn:
Fricka naht, deine Frau,
im Wagen mit dem Widdergespann.
Hei! wie die gold'ne — **Wehe-M.**
Geissel sie schwingt;
die armen Thiere
ächzen vor Angst;
wild rasseln die Räder:
zornig fährt sie zum Zank!
In solchem Strausse
streit' ich nicht gern,
lieb' ich auch muthiger
Männer Schlacht: — **Walküren-M.**
drum sieh', wie den Sturm du bestehst;
ich Lustige lass' dich im Stich! —
Hojotoho! hojotoho! — **Walkürenruf.**
Heiaha! heiaha!
Heiahaha!

Sie ist hinter der Gebirgshöhe zur Seite verschwunden, während aus der Schlucht herauf FRICKA, in einem mit zwei Widdern bespannten Wagen, auf dem Joch anlangt: dort steigt sie schnell ab, und schreitet dann heftig in den Vordergrund auf WOTAN zu.

WOTAN
(indem er sie kommen sieht). — **Zorn-M.**

Der alte Sturm!

die alte Müh'!
Doch Stand muss ich ihr halten.

FRICKA.

Wo in Bergen du dich birgst
der Gattin Blick zu entgeh'n,
einsam hier
such' ich dich auf,
dass Hilfe du mir verhiessest.

WOTAN.

Was Fricka kümmert
künde sie frei.

FRICKA.

Hunding-M. Ich vernahm Hunding's Noth,
um Rache rief er mich an:
der Ehe Hüterin
hörte ihn,
verhiess streng
zu strafen die That
des frech frevelnden Paar's,
das kühn den Gatten gekränkt. —

WOTAN.

Was so Schlimmes
schuf das Paar,
Liebes-M. das liebend einte der Lenz?
Der Minne Zauber
entzückte sie:
wer büsst mir der Minne Macht!

FRICKA.

Wie thörig und taub du dich stellst,
als wüsstest fürwahr du nicht,
dass um der Ehe
heiligen Eid,
den hart gekränkten, ich klage!

WOTAN.

Unheilig
acht' ich den Eid,

der Unliebende eint;
und mir wahrlich
muthe nicht zu,
dass mit Zwang ich halte
was dir nicht haftet:
denn wo kühn Kräfte sich regen
da rath' ich offen zum Krieg.

FRICKA.

Achtest du rühmlich — **Zorn-M.**
der Ehe Bruch,
so prahle nun weiter
und preis' es heilig,
dass Blutschande entblüht
dem Bund eines Zwillingpaar's.
Mir schaudert das Herz,
es schwindelt mein Hirn:
bräutlich umfing
die Schwester der Bruder!
Wann — ward es erlebt,
dass leiblich Geschwister sich liebten?

WOTAN.

Heut' — hast du's erlebt: — **Liebe- u. Lenz-Lied-M.**
erfahre so
was von selbst sich fügt,
sei zuvor auch nie es gescheh'n.
Dass jene sich lieben, — **Liebes-M.**
leuchtet dir hell;
drum höre redlichen Rath!
Soll süsse Lust
deinen Segen dir lohnen,
so seg'ne, lachend der Liebe,
Siegmund's und Sieglinde's Bund!

FRICKA
(in höchste Entrüstung ausbrechend).

So ist es denn aus — **Zorn-M.**
mit den ewigen Göttern,
seit du die wilden

Wälsungen zeugtest?
Heraus sagt' ich's —
traf ich den Sinn?
Nichts gilt dir der Hehren
heilige Sippe;
hin wirfst du Alles,
was einst du geachtet;
zerreissest die Bande,
die selbst du gebunden;
lösest lachend
Schwert-M. des Himmels Haft —
dass nach Lust und Laune nur walte
dies frevelnde Zwillingspaar,
Zorn-M. deiner Untreue zuchtlose Frucht! —
O, was klag' ich
um Ehe und Eid,
da zuerst du selbst sie versehrt!
Die treue Gattin
trogest du stets:
wo eine Tiefe,
wo eine Höhe,
dahin lugte
lüstern dein Blick,
wie des Wechsels Lust du gewännest,
und höhnend kränktest mein Herz!
Trauernden Sinnes
musst' ich's ertragen,
zog'st du zur Schlacht
mit den schlimmen Mädchen,
die wilder Minne
Bund dir gebar;
denn dein Weib noch scheutest du so,
dass der Walküren Schaar,
und Brünnhilden selbst,
deines Wunsches Braut,
in Gehorsam der Herrin du gab'st.
Doch jetzt, da dir neue
Namen gefielen,

als „Wälse“ wölfisch
im Walde du schweiftest;
jetzt, da zu niedrigster
Schmach du dich neigtest,
gemeiner Menschen
ein Paar zu erzeugen:
jetzt dem Wurfe der Wölfin
wirfst du zu Füssen dein Weib! —
So führ’ es denn aus, Zorn-M.
fülle das Mass:
die Betrog’ne lass auch zertreten!

Zorn-M.

WOTAN
(ruhig).

Nichts lerntest du,
wollt’ ich dich lehren,
was nie du erkennen kannst,
eh’ dir ertagte die That.
Stets Gewohntes
nur magst du versteh’n:
doch was noch nie sich traf,
danach trachtet mein Sinn. —
Eines höre! Schwert-M.
Noth thut ein Held,
der, ledig göttlichen Schutzes,
sich löse vom Göttergesetz:
so nur taugt er Vertrags-M.
zu wirken die That,
die, wie noth sie den Göttern, Ring-M.
dem Gott doch zu wirken verwehrt.

Vertragstreue-M.

FRICKA.

Mit tiefem Sinne
willst du mich täuschen!
Was Hehres sollten
Helden je wirken,
das ihren Göttern wäre verwehrt,
deren Gunst in ihnen nur wirkt?

WOTAN.

Ihres eignen Muthes
achtest du nicht.

FRICKA.

Wer hauchte Menschen ihn ein?
Wer hellte den Blöden den Blick?
In deinem Schutz
scheinen sie stark,
durch deinen Stachel
streben sie auf:
du — reizest sie einzig,
Zorn-M. die so mir Ew'gen du rühmst.
Mit neuer List
willst du mich belügen,
durch neue Ränke
jetzt mir entrinnen;
doch diesen Wälsung
gewinnst du dir nicht:
in ihm treff' ich nur dich,
denn durch dich trotzt er allein.

WOTAN.

In wilden Leiden
erwuchs er sich selbst:
Vertrags-M. mein Schutz schirmte ihn nie.

FRICKA.

So schütz' auch heut' ihn nicht;
nimm ihm das Schwert,
das du ihm geschenkt!

WOTAN.

Schwert-M. Das Schwert?

FRICKA.

Ja — das Schwert,
das zauberstark
zuckende Schwert,
das du Gott dem Sohne gab'st.

WOTAN.

Siegmund gewann es sich
selbst in der Noth.

(WOTAN drückt in seiner ganzen Haltung von hier an einen immer wachsenden unheimlichen tiefen Unmuth aus.) Unmuth-M.

FRICKA.

Du schuf'st ihm die Noth,
wie das neidliche Schwert:
willst du mich täuschen, Unmuth-M.
die Tag und Nacht
auf den Fersen dir folgt?
Für ihn stiessest du
das Schwert in den Stamm;
du verhiessest ihm
die hehre Wehr:
willst du es leugnen,
dass nur deine List
ihn lockte wo er es fänd'? Zorn-M.

(WOTAN fährt mit einer grimmigen Gebärde auf.) Unmuth-M.

Mit Unfreien
streitet kein Edler,
den Frevler straft nur der Freie:
wider deine Kraft
führt' ich wohl Krieg;
doch Siegmund verfiel mir als Knecht!

(Neue heftige Gebärde WOTAN's, dann Versinken in das Gefühl seiner Ohnmacht.) Zorn-M.

Der dir als Herren
hörig und eigen,
gehorchen soll ihm
dein ewig Gemahl?
Soll mich in Schmach
der Niedrigste schmähen,
dem Frechen zum Sporn,
dem Freien zum Spott?
Das kann mein Gatte nicht wollen,
die Göttin entweiht er nicht so!

Unmuth-M.

WOTAN
(finster).

Was verlangst du?

FRICKA.

Lass' von dem Wälsung!

Unmuth-M.

WOTAN
(mit gedämpfter Stimme).

Er geh' seines Weg's.

FRICKA.

Doch du — schütze ihn nicht,
wenn zur Schlacht ihn der Rächer ruft.

Unmuth-M.

WOTAN.

Ich — schütze ihn nicht.

FRICKA.

Sieh mir in's Auge,
sinne nicht Trug!
Die Walküre wend' auch von ihm!

Unmuth-M.

WOTAN.

Die Walküre walte frei.

FRICKA.

Nicht doch! deinen Willen
vollbringt sie allein:
verbiete ihr Siegmund's Sieg!

Unmuth-M.
Schwert-M.

WOTAN
(mit heftigem innerem Kampfe).

Ich kann ihn nicht fällen:
er fand mein Schwert!

FRICKA.

Entzieh' dem den Zauber,
zerknick' es dem Knecht:
schutzlos find' ihn der Feind!

Walküren-M. u.
Walkürenruf.

Sie vernimmt von der Höhe her den jauchzenden Walkürenruf BRÜNNHILDE's: diese erscheint dann selbst mit ihrem Ross auf dem Felspfade rechts.

Dort kommt deine kühne Maid:
jauchzend jagt sie daher.

WOTAN
(dumpf für sich).

Ich rief sie für Siegmund zu Ross! (Walküren-M. u. Walkürenruf.)

FRICKA.

Deiner ew'gen Gattin
heilige Ehre
schirme heut' ihr Schild!
Von Menschen verlacht,
verlustig der Macht,
gingen wir Götter zu Grund,
würde heut' nicht hehr
und herrlich mein Recht
gerächt von der muthigen Maid. --
Der Wälsung fällt meiner Ehre: —
empfah' ich von Wotan den Eid? Vertrags-M.

WOTAN
(in furchtbarem Unmuth und innerem Grimm auf einen Felsensitz sich werfend). Unmuth-M.

Nimm den Eid!

Als BRÜNNHILDE von der Höhe aus FRICKA gewahrte, brach sie schnell ihren Gesang ab, und hat nun still und langsam ihr Ross am Zügel den Felsweg herabgeleitet; sie birgt dieses jetzt in einer Höhle, als FRICKA, zu ihrem Wagen sich zurückwendend, an ihr vorbeischreitet.

FRICKA
(zu BRÜNNHILDE).

Heervater
harret dein:
lass' ihn dir künden
wie das Loos er gekies't!

(Sie besteigt den Wagen, und fährt schnell nach hinten davon.) Fluch-M.

BRÜNNHILDE
(tritt mit verwunderter und besorgter Miene vor WOTAN, der, auf dem Felssitz zurückgelehnt, das Haupt auf die Hand gestützt, in finstres Brüten versunken ist). Unmuth-M

Schlimm, fürcht' ich,
schloss der Streit,
lachte Fricka dem Loose! —
Vater, was soll
dein Kind erfahren?
Trübe scheinst du und traurig!

(Unmuth-M.)

WOTAN
(lässt den Arm machtlos sinken und den Kopf in den Nacken fallen).

In eig'ner Fessel
fing ich mich: —
ich unfreiester Aller!

BRÜNNHILDE.

So sah ich dich nie!
Was nagt dir das Herz?

WOTAN
(in wildem Ausbruche den Arm erhebend).

Verzweiflungs- u. Fluch-M.

O heilige Schmach!
O schmählicher Harm!

Zorn-M.

Götternoth!
Götternoth!

Verzweiflungs-M.

Endloser Grimm!
Ewiger Gram!

Entsagungs-M.

Der Traurigste bin ich von Allen!

BRÜNNHILDE
(wirft erschrocken Schild, Speer und Helm von sich, und lässt sich mit besorgter Zutraulichkeit zu WOTAN's Füssen nieder).

Vater! Vater!
Sage, was ist dir?
Wie erschreck'st du mit Sorge dein Kind?
Vertraue mir:
ich bin dir treu;
sieh', Brünnhilde bittet!

Liebes-M.

(Sie legt traulich und ängstlich Haupt und Hände ihm auf Knie und Schoss).

WOTAN
(blickt ihr lange in's Auge, und streichelt ihr dann die Locken: wie aus tiefem Sinnen zu sich kommend, beginnt er endlich mit sehr leiser Stimme).

Lass' ich's verlauten,
lös' ich dann nicht
meines Willens haltenden Haft?

BRÜNNHILDE
(ihm eben so leise erwidernd).

Zu Wotan's Willen sprichst du,
sagst du mir was du willst:

wer — bin ich,
wär' ich dein Wille nicht?

WOTAN.

Was Keinem in Worten ich künde,
unausgesprochen
bleib' es denn ewig:
mit mir nur rath' ich,
red' ich zu dir. — — —

(Mit noch gedämpfterer, schauerlicher Stimme, während er BRÜNNHILDEN unverwandt in das Auge blickt.) **Unmuth-M.**

Als junger Liebe
Lust mir verblich,
verlangte nach Macht mein Muth:
von jäher Wünsche
Wüthen gejagt,
gewann ich mir die Welt.
Unwissend trugvoll
Untreue übt' ich,
band durch Verträge,
was Unheil barg:
listig verlockte mich Loge,
der schweifend nun verschwand. — **Unmuth-M.**
Von der Liebe doch
mocht' ich nicht lassen;
in der Macht verlangt' ich nach Minne.
Den Nacht gebar,
der bange Nibelung,
Alberich brach ihren Bund;
er fluchte der Lieb'
und gewann durch den Fluch
des Rheines glänzendes Gold
und mit ihm masslose Macht. **Ring-M.**
Den Ring, den er schuf,
entriss ich ihm listig:
doch nicht dem Rhein
gab ich ihn zurück;
mit ihm bezahlt' ich
Walhall's Zinnen,

Wallhall-M. der Burg, die Riesen mir bauten,
aus der ich der Welt nun gebot. —
Erda-M. Die Alles weiss,
was einstens war,
Erda, die weihlich
weiseste Wala,
rieth mir ab von dem Ring,
warnte vor ewigem Ende.
Von dem Ende wollt' ich
mehr noch wissen;
doch schweigend verschwand mir das Weib.
Unmuth-M. Da verlor ich den leichten Muth;
zu wissen begehrt' es den Gott:
in den Schoss der Welt
schwang ich mich hinab,
mit Liebes-Zauber
zwang ich die Wala,
stört' ihres Wissens Stolz,
dass sie Rede nun mir stand.
Kunde empfing ich von ihr;
von mir doch barg sie ein Pfand:
der Welt weisestes Weib
gebar mir, Brünnhilde, dich.
Mit acht Schwestern
zog ich dich auf:
durch euch Walküren
wollt' ich wenden,
was mir die Wala
zu fürchten schuf —
ein schmähliches Ende der Ew'gen.
Walküren-M. Dass stark zum Streit
uns fände der Feind,
hiess ich euch Helden mir schaffen:
die herrisch wir sonst
in Gesetzen hielten,
die Männer, denen
den Muth wir gewehrt,
die durch trüber Verträge

trügende Bande
zu blindem Gehorsam
wir uns gebunden --
die solltet zu Sturm — **Walküren-M.**
und Streit ihr nun stacheln,
ihre Kraft reizen
zu rauhem Krieg,
dass kühner Kämpfer Schaaren
ich sammle in Walhall's Saal.

BRÜNNHILDE.

Deinen Saal füllten wir weidlich; — **Walhall-M.**
viele schon führt' ich dir zu.
Was macht dir nun Sorge,
da nie wir gesäumt?

WOTAN. — **Erda-M.**

Ein Andres ist's: — **Ring-M.**
achte es wohl,
wess' mich die Wala gewarnt! —
Durch Alberich's Heer
droht uns das Ende:
mit neidischem Grimm
grollt mir der Niblung;
doch scheu' ich nun nicht
seine nächtigen Schaaren —
meine Helden schüfen mir Sieg.
Nur wenn je den Ring — **Ring-M.**
zurück er gewänne —
dann wäre Walhall verloren:
der der Liebe fluchte,
er allein
nützte neidisch
des Ringes Runen
zu aller Edlen
endloser Schmach;
der Helden Muth
entwendet' er mir;
die Kühnen selber

zwäng' er zum Kampf;
mit ihrer Kraft
bekriegte er mich.
Ring-M. Sorgend sann ich nun selbst
den Ring dem Feind zu entreissen:
Riesen-M. der Riesen einer,
denen ich einst
mit verfluchtem Gold
den Fleiss vergalt,
Fafner hütet den Hort,
um den er den Bruder gefällt.
Ihm müsst' ich den Reif entringen,
den selbst als Zoll ich ihm zahlte:
Vertragtreue-M. doch mit wem ich vertrug,
ihn darf ich nicht treffen;
machtlos vor ihm
erläge mein Muth.
Das sind die Bande,
die mich binden:
Vertrags-M. der durch Verträge ich Herr,
Unruhe- u. Unmuth-M. den Verträgen bin ich nun Knecht.
Schwert-M. Nur Einer könnte
was ich nicht darf:
ein Held, dem helfend
nie ich mich neigte;
der fremd dem Gotte
frei seiner Gunst,
unbewusst,
ohne Geheiss,
aus eig'ner Noth
mit der eig'nen Wehr
schüfe die That,
die ich scheuen muss,
die nie mein Rath ihm rieth,
wünscht sie auch einzig mein Wunsch. —
Der entgegen dem Gott
für mich föchte,
den freundlichen Feind,

wie fände ich ihn?
Wie schüf' ich den Freien,
den nie ich schirmte,
der in eig'nem Trotze
der Trauteste mir?
Wie macht' ich den Andren,
der nicht mehr ich,
und aus sich wirkte,
was ich nur will? —
O göttliche Noth!
Grässliche Schmach!
Zum Ekel find' ich
ewig nur mich
in Allem was ich erwirke!
Das Andre, das ich ersehne,
das Andre erseh' ich nie;
denn selbst muss der Freie sich schaffen —
Knechte erknet' ich mir nur!

(Unruhe- u. Unmuth-M.)

BRÜNNHILDE.

Doch der Wälsung, Siegmund?
wirkt er nicht selbst?

Zorn-M.

WOTAN.

Wild durchschweift' ich
mit ihm die Wälder;
gegen der Götter Rath
reizte kühn ich ihn auf: —
gegen der Götter Rache
schützt ihn nun einzig das Schwert
das seines Gottes
Gunst ihm beschied. —
Wie wollt' ich listig
selbst mich belügen?
So leicht ja entfrug mir
Fricka den Trug!
Zu tiefster Scham
durchschaute sie mich:
ihrem Willen muss ich gewähren!

Siegmund-M.

Unmuth-M.

Unmuth-M.

Verzweiflungs-M.

BRÜNNHILDE.

So nimmst du von Siegmund den Sieg?

WOTAN

(in wildem Schmerz der Verzweiflung ausbrechend).

Ring-M.

Ich berührte Alberich's Ring —
gierig hielt ich das Gold!
Der Fluch, den ich floh,
nicht flieht er nun mich: —
was ich liebe, muss ich verlassen,
morden, wen je ich minne,
trügend verrathen
wer mir traut!

Fluch-M. Schwert-M.

(WOTAN's Gebärde geht aus dem Ausdruck des furchtbarsten Schmerzes zu dem der Verzweiflung über.)

Fahre denn hin,
herrische Pracht,
göttlichen Prunkes
prahlende Schmach!
Zusammen breche
was ich gebaut!
Auf geb' ich mein Werk,
Nur Eines will ich noch,
das Ende — —
das Ende! —

Erda-M.

(Er hält sinnend ein.)

Und für das Ende
sorgt Alberich! —
Jetzt versteh' ich
den stummen Sinn
des wilden Wortes der Wala: —

Nibelungenhass-M.

„Wenn der Liebe finstrer Feind
zürnend zeugt einen Sohn,
der Seligen Ende
säumt dann nicht!" —

Walhall- u. Rheingold-M.

Vom Niblung jüngst
vernahm ich die Mähr',
dass ein Weib der Zwerg bewältigt
dess' Gunst Gold ihm erzwang.

Des Hasses Frucht
hegt eine Frau;
des Neides Kraft
kreiss't ihr im Schoss:
das Wunder gelang
dem Liebelosen;
doch der in Liebe ich frei'te,
den Freien erlang' ich mir nicht! —

(Grimmig.)

So nimm meinen Segen,
Niblungen-Sohn!
Was tief mich ekelt,
dir geb' ich's zum Erbe,
der Gottheit nichtigen Glanz:
zernage sie gierig dein Neid!

Nibelungenhass-M.

Entsagungs-M.

Walhall- u. Rheingold-M.

Walhall- u. Rheingold-M.

BRÜNNHILDE
(erschrocken).

O sag', künde!
Was soll nun dein Kind?

WOTAN
(bitter).

Unruhe-M.

Fromm streite für Fricka,
hüte ihr Eh' und Eid!
Was sie erkor,
das kiese auch ich:
was frommte mir eig'ner Wille?
Einen Freien kann ich nicht wollen —
für Fricka's Knechte
kämpfe nun du!

BRÜNNHILDE.

Weh! nimm reuig
zurück das Wort!
Du liebst Siegmund:
dir zu Lieb' —
ich weiss es — schütz' ich den Wälsung.

WOTAN.

Unruhe-M.

Fällen sollst du Siegmund,
für Hunding erfechten den Sieg!

(Unruhe-M.) Hüte dich wohl
und halte dich stark;
all deiner Kühnheit
entbiete im Kampf:
Schwert-M. ein Sieg-Schwert
schwingt Siegmund —
Unruhe-M. schwerlich fällt er dir feig.

BRÜNNHILDE.

Den du zu lieben
stets mich gelehrt,
der in hehrer Tugend
dem Herzen dir theuer —
gegen ihn zwingt mich nimmer
dein zwiespältig Wort.

WOTAN.

Ha, Freche du!
frevelst du mir?
Was bist du, als meines Willens
Vertrags-M. blind wählende Kür? —
Da mit dir ich tagte,
sank ich so tief,
dass zum Schimpf der eig'nen
Geschöpfe ich ward?
Kennst du Kind meinen Zorn?
Verzage dein Muth,
wenn je zermalmend
auf dich stürzte sein Strahl!
In meinem Busen
berg' ich den Grimm,
der in Grauen und Wust
wirft eine Welt,
die einst zur Lust mir gelacht: —
wehe dem, den er trifft!
Trauer schüf' ihm sein Trotz! —
Unruhe-M. Drum rath' ich dir,
reize mich nicht;
besorge was ich befahl: —

Siegmund falle! —
Dies sei der Walküre Werk.
(Er stürmt fort, und verschwindet schnell links im Gebirge.)

Unruhe-M. Entsagungs-M.

BRÜNNHILDE
(steht lange betäubt und erschrocken).

Unmuth-M.

So — sah ich
Siegvater nie,
erzürnt' ihn sonst wohl auch ein Zank!

Unmuth-M.

(Sie neigt sich betrübt und nimmt ihre Waffen auf, mit denen sie sich wieder rüstet.)

Walküren-M. (moll).

Schwer wiegt mir
der Waffen Wucht: —
wenn nach Lust ich focht,
wie waren sie leicht! —

Walküren-M. (dur).

Zu böser Schlacht
schleich' ich heut' so bang!

Wälsungenleid-M.

(Sie sinnt, und seufzt dann auf.)
Weh', mein Wälsung!
Im höchsten Leid

Unmuth-M.

muss dich treulos die Treue verlassen! —

Unruhe- u. Unmuth-M. Geschwisterliebe-M., dann mit Wonne-M.

Sie wendet sich nach hinten, und gewahrt Siegmund und Sieglinde, wie sie aus der Schlucht heraufsteigen: sie betrachtet die Nahenden einen Augenblick, und wendet sich dann in die Höhle zu ihrem Ross, so dass sie dem Zuschauer gänzlich verschwindet.

Siegmund und Sieglinde treten auf. Sie schreitet hastig voraus; er sucht sie aufzuhalten.

Geschwisterliebe-M. Hunding-M.

SIEGMUND.
Raste nun hier:
gönne dir Ruh'!

SIEGLINDE.
Weiter! Weiter!

SIEGMUND
(umfasst sie mit sanfter Gewalt).
Nicht weiter nun!
Verweile, süssestes Weib! —
Aus Wonne-Entzücken

Wonne-M.

zucktest du auf,
mit jäher Hast
jagtest du fort;

(Geschwister-
liebe-M.)

kaum folgt' ich der wilden Flucht:
durch Wald und Flur,
über Fels und Stein,
sprachlos, schweigend
sprangst du dahin;
kein Ruf hielt dich zur Rast.

(Sie starrt wild vor sich hin.)

Ruhe nun aus:
rede zu mir!
Ende des Schweigens Angst!

Liebes-M.

Sieh, dein Bruder
hält seine Braut:
Siegmund ist dir Gesell!

(Er hat sie unvermerkt nach dem Steinsitze geleitet.)

SIEGLINDE

Geschwister-
liebe-M.

(blickt SIEGMUND mit wachsendem Entzücken in die Augen; dann umschlingt sie leidenschaftlich seinen Hals. Endlich fährt sie mit jähem Schreck auf, während SIEGMUND sie heftig fasst).

Hinweg! hinweg!
flieh' die Entweihte!
Unheilig
umfasst dich ihr Arm;
entehrt, geschändet
schwand dieser Leib:
flieh' die Leiche,
lasse sie los!
der Wind mag sie verweh'n,
die ehrlos dem Edlen sich gab! — —

Ge-
schwister-
liebe-M.

Da er sie liebend umfing,
da seligste Lust sie fand,
da ganz sie minnte der Mann,
der ganz ihr Minne geweckt: —

Wonne-M.

vor der süssesten Wonne
heiliger Weihe,
die ganz ihr Sinn
und Seele durchdrang,
Grauen und Schauder

ob grässlichster Schande
musste mit Schreck
die Schmähliche fassen,
die je dem Manne gehorcht,
der ohne Minne sie hielt! —
Lass' die Verfluchte, **Liebes-M.**
lass' sie dich fliehn!
Verworfen bin ich,
der Würde bar!
Dir reinstem Manne **Liebes-M.**
muss ich entrinnen;
dir Herrlichem darf ich
nimmer gehören:
Schande bring' ich dem Bruder,
Schmach dem freienden Freund!

SIEGMUND.

Was je Schande dir schuf, **Wälsungen-M.**
das büsst nun des Frevlers Blut!
Drum fliehe nicht weiter;
harre des Feindes;
hier — soll er mir fallen:
wenn Nothung ihm
das Herz zernagt, **Schwert-M.**
Rache dann hast du erreicht!

SIEGLINDE
(schrickt auf und lauscht). **Hunding-M.**

Horch! die Hörner —
hörst du den Ruf? —
Ringsher tönt
wüthend Getös';
aus Wald und Gau
gellt es herauf.
Hunding erwachte
aus hartem Schlaf;
Sippen und Hunde
ruft er zusammen:
muthig gehetzt

heult die Meute,
wild bellt sie zum Himmel
um der Ehe gebrochenen Eid!

(Sie lacht wie wahnsinnig auf: — dann schrickt sie ängstlich zusammen.)

Wo bist du, Siegmund?
seh' ich dich noch?
brünstig geliebter
leuchtender Bruder!
Liebes-M. Deines Auges Stern
lass noch einmal mir strahlen:
wehre dem Kuss
des verworf'nen Weibes nicht! —
Horch! o horch!
das ist Hunding's Horn!
Unruhe-M. Seine Meute naht
mit mächt'ger Wehr.
Kein Schwert frommt
vor der Hunde Schwall: —
wirf es fort, Siegmund! —
Siegmund — wo bist du? —
Ha dort — ich sehe dich —
schrecklich Gesicht! —
Rüden fletschen
die Zähne nach Fleisch;
sie achten nicht
deines edlen Blick's;
bei den Füssen packt dich
das feste Gebiss —
du fällst —
Schwert-M. in Stücken zerstaucht das Schwert: —
die Esche stürzt —
es bricht der Stamm! —
Bruder! mein Bruder!
Siegmund — ha! —

Sie sinkt mit einem Schrei ohnmächtig in SIEGMUND's Arme.)

SIEGMUND.

Schwester! Geliebte!

Er lauscht ihrem Athem, und überzeugt sich, dass sie noch lebe. Er lässt sie an sich herabgleiten, so dass sie, als er sich selbst zum Sitze niederlässt, mit ihrem Haupt auf seinem Schoss zu ruhen kommt. In dieser Stellung verbleiben beide bis zum Schlusse des folgenden Auftrittes. — Geschwisterliebe-M.

Langes Schweigen, während dessen SIEGMUND mit zärtlicher Sorge über SIEGLINDE sich hinneigt, und mit einem langen Kusse ihr die Stirn küsst. — Liebes-M.

BRÜNNHILDE ist, ihr Ross am Zaume geleitend, aus der Höhle langsam und feierlich nach vornen geschritten, und hält nun, SIEGMUND zur Seite, in geringer Entfernung von ihm. Sie trägt Schild und Speer in der einen Hand, lehnt sich mit der andren an den Hals des Rosses, und betrachtet so, in ernstem Schweigen, eine Zeit lang SIEGMUND. — Schicksal-M. Todesklage. Walhall-M.

BRÜNNHILDE.

Siegmund! —
Sieh' auf mich! — Schicksal-M.
Ich — bin's,
der bald du folgst. — Schicksal-M.

SIEGMUND
(richtet den Blick zu ihr auf).

Wer bist du, sag', — Todesklage.
die so schön und ernst mir erscheint?

BRÜNNHILDE.

Nur Todgeweihten — Schicksal-M.
taugt mein Anblick:
wer mich erschaut,
der scheidet vom Lebens-Licht.
Auf der Walstatt allein — Walhall-M.
erschein' ich Edlen:
wer mich gewahrt,
zur Wal kor ich ihn mir.

SIEGMUND
(blickt ihr lange in das Auge, senkt dann sinnend das Haupt, und wendet sich endlich mit feierlichem Ernste wieder zu ihr). — Schicksal-M.

Der dir nun folgt, — Todesklage.
wohin führst du den Helden?

BRÜNNHILDE.

Zu Walvater, — Walhall-M.
der dich gewählt,
führ' ich dich:
nach Walhall folgst du mir.

SIEGMUND.

Todesklage.
In Walhall's Saal
Walvater find' ich allein?

BRÜNNHILDE.

Walhall-M.
Gefall'ner Helden
hehre Schaar
Walküren-M.
umfängt dich hold
mit hoch-heiligem Gruss.

SIEGMUND.

Todesklage.
Fänd' ich in Walhall
Wälse, den eig'nen Vater?

BRÜNNHILDE.

Walhall-M.
Den Vater findet
der Wälsung dort.

SIEGMUND.

Todesklage.
Grüsst mich in Walhall
froh eine Frau?

BRÜNNHILDE.

Freia-M.
Wunschmädchen
Walküren-M.
walten dort hehr:
Wotan's Tochter
reicht dir traulich den Trank.
Freia- u. Walhall-M.

SIEGMUND.

Hehr bist du
und heilig
gewahr' ich das Wotanskind:
doch Eines sag' mir, du Ew'ge!
Todesklage.
Begleitet den Bruder
die bräutliche Schwester?
umfängt Siegmund
Sieglinde dort?

BRÜNNHILDE.

Erdenluft
muss sie noch athmen:

Sieglinde
sieht Siegmund dort nicht!

SIEGMUND

(neigt sich sanft über SIEGLINDE, küsst sie auf die Stirn und wendet sich ruhig wieder zu BRÜNNHILDE). — **Liebes-M.**

So grüsse mir Walhall, — **Walhall-M.**
grüsse mir Wotan,
grüsse mir Wälse
und alle Helden;
grüss' auch die holden — **Freia-M.**
Wunsches-Mädchen:
zu ihnen folg' ich dir nicht. — **Schicksal-M.**

BRÜNNHILDE.

Du sah'st der Walküre — **Todesklage.**
sehrenden Blick:
mit ihr musst du nun zieh'n! — **Schicksal-M.**

SIEGMUND.

Wo Sieglinde lebt
in Leid und Lust,
da will Siegmund auch säumen:
noch machte dein Blick
nicht mich erbleichen:
vom Bleiben zwingt er mich nicht! — **Schicksal-M.**

BRÜNNHILDE.

So lang' du lebst
zwäng' dich wohl nichts;
doch zwingt dich Thoren der Tod: — — **Todesklage.**
ihn dir zu künden
kam ich her.

SIEGMUND.

Wo wäre der Feind,
dem heut' ich fiel?

BRÜNNHILDE.

Hunding fällt dich im Streit. — **Schicksal-M.**

SIEGMUND.

Mit stärk'rem drohe
als Hunding's Streichen!
Lauerst du hier
lüstern auf Wal,
jenen kiese zum Fang:
Schicksal-M. ich denk' ihn zu fällen im Kampf.

BRÜNNHILDE
(den Kopf schüttelnd).

Dir, Wälsung —
höre mich wohl! —
dir ward das Loos gekies't.

SIEGMUND.

Kennst du diess Schwert?
Schwert-M. Der mir es schuf,
beschied mir Sieg:
deinem Drohen trotz' ich mit ihm!

BRÜNNHILDE
(mit stark erhobener Stimme).

Der dir es schuf,
beschied dir jetzt Tod:
seine Tugend nimmt er dem Schwert!

SIEGMUND
(heftig).

Schweig', und schrecke
die Schlummernde nicht! —

Geschwister-liebe-M. (Er beugt sich, mit hervorbrechendem Schmerze, zärtlich über SIEGLINDE).

Weh! Weh!
Süssestes Weib!
Du traurigste aller Getreuen!
Gegen dich wüthet
in Waffen die Welt:
und ich, dem du einzig vertraut,
für den du ihr einzig getrotzt —
mit meinem Schutz
nicht sollt' ich dich schirmen,
die Kühne verrathen im Kampf? —

Ha, Schande ihm,
der das Schwert mir schuf,
beschied er mir Schimpf für Sieg!
Muss ich denn fallen,
nicht fahr' ich nach Walhall —
Hella halte mich fest!

BRÜNNHILDE
(erschüttert).

So wenig achtest du — Schicksal-M.
ewige Wonne?
Alles wär' dir
das arme Weib,
das müd' und harmvoll
matt auf dem Schosse dir hängt?
Nichts sonst hieltest du hehr?

SIEGMUND
(bitter zu ihr aufblickend).

So jung und schön — Todesklage.
erschimmerst du mir:
doch wie kalt und hart
erkennt dich mein Herz! —
Kannst du nur höhnen,
so hebe dich fort,
du arge fühllose Maid!
Doch musst du dich weiden, — Todesklage.
an meinem Weh',
mein Leid letze dich denn;
meine Noth labe
dein neidvolles Herz: —
doch von Walhall's spröden Wonnen
sprich du wahrlich mir nicht!

BRÜNNHILDE
(mit wachsender Ergriffenheit).

Ich sehe die Noth, — Todesklage.
die das Herz dir nagt;
ich fühle des Helden
heiligen Harm — —

Siegmund, befiehl mir dein Weib;
mein Schutz umfange sie fest!

SIEGMUND.

Kein andrer als ich
soll die Reine lebend berühren:
verfiel ich dem Tod,
die Betäubte tödt' ich zuvor!

BRÜNNHILDE.

Wälsung! Rasender!
Hör' meinen Rath:
Liebes-M. befiehl mir dein Weib
Entsagungs-M. um des Pfandes willen,
das wonnig von dir es empfing!

SIEGMUND
(sein Schwert ziehend).

Diess Schwert —
das dem Treuen ein Trugvoller schuf;
diess Schwert —
das feig vor dem Feind mich verräth: —
frommt es nicht gegen den Feind,
so fromm' es denn wider den Freund! —
Schwert-M. (Das Schwert auf SIEGLINDE zückend.)
Zwei Leben
lachen dir hier: —
nimm sie, Nothung,
neidischer Stahl!
nimm sie mit einem Streich!

BRÜNNHILDE
(im heftigsten Sturme des Mitgefühls).

Halt' ein, Wälsung!
höre mein Wort!
Sieglinde lebe —
und Siegmund lebe mit ihr!
Beschlossen ist's;
das Schlachtloos wend' ich:
dir Siegmund,

schaff' ich Segen und Sieg!

(Man hört aus dem fernen Hintergrunde Hornrüfe erschallen).

Hörst du den Ruf?
Nun rüste dich, Held!
Traue dem Schwert
und schwing' es getrost:
treu hält dir die Wehr,
wie die Walküre treu dich schützt! —
Leb' wohl, Siegmund,
seligster Held!
Auf der Walstatt seh' ich dich wieder!

Sie stürmt fort, und verschwindet mit dem Rosse rechts in einer Seitenschlucht. SIEGMUND blickt ihr freudig und erhoben nach.

Die Bühne hat sich allmälig verfinstert; schwere Gewitterwolken senken sich auf den Hintergrund herab, und hüllen die Gebirgswände, die Schlucht und das erhöhte Bergjoch, nach und nach gänzlich ein. — Von allen Seiten lassen sich aus der Ferne Rüfe von Heerhörnern vernehmen, die während des Folgenden allmälig näher erschallen.

Geschwister-liebe-M.
Schicksal-M.

SIEGMUND

(über SIEGLINDE sich beugend).

Liebes-M.

Zauberfest
bezähmt ein Schlaf
der Holden Schmerz und Harm: —
da die Walküre zu mir trat,
schuf sie ihr den wonnigen Trost?
Sollte die grimmige Wahl
nicht schrecken ein gramvolles Weib? —
Leblos scheint sie,
die dennoch lebt;
der Traurigen kos't
ein lächelnder Traum. —

Liebes-M.

Schicksal-M.

Liebe- u. Lenz-Lied-M.

(Neue Hornrüfe.)

So schlumm're nun fort,
bis die Schlacht gekämpft,
und Frieden dich erfreu'!

(Er legt sie sanft auf den Steinsitz, küsst ihr die Stirn, und bricht dann, nach abermaligen Hornrüfen, auf.)

Freia-M.
Geschwister-liebe-M.
Hunding-M.

Der dort mich ruft,
rüste sich nun;

was ihm gebührt,
biet' ich ihm:
Schwert-M. Nothung zahl' ihm den Zoll!

Hunding-M. (Er zieht das Schwert, eilt dem Hintergrunde zu, und verschwindet auf dem Joche sogleich in finstrem Gewittergewölk,
Gewitter-M. aus welchem alsbald Wetterleuchten aufblitzt.)

SIEGLINDE
(träumend).

Kehrte der Vater nun heim!
Mit dem Knaben noch weilt er im Wald.
Hunding-M. Mutter! Mutter!
mir bangt der Muth: —
nicht freund und friedlich
scheinen die Fremden! —
Schwarze Dämpfe —
schwüles Gedünst —
feurige Lohe
leckt schon nach uns —
es brennt das Haus —
zu Hülfe, Bruder!
Siegmund! Siegmund!

(Starke Blitze zucken durch das Gewölk auf; ein furchtbarer Donnerschlag erweckt SIEGLINDE: sie springt jäh auf.)

Siegmund! — Ha!

Gewitter-M. Sie starrt mit steigender Angst um sich her; — fast die ganze Bühne ist in schwarze Gewitterwolken verhüllt; fort-
Hunding-M. währender Blitz und Donner. Von allen Seiten dringen immer näher Hornrüfe her.

HUNDING'S
(Stimme, im Hintergrunde vom Bergjoche her).

Wehwalt! Wehwalt!
Steh' mir zum Streit,
sollen dich Hunde nicht halten!

SIEGMUND'S
(Stimme, von weiter hinten her aus der Schlucht).

Wo birg'st du dich,
dass ich vorbei dir schoss?
Steh', dass ich dich stelle!

SIEGLINDE
(die in furchtbarer Aufregung lauscht).

Hunding — Siegmund — | Hunding-M
könnt' ich sie sehen!

HUNDING'S
(Stimme).

Hieher, du frevelnder Freier;
Fricka fälle dich hier!

SIEGMUND'S
(Stimme, nun ebenfalls auf dem Bergjoche).

Noch wähnst du mich waffenlos,
feiger Wicht?
Droh'st du mit Frauen,
so ficht nun selber,
sonst lässt dich Fricka im Stich!
Denn sieh': deines Hauses | Schwert-M.
heimischem Stamm
entzog ich zaglos das Schwert;
seine Schneide schmecke jetzt du!

Ein Blitz erhellt für einen Augenblick das Bergjoch, auf welchem jetzt HUNDING und SIEGMUND kämpfend gewahrt werden.

SIEGLINDE
(mit höchster Kraft).

Haltet ein, ihr Männer! | Schwert- u. Hunding-M.
mordet erst mich!

Sie stürzt auf das Bergjoch zu: ein, von rechts her über den Kämpfern ausbrechender, heller Schein blendet sie aber plötzlich so heftig, dass sie wie erblindet zur Seite schwankt. In dem Lichtglanze erscheint BRÜNNHILDE über SIEGMUND schwebend und diesen mit dem Schilde deckend.

BRÜNNHILDE'S
(Stimme).

Triff' ihn, Siegmund!
traue dem Schwert!

Als SIEGMUND soeben zu einem tödtlichen Streiche auf HUNDING ausholt, bricht von links her ein glühend röthlicher Schein durch das Gewölk aus, in welchem WOTAN erscheint, über HUNDING stehend, und seinen Speer SIEGMUND quer entgegenhaltend. | Walküren- u. Schwert-M.

WOTAN'S
(Stimme).

Zurück vor dem Speer!
In Stücken das Schwert!

Schwert- u. Vertrags-M.

BRÜNNHILDE ist vor WOTAN mit dem Schilde erschrocken zurückgewichen: SIEGMUND's Schwert zerspringt an dem vorgestreckten Speere; dem Unbewehrten stösst HUNDING sein Schwert in die Brust. SIEGMUND stürzt zu Boden. — SIEGLINDE, die seinen Todesseufzer gehört, sinkt mit einem Schrei wie leblos zusammen.

Wehe-M.

Wälsungen-M.
Schicksal-M.

Mit SIEGMUND's Fall ist zugleich von beiden Seiten der glänzende Schein verschwunden; dichte Finsterniss ruht im Gewölk bis nach vorn: in ihm wird BRÜNNHILDE undeutlich sichtbar, wie sie in jäher Hast SIEGLINDEN sich zugewendet.

BRÜNNHILDE.

Zu Ross, dass ich dich rette!

Walküren-M.

Sie hebt SIEGLINDE schnell zu sich auf ihr, der Seitenschlucht nahe stehendes Ross, und verschwindet sogleich gänzlich mit ihr.

Schicksal-M.

Alsbald zertheilt sich das Gewölk in der Mitte, so dass man deutlich HUNDING gewahrt, wie er sein Schwert dem gefallenen SIEGMUND aus der Brust zieht. — WOTAN, von Gewölk umgeben, steht hinter ihm auf einem Felsen, an seinen Speer gelehnt, und schmerzlich auf SIEGMUND's Leiche blickend.

WOTAN
(nach einem kleinen Schweigen, zu HUNDING gewandt).

Geh' hin, Knecht!
Kniee vor Fricka:
meld' ihr, dass Wotan's Speer
gerächt, was Spott ihr schuf. —
Geh'! — Geh'! —

Vertrags-M.

(Vor seinem verächtlichen Handwink sinkt HUNDING todt zu Boden.)

WOTAN
(plötzlich in furchtbarer Wuth auffahrend).

Unmuth-M.

Doch Brünnhilde —
weh' der Verbrecherin!
Furchtbar sei
die Freche gestraft,
erreicht mein Ross ihre Flucht!

(Er verschwindet mit Blitz und Donner. — Der Vorhang fällt schnell.)

Unruhe-M.
Wehe-M.

DRITTER AUFZUG.

Walküren-ritt: Ritt-M., dann mit Walküren-M.

Auf dem Gipfel eines Felsberges.

Rechts begrenzt ein Tannenwald die Scene. Links der Eingang einer Felshöhle, die einen natürlichen Saal bildet: darüber steigt der Fels zu seiner höchsten Spitze auf. Nach hinten ist die Aussicht gänzlich frei; höhere und niedere Felssteine bilden den Rand vor dem Abhange, der — wie anzunehmen ist — nach dem Hintergrunde zu steil hinabführt. — Einzelne Wolkenzüge jagen, wie vom Sturm getrieben, am Felsensaume vorbei.

(Die Namen der acht Walküren, welche — ausser Brünnhilde — in dieser Scene auftreten, sind: Gerhilde, Ortlinde, Waltraute, Schwertleite, Helmwige, Siegrune, Grimgerde, Rossweisse.)

Gerhilde, Ortlinde, Waltraute und Schwertleite haben sich auf der Felsspitze, an und über der Höhle, gelagert, sie sind in voller Waffenrüstung.

GERHILDE
(zu höchst gelagert, und dem Hintergrunde zugewendet).

Walkürenruf.

Hojotoho! Hojotoho!
Heiaha! Heiaha!
Helmwige, hier!
Hierher mit dem Ross!

HELMWIGE'S
(Stimme, von aussen).

Hojotoho! Hojotoho!

In einem vorbeiziehenden Gewölk bricht Blitzesglanz aus: eine Walküre zu Ross wird in ihm sichtbar: über ihrem Sattel hängt ein erschlagener Krieger.

Walküren- u. Ritt-M.

ORTLINDE, WALTRAUTE und SCHWERTLEITE
(der Ankommenden entgegenrufend).

Heiaha! Heiaha!

(Die Wolke mit der Erscheinung ist rechts hinter dem Tann verschwunden.)

ORTLINDE
(in den Tann hineinrufend).

Zu Ortlinde's Stute
stell' deinen Hengst:
mit meiner Grauen
grast gern dein Brauner!

WALTRAUTE
(ebenso).

Wer hängt dir im Sattel?

HELMWIGE
(aus dem Tann schreitend).

Sintolt der Hegeling!

SCHWERTLEITE.

Führ' deinen Braunen
fort von der Grauen:
Ortlinde's Mähre
trägt Wittig den Irming!

GERHILDE
(ist etwas näher herabgestiegen).

Als Feinde nur sah ich
Sintolt und Wittig.

ORTLINDE
(bricht schnell auf, und läuft in den Tann).

Heiaha! Die Stute
stösst mir der Hengst!

SCHWERTLEITE, GERHILDE und HELMWIGE
(lachen laut auf).

GERHILDE.

Der Recken Zwist
entzweit noch die Rosse!

HELMWIGE
(in den Tann zurückrufend).

Ruhig, Brauner!
Brich nicht den Frieden.

WALTRAUTE
(hat für GERHILDE die Wacht auf der äussersten Spitze genommen).

Hojoho! Hojoho!
Siegrune, hier!
Wo säumst du so lang?

(Wie zuvor HELMWIGE, zieht jetzt SIEGRUNE im gleichen Aufzuge vorbei, dem Tann zu.)

SIEGRUNE'S
(Stimme von rechts).

Arbeit gab's!
Sind die And'ren schon da?

DIE WALKÜREN.

Hojotoho! Hojotoho!
Heiaha!

(SIEGRUNE ist hinter dem Tann verschwunden. Aus der Tiefe hört man zwei Stimmen zugleich.)

GRIMGERDE und ROSSWEISSE
(von unten).

Hojotoho! Hojotoho!
Heiaha! Heiaha!

WALTRAUTE.

Grimgerd' und Rossweisse!

GERHILDE.

Sie reiten zu zwei.

In einem blitz-erglänzenden Wolkenzuge, der von unten heraufsteigt und dann hinter dem Tann verschwindet, erscheinen GRIMGERDE und ROSSWEISSE, ebenfalls auf Rossen, jede einen Erschlagenen im Sattel führend.

ORTLINDE ist mit HELMWIGE und der so eben angekommenen SIEGRUNE aus dem Tann herausgetreten: zu drei winken sie von dem hinteren Felssaume hinab.

ORTLINDE, HELMWIGE und SIEGRUNE.

Gegrüsst, ihr Reissige!
Rossweiss' und Grimgerde!

DIE ANDREN WALKÜREN ALLE.

Hojotoho! Hojotoho!
Heiaha! Heiaha!

GERHILDE
(in den Tann rufend).

In Wald mit den Rossen
zu Weid' und Rast!

ORTLINDE
(ebenfalls in den Tann rufend).

Führt die Mähren
fern von einander,

bis uns'rer Helden
Hass sich gelegt!

GERHILDE
(während die Andren lachen).

Der Helden Grimm
büsste schon die Graue!

(GRIMGERDE und ROSSWEISSE treten aus dem Tann auf.)

DIE WALKÜREN.

Willkommen! Willkommen!

SCHWERTLEITE.

War't ihr Kühnen zu zwei?

GRIMGERDE.

Getrennt ritten wir,
und trafen uns heut'.

ROSSWEISSE.

Sind wir alle versammelt,
so säumt nicht lange:
nach Walhall brechen wir auf,
Walhall-M. Wotan zu bringen die Wal.

HELMWIGE.

Acht sind wir erst:
eine noch fehlt.

GERHILDE.

Bei dem braunen Wälsung
weilt wohl noch Brünnhild'.

WALTRAUTE.

Auf sie noch harren
müssen wir hier:
Walvater gäb' uns
grimmigen Gruss,
säh' ohne sie er uns nah'n!

SIEGRUNE
(auf der Felsspitze, von wo sie hinausspäht).

Hojotoho! Hojotoho!
Hieher! Hieher!

In brünstigem Ritt
jagt Brünnhilde her.

DIE WALKÜREN
(nach der Felsspitze eilend).

Hojotoho! Hojotoho!
Brünnhilde! hei!

WALTRAUTE.

Nach dem Tann lenkt sie
das taumelnde Ross.

Unruhe- u. Ritt-M.

GRIMGERDE.

Wie schnaubt Grane
vom schnellen Ritt!

ROSSWEISSE.

So jach sah ich nie
Walküren jagen!

ORTLINDE.

Was hält sie im Sattel?

HELMWIGE.

Das ist kein Held!

SIEGRUNE.

Eine Frau führt sie.

Geschwisterliebe- u. Ritt-M.

GERHILDE.

Wie fand sie die Frau?

SCHWERTLEITE.

Mit keinem Gruss
grüsst sie die Schwestern?

Unruhe- u. Ritt-M.

WALTRAUTE.

Heiaha! Brünnhilde!
hörst du uns nicht?

ORTLINDE.

Helft der Schwester
vom Ross sich schwingen!
(GERHILDE und HELMWIGE stürzen in den Tann.)

Walkürenruf.

WALTRAUTE.

Zu Grunde stürzt
Grane der starke!

(SIEGRUNE und ROSSWEISSE folgen den beiden.)

GRIMGERDE.

Aus dem Sattel hebt sie
hastig das Weib.

DIE ÜBRIGEN WALKÜREN
(dem Tann zueilend).

Schwester! Schwester!
Was ist gescheh'n?

(Alle Walküren kehren auf die Bühne zurück; mit ihnen kommt BRÜNNHILDE, SIEGLINDE unterstützend und hereingeleitend.)

BRÜNNHILDE
(athemlos).

Schützt mich, und helft
in höchster Noth!

DIE WALKÜREN.

Wo rittest du her
in rasender Hast?
So fliegt nur wer auf der Flucht!

BRÜNNHILDE.

Zum erstenmal flieh' ich
und bin verfolgt!
Heervater hetzt mir nach!

DIE WALKÜREN
(heftig erschreckend).

Bist du von Sinnen?
Sprich! Sage uns!
Verfolgt dich Heervater?
fliehst du vor ihm?

BRÜNNHILDE

Unruhe-M. (ängstlich).

O Schwestern, späht
von des Felsens Spitze!
Schaut nach Norden,

ob Walvater naht!
(ORTLINDE und WALTRAUTE springen hinauf, um zu spähen.) **Ritt-M.**
Schnell! seht ihr ihn schon?

ORTLINDE.
Gewittersturm **Unruhe-M.**
naht von Norden.

WALTRAUTE.
Starkes Gewölk
staut sich dort auf.

DIE WALKÜREN.
Heervater reitet
sein heiliges Ross!

BRÜNNHILDE.
Der wilde Jäger,
der wüthend mich jagt,
er naht, er naht von Norden!
Schützt mich, Schwestern!
wahret diess Weib!

DIE WALKÜREN.
Was ist mit dem Weibe?

BRÜNNHILDE.
Hört mich in Eile!
Sieglinde ist es,
Siegmund's Schwester und Braut:
gegen die Wälsungen
wüthet Wotan in Grimm: —
dem Bruder sollte
Brünnhilde heut'
entziehen den Sieg:
doch Siegmund schützt' ich
mit meinem Schild,
trotzend dem Gott: —
der traf ihn da selbst mit dem Speer.
Siegmund fiel;
doch ich floh

fern mit der Frau:
sie zu retten
eilt' ich zu euch,
ob mich Bange auch
ihr berget vor dem strafenden Streich.

DIE WALKÜREN
(in grösster Bestürzung).

Bethörte Schwester!
Was thatest du?
Wehe-M. Wehe! Wehe!
Brünnhilde, wehe!
Ungehorsam
brach Brünnhilde
Heervaters heilig Gebot?

WALTRAUTE
(von der Höhe).

Unruhe-M. Nächtig ziehet es
von Norden heran.

ORTLINDE
(ebenso).

Wüthend steuert
hierher der Sturm.

DIE WALKÜREN
(dem Hintergrunde zugewendet).

Wehe-M. Wild wiehert
Walvaters Ross,
schrecklich schnaubt es daher!

BRÜNNHILDE.

Geschwisterliebe-M. Wehe der Armen,
wenn Wotan sie trifft,
den Wälsungen allen
droht er Verderben! —
Wer leih't mir von euch
das leichteste Ross,
das flink die Frau ihm entführ'?

DIE WALKÜREN.

Auch uns räth'st du
rasenden Trotz?

BRÜNNHILDE.

Rossweisse, Schwester!
Leih' mir deinen Renner!

ROSSWEISSE.

Vor Walvater floh
der fliegende nie.

BRÜNNHILDE.

Helmwige, höre!

HELMWIGE.

Dem Vater gehorch' ich.

BRÜNNHILDE.

Grimgerde! Gerhilde!
Gönnt mir eu'r Ross!
Schwertleite! Siegrune!
Seht meine Angst!
O seid mir treu,
wie traut ich euch war:
rettet diess traurige Weib!

SIEGLINDE

(die bisher finster und kalt vor sich hingestarrt, fährt auf, als BRÜNNHILDE sie lebhaft — wie zum Schutze — umfasst).

Nicht sehre dich Sorge um mich:
einzig taugt mir der Tod!
Wer hiess dich Maid
dem Harst mich entführen?
Im Sturm dort hätt' ich
den Streich empfah'n
von derselben Waffe,
der Siegmund fiel:
das Ende fand ich
vereint mit ihm!
Fern von Siegmund —
Siegmund, von dir!

O deckte mich Tod,
dass ich's nicht denke! —
Soll um die Flucht
dir Maid ich nicht fluchen,
so erhöre heilig mein Fleh'n —
stosse dein Schwert mir in's Herz!

BRÜNNHILDE.

Lebe, o Weib,
um der Liebe willen!
Rette das Pfand,
das von ihm du empfing'st:
ein Wälsung wächst dir im Schoos!

SIEGLINDE

(ist heftig erschrocken: plötzlich strahlt dann ihr Gesicht in erhabener Freude auf).

Rette mich, Kühne!
rette mein Kind!
Schirmt mich, ihr Mädchen,
mit mächtigstem Schutz!

(Furchtbares Gewitter steigt im Hintergrunde auf: nahender Donner.)

WALTRAUTE

(von der Höhe).

Unruhe-M. Der Sturm kommt heran.

ORTLINDE

(ebenso).

Flieh' wer ihn fürchtet!

DIE WALKÜREN.

Fort mit dem Weibe,
droht ihm Gefahr:
der Walküren keine
wag' ihren Schutz!

SIEGLINDE

(auf den Knieen vor BRÜNNHILDE).

Rette mich, Maid!
rette die Mutter!

BRÜNNHILDE
(mit schnellem Entschluss).

So fliehe denn eilig —
und fliehe allein!
Ich — bleibe zurück,
biete mich Wotan's Rache:
an mir zögr' ich
den Zürnenden hier,
während du seinem Rasen entrinnst.

SIEGLINDE.

Wohin soll ich mich wenden? Unruhe-M.

BRÜNNHILDE.

Wer von euch Schwestern
schweifte nach Osten?

SIEGRUNE.

Nach Osten weithin
dehnt sich ein Wald:
der Niblungen Hort
entführte Fafner dorthin.

SCHWERTLEITE.

Wurmes-Gestalt Ring-M.
schuf sich der Wilde:
in einer Höhle
hütet er Alberich's Reif.

GRIMGERDE.

Wurm-M.

Nicht geheu'r ist's dort
für ein hülflos Weib.

BRÜNNHILDE.

Und doch vor Wotan's Wuth
schützt sie sicher der Wald:
ihn scheut der Mächt'ge
und meidet den Ort.

WALTRAUTE
(von der Höhe).

Furchtbar fährt Unruhe-M.
dort Wotan zum Fels.

DIE WALKÜREN.

Brünnhilde, hör'
seines Nahen's Gebraus'!

BRÜNNHILDE
(SIEGLINDEN die Richtung weisend).

Fort denn, eile
nach Osten gewandt!
Muthigen Trotzes
ertrag' alle Müh'n —
Hunger und Durst,
Dorn und Gestein;
lache, ob Noth
und Leiden dich nagt!
Denn eines wisse
und wahr' es immer:
den hehrsten Helden der Welt
hegst du, o Weib,
im schirmenden Schoos! —
(Sie reicht ihr die Stücken von Siegmund's Schwert.)
Verwahr' ihm die starken
Schwertes-Stücken;
seines Vaters Walstatt
entführt' ich sie glücklich:
der neu gefügt
das Schwert einst schwingt,
den Namen nehm' er von mir —
„Siegfried" erfreu' sich des Sieg's!

SIEGLINDE.

Du hehrstes Wunder!
herrliche Maid!
Dir Treuen dank' ich
heiligen Trost!
Für ihn, den wir liebten,
rett' ich das Liebste:
meines Dankes Lohn
lache dir einst!
Lebe wohl!
Dich segnet Sieglinde's Weh'!

Geschwisterliebe-M.

Siegfried-M. — Schwert-M.

Siegfried-M. — Schwert-M.

Erlösungs-M.

Siegfried-M.

Sie eilt rechts im Vordergrunde ab. — Die Felsenhöhe ist von schwarzen Gewitterwolken umlagert; furchtbarer Sturm braust aus dem Hintergrunde daher: ein feuriger Schein erhellt den Tannenwald zur Seite. Zwischen dem Donner hört man WOTAN's Ruf. Wehe-M.

WOTAN'S
(Stimme).

Steh'! Brünnhilde!

DIE WALKÜREN.

Den Fels erreichten
Ross und Reiter:
weh', Brünnhild'!
Rache entbrennt!

BRÜNNHILDE.

Ach, Schwestern, helft!
Mir schwankt das Herz!
Sein Zorn zerschellt mich, Unruhe-M.
wenn euer Schutz ihn nicht zähmt.

DIE WALKÜREN.

Hieher, Verlor'ne!
lass' dich nicht seh'n!
Schmiege dich an uns,
und schweige dem Ruf!

(Sie ziehen sich alle die Felsspitze hinauf, indem sie BRÜNNHILDE unter sich verbergen.)

Weh'!
Wüthend schwingt sich
Wotan vom Ross —
hieher ras't
sein rächender Schritt!

WOTAN schreitet in furchtbar zürnender Aufregung aus dem Tann heraus, und hält vor dem Haufen der Walküren an, die auf der Höhe eine Stellung einnehmen, durch welche sie BRÜNNHILDE schützen.

WOTAN.

Wo ist Brünnhild'?
wo die Verbrecherin?
Wagt ihr, die Böse
vor mir zu bergen?

DIE WALKÜREN.

Schrecklich ertos't dein Toben: —
was thaten, Vater, die Töchter,
dass sie dich reizten
zu rasender Wuth?

WOTAN.

Wollt ihr mich höhnen?
Hütet euch, Freche!
Ich weiss: Brünnhilde
bergt ihr vor mir.
Weichet von ihr,
der ewig Verworf'nen,
wie ihren Werth
von sich sie warf!

Unmuth-M.

DIE WALKÜREN.

Zu uns floh die Verfolgte,
unsren Schutz flehte sie an!
Mit Furcht und Zagen
fasst sie dein Zorn.
Für die bange Schwester
bitten wir nun,
dass den ersten Zorn du bezähm'st.

Unruhe-M.

WOTAN.

Weichherziges
Weibergezücht!
So matten Muth
gewannt ihr von mir?
Erzog ich euch kühn
zum Kampfe zu zieh'n,
schuf ich die Herzen
euch hart und scharf,
dass ihr Wilden nun weint und greint,
wenn mein Grimm eine Treulose straft?

Unmuth-M.

So wisst denn, Winselnde,
was die verbrach,
um die euch Zagen

die Zähre entbrennt!
Keine wie sie
kannte mein innerstes Sinnen; **Unmuth-M.**
keine wie sie
wusste den Quell meines Willens; **Unmuth-M.**
sie selbst war
meines Wunsches schaffender Schoos: — **Unmuth-M.**
und so nun brach sie
den seligen Bund,
dass treulos sie
meinem Willen getrotzt,
mein herschend Gebot
offen verhöhnt,
gegen mich die Waffe gewandt,
die mein Wunsch allein ihr schuf! —
Hörst du's, Brünnhilde?
du, der ich Brünne,
Helm und Wehr,
Wonne und Huld,
Namen und Leben verlieh?
Hörst du mich Klage erheben,
und birgst dich bang dem Kläger,
dass feig du der Straf' entflöh'st?

BRÜNNHILDE

(tritt aus der Schaar der Walküren hervor, schreitet demüthigen, doch festen Schrittes von der Felsenspitze herab, und tritt so in geringer Ferne vor WOTAN).

Hier bin ich, Vater:
gebiete die Strafe!

WOTAN.

Nicht — straf' ich dich erst:
deine Strafe schuf'st du dir selbst.
Durch meinen Willen
war'st du allein:
gegen mich doch hast du gewollt;
meine Befehle nur
führtest du aus:

gegen mich doch hast du befohlen;
  Wunsch-Maid
  war'st du mir:
gegen mich doch hast du gewünscht;
  Schild-Maid
  war'st du mir:
gegen mich doch hob'st du den Schild;
  Loos-Kieserin
  war'st du mir:
gegen mich doch kies'test du Loose
  Helden-Reizerin
  war'st du mir:
gegen mich doch reiztest du Helden.
  Was sonst du war'st,
  sagte dir Wotan:
  was jetzt du bist,
  das sage dir selbst!
Wunschmaid bist du nicht mehr;
Walküre bist du gewesen: —
  nun sei fortan,
  was so du noch bist!

BRÜNNHILDE
(heftig erschrocken).

  Du verstössest mich?
  versteh' ich den Sinn?

WOTAN.

Nicht send' ich dich mehr aus Walhall,
  nicht weis' ich dir mehr
  Helden zur Wal;
  nicht führ'st du mehr Sieger
  in meinen Saal:
bei der Götter trautem Mahle
  das Trinkhorn nicht reich'st
  du traulich mir mehr;
  nicht kos' ich dir mehr
  den kindischen Mund.
  Von göttlicher Schaar

Todesklage.

bist du geschieden,
ausgestossen — Vertrags-M.
aus der Ewigen Stamm;
gebrochen ist unser Bund:
aus meinem Angesicht bist du verbannt. — Vertrags-M.

DIE WALKÜREN
(in Jammer ausbrechend).

Wehe! Weh'!
Schwester! Ach Schwester!

BRÜNNHILDE.

Nimmst du mir alles,
was einst du gab'st?

WOTAN.

Der dich zwingt, wird dir's entzieh'n!
Hieher auf den Berg
banne ich dich;
in wehrlosen Schlaf
schliess' ich dich fest;
der Mann dann fange die Maid,
der am Wege sie findet und weckt.

DIE WALKÜREN.

Halt' ein, o Vater!
halt' ein den Fluch!
Soll die Maid verblüh'n — Todesklage.
und verbleichen dem Mann?
Du Schrecklicher, wende
die schreiende Schmach:
wie die Schwester träfe uns selber der Schimpf.

WOTAN.

Hörtet ihr nicht, — Unruhe-M.
was ich verhängt?
Aus eurer Schaar
ist die treulose Schwester geschieden;
mit euch zu Ross
durch die Lüfte nicht reitet sie länger;

die magdliche Blume
verblüht der Maid;
ein Gatte gewinnt
ihre weibliche Gunst:
dem herrischen Manne
Vertrags-M. gehorcht sie fortan;
am Herde sitzt sie und spinnt,
aller Spottenden Ziel und Spiel.

Walküren-M. Unmuth-M.

(BRÜNNHILDE sinkt schreiend vor seinen Füssen zu Boden; die Walküren machen eine Bewegung des Entsetzens.)

Schreckt euch ihr Loos?
So flieht die Verlor'ne!
Weichet von ihr
und haltet euch fern!
Wer von euch wagte
bei ihr zu weilen,
wer mir zum Trotz
zu der Traurigen hielt' —
die Thörin theilte ihr Loos:
das künd' ich der Kühnen an! —
Unmuth-M. Fort jetzt von hier!
meidet den Felsen!
Hurtig jagt mir von dannen,
sonst erharrt Jammer euch hier!

Walküren-M. Ritt-M. Todesklage.

Die Walküren fahren mit wildem Wehschrei auseinander und stürzen in hastiger Flucht in den Tann: bald hört man sie wie mit Sturm auf ihren Rossen davonjagend. — Nach und nach legt sich während des Folgenden das Gewitter; die Wolken verziehen sich: Abenddämmerung, und endlich Nacht, sinken bei ruhigem Wetter herein.

Unmuth-M. Brünnhilden's Wälsungenliebe-M.

WOTAN und BRÜNNHILDE, die noch zu seinen Füssen hingestreckt liegt, sind allein zurückgeblieben. — Langes, feierliches Schweigen: unveränderte Stellung WOTAN's und BRÜNNHILDE's.

BRÜNNHILDE

Unmuth-M.

(endlich das Haupt langsam erhebend, sucht WOTAN's noch abgewandten Blick, und richtet sich während des Folgenden allmälig ganz auf).

War es so schmählich,
was ich verbrach,
dass mein Verbrechen so schmählich du bestraf'st?
War es so niedrig,

was ich dir that,
dass du so tief mir Erniedrigung schaff'st?
War es so ehrlos,
was ich beging,
dass mein Vergeh'n nun die Ehre mir raubt?
O sag', Vater! Unmuth-M.
sieh' mir in's Auge:
schweige den Zorn,
zähme die Wuth,
und deute mir klar
die dunkle Schuld,
die mit starrem Trotze dich zwingt
zu verstossen dein trautestes Kind!

WOTAN
(finster). Unmuth-M.

Frag' deine That —
sie deutet dir deine Schuld!

BRÜNNHILDE.

Deinen Befehl Walküren-M.
führte ich aus.

WOTAN.

Befahl ich dir
für den Wälsung zu fechten?

BRÜNNHILDE.

So hiessest du mich
als Herrscher der Wal.

WOTAN.

Doch meine Weisung
nahm ich wieder zurück.

BRÜNNHILDE.

Als Fricka den eig'nen
Sinn dir entfremdet:
da ihrem Sinn du dich fügtest,
warst du selber dir Feind.

Unmuth-M.

WOTAN
(bitter).

Dass du mich verstanden, wähnt' ich,
und strafte den wissenden Trotz;

Unmuth-M.

doch feig und dumm
dachtest du mich:
so hätt' ich Verrath nicht zu rächen,
zu gering wär'st du meinem Grimm?

Wälsungen-liebe M.

BRÜNNHILDE.

Nicht weise bin ich;
doch wusst' ich das Eine —
dass den Wälsung du liebtest:
ich wusste den Zwiespalt,
der dich zwang,
diess Eine ganz zu vergessen.

Unmuth-M.

Das Andre musstest
einzig du seh'n,
was zu schauen so herb
schmerzte dein Herz —
dass Siegmund Schutz du versagtest.

WOTAN.

Du wusstest es so,
und wagtest dennoch den Schutz?

BRÜNNHILDE.

Weil für dich im Auge
das Eine ich hielt,
dem, im Zwange des Andren
schmerzlich entzweit,
rathlos den Rücken du wandtest.
Die im Kampfe Wotan
den Rücken bewacht,
die sah nun Das nur,
was du nicht sah'st: —
Siegmund musst' ich seh'n.

Todesklage.

Tod kündend
trat ich vor ihn,
gewahrte sein Auge,

hörte sein Wort;
ich vernahm des Helden
heilige Noth;
tönend erklang mir
des Tapfersten Klage —
freiester Liebe
furchtbares Leid,
traurigsten Muthes
mächtigster Trotz:
meinem Ohr erscholl,
mein Aug' erschaute,
was tief im Busen das Herz
zu heil'gem Beben mir traf. —
Scheu und staunend
stand ich in Scham:
ihm nur zu dienen
konnt' ich noch denken:
Sieg oder Tod
mit Siegmund zu theilen —
diess nur erkannt' ich
zu kiesen als Loos! — **Unmuth-M.**
Der diese Liebe **Wälsungenliebe-M.**
mir in's Herz gelegt,
dem Willen, der
dem Wälsung mich gesellt,
ihm innig vertraut —
trotzt' ich deinem Gebot.

WOTAN.

So thatest du, **Wälsungenliebe-M.**
was so gern zu thun ich begehrt — **Wälsungenliebe-M.**
doch was nicht zu thun
die Noth zwiefach mich zwang?
So leicht wähntest du
Wonne der Liebe erworben,
wo brennend Weh'
in das Herz mir brach,
wo grässliche Noth

den Grimm mir schuf,
einer Welt zu Liebe
der Liebe Quell
im gequälten Herzen zu hemmen?
Wo gegen mich selber
ich sehrend mich wandte,
aus Ohnmacht-Schmerzen
schäumend ich aufschoss,
wüthender Sehnsucht
sengender Wunsch
den schrecklichen Willen mir schuf,
in den Trümmern der eig'nen Welt
Entsagungs-M. **Fluch-M.** meine ewige Trauer zu enden: —
da labte süss
dich selige Lust;
wonniger Rührung
üppigen Rausch
enttrankst du lachend
der Liebe Trank —
als mir göttlicher Noth
nagende Galle gemischt?
Deinen leichten Sinn
lass' dich denn leiten:
Wälsungen-liebe-M. von mir sagtest du dich los!
Dich muss ich meiden,
gemeinsam mit dir
nicht darf ich Rath mehr raunen;
getrennt, nicht dürfen
traut wir mehr schaffen:
so weit Leben und Luft,
darf der Gott dir nicht mehr begegnen!

Wälsungen-liebe-M.

BRÜNNHILDE.

Wohl taugte dir nicht
die thör'ge Maid,
die staunend im Rathe
nicht dich verstand,
wie mein eig'ner Rath

nur das Eine mir rieth —
zu lieben was du geliebt. —
Muss ich denn scheiden
und scheu dich meiden,
musst du spalten
was einst sich umspannt,
die eig'ne Hälfte
fern von dir halten —
dass sonst sie ganz dir gehörte,
du Gott, vergiss das nicht!
Dein ewig Theil
nicht wirst du entehren,
Schande nicht wollen,
die dich beschimpft;
dich selbst liessest du sinken,
säh'st du dem Spott mich zum Spiel!

WOTAN. **Liebes-M.**

Du folgtest selig
der Liebe Macht:
folge nun dem,
den du lieben musst!

BRÜNNHILDE.

Soll ich aus Walhall scheiden,
nicht mehr mit dir schaffen und walten,
dem herrischen Manne
gehorchen fortan: —
dem feigen Prahler
gieb mich nicht preis!
nicht werthlos sei er,
der mich gewinnt.

WOTAN.

Von Walvater schiedest du —
nicht wählen darf ich für dich.

BRÜNNHILDE.

Du zeugtest ein edles Geschlecht; **Wälsungen-M.**
kein Zager kann je ihm entschlagen:

Siegfried-M. der weihlichste Held — ich weiss es —
entblüht dem Wälsungenstamm.

WOTAN.

Schweig' von dem Wälsungenstamm!
Von dir geschieden
schied ich von ihm:
vernichten musst' ihn der Neid.

BRÜNNHILDE.

Die von dir sich riss —
rettete ihn:
Siegfried-M. Sieglinde hegt
die heiligste Frucht;
in Schmerz und Leid,
wie kein Weib sie gelitten,
wird sie gebären
was bang sie birgt.

WOTAN.

Nie suche bei mir
Schutz für die Frau,
noch für ihres Schoosses Frucht!

BRÜNNHILDE.

Schwert-M. Sie wahret das Schwert,
das du Siegmund schufest. —

WOTAN.

Und das ich ihm in Stücke schlug! —
Schicksal-M. Nicht streb', o Maid,
den Muth mir zu stören!
Erwarte dein Loos,
wie sich's dir wirft:
Schicksal-M. nicht kiesen kann ich es dir! —
Doch fort muss ich jetzt,
fern mich verzieh'n;
zuviel schon zögert' ich hier.
Von der Abwendigen
wend' ich mich ab;

nicht wissen darf ich
was sie sich wünscht:
die Strafe nur
muss vollstreckt ich seh'n.

BRÜNNHILDE

Was hast du erdacht
das ich erdulde?

WOTAN.

In festen Schlaf
verschliess' ich dich:
wer so die Wehrlose weckt,
dem ward, erwacht, sie zum Weib.

Schlaf-M.

BRÜNNHILDE
(stürzt auf ihre Knie).

Soll fesselnder Schlaf
fest mich binden,
dem feigsten Manne
zur leichten Beute:
diess Eine musst du erhören,
was heil'ge Angst zu dir fleht!
Die Schlafende schütze
mit scheuchenden Schrecken:
dass nur ein furchtlos
freiester Held
hier auf dem Felsen
einst mich fänd'!

Waberlohe-M.

Siegfried-M.

WOTAN.

Zu viel begehrst du —
zu viel der Gunst!

Waberlohe-M.

BRÜNNHILDE
(seine Knie umfassend).

Diess Eine
musst du gewähren!
Zerknicke dein Kind,
das dein Knie umfasst;
zertritt die Traute;

Vertrags-M.

zertrümm're die Maid;
ihres Leibes Spur
zerstöre dein Speer:
doch gieb, Grausamer, nicht
der grässlichsten Schmach sie preis!

Feuer-zauber-M. Walküren-M.

(Mit Wildheit.)

Auf dein Gebot
entbrenne ein Feuer;
den Fels umglühe
lodernde Gluth:
es leck' ihre Zung',
es fresse ihr Zahn
den Zagen, der frech sich wagte
dem freislichen Felsen zu nah'n!

WOTAN

Walküren-M.
Waberlohe-M.

(blickt ihr ergriffen in das Auge, und hebt sie auf).

Leb' wohl, du kühnes
herrliches Kind!
Du meines Herzens
heiligster Stolz,
leb' wohl! leb' wohl! leb' wohl!

Waberlohe-M.

Muss ich dich meiden,
und darf nicht minnig
mein Gruss dich mehr grüssen;
sollst du nun nicht mehr
neben mir reiten,
noch Meth beim Mahl mir reichen;
muss ich verlieren
dich, die ich liebe,
du lachende Lust meines Auges: —

Feuerzauber-M.

ein bräutliches Feuer
soll dir entbrennen,
wie nie einer Braut es gebrannt!
Flammende Gluth
umglühe den Fels;
mit zehrenden Schrecken
scheuch' es den Zagen,
der Feige fliehe

Brünnhilde's Fels: —
denn Einer nur freie die Braut,
der freier als ich, der Gott!

(Feuerzauber-M.)
Siegfried-M.
Wälsungenliebe-M.

(BRÜNNHILDE wirft sich ihm gerührt und entzückt in die Arme.)

WOTAN.

Waberlohe-M.
Wotan's Scheidegesang.

Der Augen leuchtendes Paar,
das oft ich lächelnd gekos't,
wenn Kampfes-Lust
ein Kuss dir lohnte,
wenn kindisch lallend
der Helden Lob
von holden Lippen dir floss; —
dieser Augen strahlendes Paar,
das oft im Sturm mir geglänzt,
wenn Hoffnungs-Sehnen
das Herz mir sengte,
nach Welten-Wonne
mein Wunsch verlangte
aus wild webendem Bangen: —
zum letzten Mal
letz' es mich heut'
mit des Lebewohles
letztem Kuss!
Dem glücklicher'n Manne
glänze sein Stern;
dem unseligen Ew'gen
muss es scheidend sich schliessen!

Waberlohe-M.

Wotan's Scheidegruss.
Waberlohe-M.

(Er fasst ihr Haupt in beide Hände.)

Denn so — kehrt
der Gott sich dir ab:
so küsst er die Gottheit von dir!

Schicksal-M.
Entsagungs-M.

Er küsst sie auf beide Augen, die ihr sogleich verschlossen bleiben: sie sinkt sanft ermattend in seinen Armen zurück. Er geleitet sie zart auf einen niedrigen Mooshügel zu liegen, über den sich eine breitästige Tanne ausstreckt. Noch einmal betrachtet er ihre Züge, und schliesst ihr dann den Helm fest zu; dann verweilt sein Blick nochmals schmerzlich auf ihrer Gestalt, die er endlich mit dem langen Stahlschilde der Walküre zudeckt. — Dann schreitet er mit feierlichem Entschlusse in die Mitte der Bühne und kehrt die Spitze seines Speeres gegen einen mächtigen Felsstein.

Schlaf-M.
Wotan's Scheidegesang.
Schicksal-M.
Vertrags-M.

Loge-M.

Loge, hör'!
lausche hieher!
Wie zuerst ich dich fand
als feurige Gluth,
wie dann einst du mir schwandest
als schweifende Lohe:
wie ich dich band,
bann' ich dich heut'!

Vertrags-M.

Loge-M.

Herauf, wabernde Lohe,
umlod're mir feurig den Fels!
Loge! Loge! Hieher!

Feuerzauber mit Waberlohe-M.

Bei der letzten Anrufung schlägt er mit der Spitze des Speeres dreimal auf den Stein, worauf diesem ein Feuerstrahl entfährt, der schnell zu einem Flammenmeere anschwillt, dem Wotan mit einem Winke seiner Speerspitze den Umkreis des Felsens als Strömung zuweist.

Siegfried-M.

Wer meines Speeres
Spitze fürchtet,
durchschreite das Feuer nie!

Wotan's Scheidegruss.

Schicksal-M.

(Er streckt den Speer wie zum Banne aus. Dann blickt er schmerzlich auf Brünnhilde zurück, wendet sich langsam zum Gehen und blickt noch einmal zurück, ehe er durch das Feuer verschwindet. — Der Vorhang fällt.)

Walküre.

1. Entsagungs=M.

2. Erda=M.

3. Erlösungs=M.

4. Feuerzauber=M. (vgl. Rhgld. M.12c)

5. Fluch=M.

6. Freia=M.

7. Geschwisterliebe=M. (vgl. Rhgld. M.1.)

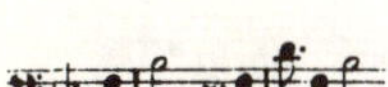

8. Gewitter=M.

9. Hunding=M.

10. Liebes=M.

11. Liebe= und Lenz=Lied.

12. Loge=M.

13. Nibelungenhass=M.

14. Nothung=M.

15. Rheingold=M.

16. Riesen=M.
(s. Rhgld. M. 22.)

17. Ring=M.

18. Ritt=M.

19. Schicksal=M.

20. Schlaf=M.

21. Schwert = M.

22. Siegfried = M.

23. Sieglinde = M.

24. Siegmund = M.

25. Sturm = M.

26. Todesklage.

27. Unmuth = M.

28. Unruhe = M.

29. Vertrags=M.

30. Vertragstreue=M.

31. Verzweiflungs=M.

32. Waberlohe=M.

33. Walhall=M.

34. Walküren=M.

35. Walkürenruf.

36. Wälsungen=M.

37. Wälsungenleid=M.

38 Wälsungenliebe = M. (Brünnhilden's).

39. Wehe=M.

40. Wehwalt=M.

41. Wonne=M.

42. Wotan's Scheidegruss.

43. Wurm=M.

44. Zorn=M.

SIEGFRIED.

ZWEITER TAG AUS DER TRILOGIE:

DER RING DES NIBELUNGEN

VON

RICHARD WAGNER.

PERSONEN.

SIEGFRIED.
MIME.
DER WANDERER.
ALBERICH.
FAFNER.
ERDA.
BRÜNNHILDE.

VORSPIEL.

ERSTER AUFZUG.

Wald.

Den Vordergrund bildet ein Theil einer **Felsenhöhle**, die sich links tiefer nach innen zieht, nach rechts aber gegen drei Viertheile der Bühne einnimmt. Zwei natürlich gebildete Eingänge stehen dem Walde zu offen: der eine nach rechts, unmittelbar im Hintergrunde, der andere, breitere, ebenda seitwärts. An der Hinterwand, nach links zu, steht ein grosser Schmiedeherd, aus Felsstücken natürlich geformt; künstlich ist nur der grosse Blasebalg: die rohe Esse geht — ebenfalls natürlich — durch das Felsdach hinauf. Ein sehr grosser Ambos und andre Schmiedegeräthschaften. —

Grübel-M., Hort-M., Nibelungen-M. (dann mit) Wehe-, Hort-M., Ring-M., Schwert-M., Nibelungen- u. Wehe-M.

MIME

(sitzt, als der Vorhang aufgeht, am Ambos, und hämmert mit wachsender Unruhe an einem Schwerte: endlich hält er unmuthig ein).

Nibelungen-M.

Zwangvolle Plage!
Müh' ohne Zweck!
Das beste Schwert,
das je ich geschweisst,
in der Riesen Fäusten
hielte es fest:
doch dem ich's geschmiedet,
der schmähliche Knabe,
er knickt und schmeisst es entzwei,
als schüf' ich Kindergeschmeid!

(Er wirft das Schwert unmuthig auf den Ambos, stemmt die Arme ein und blickt sinnend zu Boden.)

Grübel-M.

Schwert-M. (Ansatz.)

Es giebt ein Schwert,
das er nicht zerschwänge:
Nothung's Trümmer
zertrotzt' er mir nicht,
könnt' ich die starken
Stücken schweissen,

Nibelungen- u. Wehe-M.

(Nibelungen- u. Wehe-M.) — die meine Kunst
nicht zu kitten weiss!
Nibelungen- u. Schwert-M. — Könnt' ich's dem Kühnen schmieden,
meiner Schmach erlangt' ich da Lohn! —

Grübel-M. — (Er sinkt tiefer zurück, und neigt sinnend das Haupt.)

Wurm-M. — Fafner, der wilde Wurm,
lagert im finst'ren Wald;
mit des furchtbaren Leibes Wucht
der Niblungen Hort
hütet er dort.
Wurm- u. Schwert-M. (Ansatz.) — Siegfried's kindischer Kraft
erläge wohl Fafner's Leib:
Ring-M. — des Niblungen Ring
erränge ich mir.
Ein Schwert nur taugt zu der That;
Schwert-M. — nur Nothung nützt meinem Neid,
Schwert- u. Machtdünkel-M. — wenn Siegfried sehrend ihn schwingt: —
und ich kann's nicht schweissen,
Nothung das Schwert! —

Nibelungen-M. — (Er fährt in höchstem Unmuth wieder fort zu hämmern.)

Zwangvolle Plage!
Müh' ohne Zweck!
Das beste Schwert,
das je ich geschweisst,
nie taugt es je
zu der einzigen That!
Ich tapp're und hämm're nur,
weil der Knabe es heischt:
er knickt und schmeisst es entzwei,
und schmählt doch, schmied' ich ihm nicht!

Horn-M. — Siegfried, in wilder Waldkleidung, mit einem silbernen Horn an einer Kette, kommt mit jähem Ungestüm aus dem Walde herein; er hat einen grossen Bären mit einem Bastseile gezäumt, und treibt diesen mit lustigem Uebermuthe gegen Mime an. Mime'n entsinkt vor Schreck das Schwert: er flüchtet hinter den Herd. Siegfried treibt ihm den Bären überall nach.

SIEGFRIED. (Horn-M.)

Hoiho! Hoiho!
Hau' ein! Hau' ein!
Friss' ihn! Friss' ihn,
den Fratzenschmied!

(Er lacht unbändig.)

MIME.

Fort mit dem Thier!
Was taugt mir der Bär?

SIEGFRIED.

Zu zwei komm' ich,
dich besser zu zwicken:
Brauner, frag' nach dem Schwert!

MIME.

He! lass' das Wild!
Dort liegt die Waffe:
fertig fegt' ich sie heut'.

SIEGFRIED.

So fährst du heute noch heil!

(Er löst dem Bären den Zaum, und giebt ihm damit einen Schlag auf den Rücken.)

Lauf, Brauner:
dich brauch' ich nicht mehr!

(Der Bär läuft in den Wald zurück.) Horn-M. (umgekehrt).

MIME

(zitternd hinter dem Herde vorkommend).

Wohl leid' ich's gern,
erlegst du Bären:
was bringst du lebend
die braunen heim?

SIEGFRIED

(setzt sich, um sich vom Lachen zu erholen).

Nach bess'rem Gesellen sucht' ich,
als daheim mir einer sitzt;
im tiefen Walde mein Horn
liess ich hallend da ertönen:
ob sich froh mir gesellte
ein guter Freund?

Horn-M. das frug' ich mit dem Getön'.
Aus dem Busche kam ein Bär,
der hörte mir brummend zu;
er gefiel mir besser als du,
doch bess're fänd' ich wohl noch:
mit dem zähen Baste
zäumt' ich ihn da,
dich, Schelm, nach dem Schwerte zu fragen.

(Er springt auf, und geht nach dem Schwerte.)

MIME

(erfasst das Schwert, es SIEGFRIED zu reichen).

Arbeits-M. Ich schuf die Waffe scharf,
ihrer Schneide wirst du dich freu'n.

SIEGFRIED

(nimmt das Schwert).

Was frommt seine helle Schneide,
ist der Stahl nicht hart und fest!

(Er prüft es mit der Hand.)

Siegfried-M. Hei! was ist das
für müss'ger Tand!
Den schwachen Stift
nennst du ein Schwert?

(Er zerschlägt es auf dem Ambos, dass die Stücken ringsum fliegen. MIME weicht erschrocken aus.)

Jugendkraft-M. Da hast du die Stücken,
schändlicher Stümper:
hätt' ich am Schädel
dir sie zerschlagen! —
Soll mich der Prahler
länger noch prellen?
Riesen-M. Schwatzt mir von Riesen
und rüstigen Kämpfen,
von kühnen Thaten
und tüchtiger Wehr;
will Waffen mir schmieden,
Schwerte schaffen;
rühmt seine Kunst,
als könnt' er 'was Recht's:
nehm' ich zur Hand nun

was er gehämmert, (Jugendkraft-M.)
mit einem Griff
zergreif' ich den Quark! —
Wär' mir nicht schier
zu schäbig der Wicht,
ich zerschmiedet' ihn selbst
mit seinem Geschmeid,
den alten albernen Alp!
Des Aergers dann hätt' ich ein End'!

(Er wirft sich wüthend auf eine Steinbank, zur Seite rechts.)

MIME
(der ihm immer vorsichtig ausgewichen).

Nun tob'st du wieder wie toll:
dein Undank, traun! ist arg.
Mach' ich dem bösen Buben
nicht alles gleich zu best,
was ich ihm Gutes schuf, Mime-M.
vergisst er gar zu schnell!
Willst du denn nie gedenken
was ich dich lehrt' vom Danke?
Dem sollst du willig gehorchen,
der je sich wohl dir erwies.

(Siegfried wendet sich unmuthig um, mit dem Gesicht nach der Wand, so dass er ihm den Rücken kehrt.) Jugendkraft-M.

Das willst du wieder nicht hören! —
Doch speisen magst du wohl? Mime-M.
Vom Spiesse bring' ich den Braten:
versuchtest du gern den Sud?
Für dich sott ich ihn gar.

Er bietet Siegfried Speise hin. Dieser, ohne sich umzuwenden, schmeisst ihm Topf und Braten aus der Hand.) Jugendkraft-M.

SIEGFRIED.

Braten briet ich mir selbst:
deinen Sudel sauf' allein!

MIME
(stellt sich empfindlich).

Das ist nun der Liebe Mime-M.
schlimmer Lohn!
Das der Sorgen

(Mime-M.)
Mime's Erziehungslied.
(Begleitung: Mime-M.)

schmählicher Sold! —
Als zullendes Kind
zog ich dich auf,
wärmte mit Kleiden
den kleinen Wurm:
Speise und Trank
trug ich dir zu,
hütete dich
wie die eig'ne Haut.
Und wie du erwuchsest,
wartet' ich dein;
dein Lager schuf ich,
dass leicht du schlief'st.
Dir schmiedet' ich Tand
und ein tönend Horn; (Horn-M.)
dich zu erfreu'n
müht' ich mich froh:
mit klugem Rathe
rieth ich dir klug,
mit lichtem Wissen
lehrt' ich dich Witz.
Sitz' ich daheim
in Fleiss und Schweiss,
nach Herzenslust
schweif'st du umher:
für dich nur in Plage,
in Pein nur für dich
verzehr' ich mich alter
armer Zwerg!
Und aller Lasten
ist das nun mein Lohn,
dass der hastige Knabe
mich quält und hasst!
(Er geräth in Schluchzen.)

SIEGFRIED
(der sich wieder umgewendet, und in MIME's Blick ruhig geforscht hat).

Vieles lehrtest du, Mime,

und manches lernt' ich von dir;
doch was du am liebsten mich lehrtest,
zu lernen gelang mir nie: —
wie ich dich leiden könnt'. — Jugendkraft-M.
Träg'st du mir Trank Mime-M.
und Speise herbei —
der Ekel speis't mich allein; Jugendkraft-M.
schaff'st du ein leichtes Mime-M.
Lager zum Schlaf —
der Schlummer wird mir da schwer; Jugendkraft-M.
willst du mich weisen Mime-M.
witzig zu sein —
gern bleib' ich taub und dumm. Jugendkraft-M.
Seh' ich dir erst
mit den Augen zu,
zu übel erkenn' ich
was alles du thu'st:
seh' ich dich steh'n, Mime-M.
gangeln und geh'n,
knicken und nicken,
mit den Augen zwicken:
beim Genick' möcht' ich Jugendkraft-M.
den Nicker packen.
den Garaus geben
dem garst'gen Zwicker! —
So lernt' ich, Mime, dich leiden.
Bist du nun weise,
so hilf mir wissen,
worüber umsonst ich sann: —
in den Wald lauf' ich,
dich zu verlassen, —
wie kommt das, kehr' ich zurück?
Alle Thiere sind
mir theurer als du:
Baum und Vogel,
die Fische im Bach,
lieber mag ich sie
leiden als dich: —

wie kommt das nun, kehr' ich zurück?
Bist du klug, so thu' mir's kund.

Liebessehnsucht-M.

MIME
(setzt sich in einiger Entfernung ihm traulich gegenüber).

Mein Kind, das lehrt dich kennen,
wie lieb ich am Herzen dir lieg'.

SIEGFRIED
(lacht).

Ich kann dich ja nicht leiden, —
vergiss das nicht so leicht!

MIME.

Mime-M. } Liebessehnsucht-M.

Dess' ist deine Wildheit schuld,
die du Böser bänd'gen sollst. —
Jammernd verlangen Junge
nach ihrer Alten Nest;
Liebe ist das Verlangen:

Liebessehnsucht-M.

so lechzest du auch nach mir,
so lieb'st du auch deinen Mime —
so musst du ihn lieben!
Was dem Vögelein ist der Vogel,
wenn er im Nest es nährt,
eh' das flügge mag fliegen:
das ist dir kind'schem Spross
der kundig sorgende Mime —
das muss er dir sein.

SIEGFRIED.

Ei, Mime bist du so witzig,
so lass' mich eines noch wissen! —

Liebessehnsucht-M.

Es sangen die Vöglein
so selig im Lenz,
das eine lockte das and're:
du sagtest selbst —
da ich's wissen wollt' —
das wären Männchen und Weibchen.
Sie kos'ten so lieblich,
und liessen sich nicht;

sie bauten ein Nest
und brüteten drin:
da flatterte junges
Geflügel auf,
und beide pflegten der Brut. —
So ruhten im Busch
auch Rehe gepaart,
selbst wilde Füchse und Wölfe:
Nahrung brachte
zum Neste das Männchen,
das Weibchen säugte die Welpen.
Da lernt' ich wohl
was Liebe sei;
der Mutter entwandt' ich
die Welpen nie. —
Wo hast du nun, Mime,
dein minniges Weibchen,
dass ich es Mutter nenne?

(Liebessehnsucht-M.)

MIME
(verdriesslich).

Was ist dir, Thor?
Ach, bist du dumm!
Bist doch weder Vogel noch Fuchs?

SIEGFRIED.

Das zullende Kind
zogest du auf,
wärmtest mit Kleiden
den kleinen Wurm: —
wie kam dir aber
der kindische Wurm?
Du machtest wohl gar
ohne Mutter mich?

Mime's Erziehungslied.

MIME
(in grosser Verlegenheit).

Glauben sollst du,
was ich dir sage:

ich bin dir Vater
und Mutter zugleich.

SIEGFRIED.

Jugendkraft-M.

Das lügst du, garstiger Gauch! —
Wie die Jungen den Alten gleichen,
das hab' ich mir glücklich erseh'n.
Nun kam ich zum klaren Bach:
da erspäht' ich die Bäum'
und Thier' im Spiegel;
Sonn' und Wolken,
wie sie nur sind,
im Glitzer erschienen sie gleich.

Siegfried-M.

Da sah ich denn auch

Wälsungen-M.

mein eigen Bild;
ganz anders als du
dünkt' ich mir da:
so glich wohl der Kröte

Wellen-M.

ein glänzender Fisch;
doch kroch nie ein Fisch aus der Kröte.

MIME
(höchst ärgerlich).

Gräulichen Unsinn
kramst du da aus!

SIEGFRIED
(immer lebendiger).

Liebessehnsucht-M.

Sieh'st du, nun fällt
auch selbst mir ein,
was zuvor umsonst ich besann:
wenn zum Wald ich laufe,
dich zu verlassen,
wie das kommt, kehr' ich doch heim?
(Er springt auf.)
Von dir erst muss ich erfahren,
wer Vater und Mutter mir sei!

MIME
(weicht ihm aus).

Was Vater! was Mutter!
Müssige Frage!

SIEGFRIED

(packt ihn bei der Kehle).

So muss ich dich fassen
um 'was zu wissen:
gutwillig
erfahr' ich doch nichts!
So musst' ich Alles
ab dir trotzen:
kaum das Reden
hätt' ich errathen,
entwand ich's
mit Gewalt nicht dem Schuft!
Heraus damit,
räudiger Kerl!
Wer ist mir Vater und Mutter?

Jugendkraft-M.

MIME

(nachdem er mit dem Kopfe genickt und mit den Händen gewinkt, ist von SIEGFRIED losgelassen worden).

An's Leben geh'st du mir schier! —
Nun lass'! was zu wissen dich geizt,
erfahr' es, ganz wie ich's weiss. — —

O undankbares,
arges Kind!
jetzt hör', wofür du mich hassest!
Nicht bin ich Vater
noch Vetter dir, —
und dennoch verdankst du mir dich!
Ganz fremd bist du mir,
deinem einzigen Freund;
aus Erbarmen allein
barg ich dich hier:
nun hab' ich lieblichen Lohn!
Was verhofft' ich Thor mir auch Dank?

Mime-M.

Einst lag wimmernd ein Weib
da draussen im wilden Wald:
zur Höhle half ich ihr her,
am warmen Herd sie zu hüten.

Wälsungenleid-M.
Sieglinde-M.

Wälsungenleid-M.
Sieglinde-M.

Liebes-M. — Ein Kind trug sie im Schoosse;
traurig gebar sie's hier;
sie wand sich hin und her,
ich half so gut ich konnt':
Wälsungenleid-M. — stark war die Noth, sie starb —
Siegfried-M. — doch Siegfried, der genas.

SIEGFRIED
(hat sich gesetzt).

So starb meine Mutter an mir?

Wälsungenleid-M.

MIME.

Meinem Schutz übergab sie dich:
ich schenkt' ihn gern dem Kind.
Was hat sich Mime gemüht!
was gab sich der Gute für Noth!

Mime's Erziehungslied.

„Als zullendes Kind
zog ich dich auf“ . . .

SIEGFRIED.

Wälsungenleid-M. Siegfried-M.

Mich dünkt, dess' gedachtest du schon!
Jetzt sag': woher heiss' ich Siegfried?

MIME.

So hiess mich die Mutter
möcht' ich dich heissen:
als Siegfried würdest
du stark und schön. —

Mime's Erziehungslied.

„Ich wärmte mit Kleiden
den kleinen Wurm“ . . .

SIEGFRIED.

Wälsungenleid-M.

Nun melde, wie hiess meine Mutter?

MIME.

Das weiss ich wahrlich kaum! —

Mime's Erziehungslied.

„Speise und Trank
trug ich dir zu“ . . .

SIEGFRIED.

Wälsungenleid-M.

Den Namen sollst du mir nennen!

MIME.

Entfiel er mir wohl? Doch halt!
Sieglinde mochte sie heissen,
die dich in Sorge mir gab. —
„Ich hütete dich
wie die eig'ne Haut" . . .

Mime's Erziehungslied.

SIEGFRIED.

Dann frag' ich, wie hiess mein Vater?

Wälsungenleid-M.

MIME
(barsch).

Den hab' ich nie gesehn.

SIEGFRIED.

Doch die Mutter nannte den Namen?

MIME.

Erschlagen sei er,
das sagte sie nur;
dich Vaterlosen
befahl sie mir da: —
„und wie du erwuchsest,
wartet' ich dein':
dein Lager schuf ich,
dass leicht du schlief'st" . . .

Mime's Erziehungslied.

SIEGFRIED.

Still mit dem alten
Staarenlied! —
Soll ich der Kunde glauben,
hast du mir nichts gelogen,
so lass mich Zeichen seh'n!

MIME.

Was soll dir's noch bezeugen?

SIEGFRIED.

Dir glaub' ich nicht mit dem Ohr',
dir glaub' ich nur mit dem Aug':
welch' Zeichen zeugt für dich?

MIME
(holt nach einigem Besinnen die zwei Stücken eines zerschlagenen Schwertes herbei).

Grübel-M. Schwert- u. Nibelungen-M.

Das gab mir deine Mutter:

Nibelungen-M.

für Mühe, Kost und Pflege
liess sie's als schwachen Lohn.
Sieh' her, ein zerbroch'nes Schwert!
Dein Vater, sagte sie, führt' es,
als im letzten Kampf er erlag.

SIEGFRIED.

Schwert-M.

Und diese Stücken
sollst du mir schmieden:
dann schwing' ich mein rechtes Schwert!

Jugendkraft-M.

Auf! Eile dich, Mime,
mühe dich rasch;
kannst du 'was Recht's,
nun zeig' deine Kunst!
Täusche mich nicht
mit schlechtem Tand:

Schwert-M.

den Trümmern allein
trau' ich 'was zu.
Find' ich dich faul,
füg'st du sie schlecht,
flick'st du mit Flausen
den festen Stahl, —
dir Feigem fahr' ich zu Leib,
das Fegen lernst du von mir!
Denn heute noch, schwör' ich,
will ich das Schwert;

Schwert-M.

die Waffe gewinn' ich noch heut'.

MIME
(erschrocken).

Was willst du noch heut' mit dem Schwert?

SIEGFRIED.

Wanderlied.

Aus dem Wald fort
in die Welt zieh'n:
nimmer kehr' ich zurück.

Wie ich froh bin,
dass ich frei ward,
nichts mich bindet und zwingt!
Mein Vater bist du nicht; Jugendkraft-M.
in der Ferne bin ich heim;
dein Herd ist nicht mein Haus,
meine Decke nicht dein Dach.
Wie der Fisch froh
in der Fluth schwimmt,
wie der Fink frei
sich davon schwingt:
flieg' ich von hier, Freiheit-M.
fluthe davon,
wie der Wind über'n Wald
weh' ich dahin —
dich, Mime, nie wieder zu seh'n!

(Er stürmt in den Wald fort.)

MIME

(in höchster Angst).

Halte! halte! halte! wohin?

(Er ruft mit der grössten Anstrengung in den Wald.)

He! Siegfried!
Siegfried! He!

(Er sieht dem Fortstürmenden eine Weile staunend nach, dann kehrt er in die Schmiede zurück und setzt sich hinter den Ambos.) Wanderlied.

Da stürmt er hin! —
Nun sitz' ich da: —
zur alten Noth
hab' ich die neue!
vernagelt bin ich nun ganz! — Nibelungen u. Grübel-M.
Wie helf' ich mir jetzt?
Wie halt' ich ihn fest? Nibelungen- u. Wurm-M.
Wie führ' ich den Huien
zu Fafner's Nest? —
Wie füg' ich die Stücken Nibelungen- u. Wehe-M.
des tückischen Stahls?
Keines Ofens Gluth
glüht mir die ächten!

(Nibelungen- u. Wehe-M.)

keines Zwergen Hammer
zwingt mir die harten:
des Niblungen Neid,
Noth und Schweiss
nietet mir Nothung nicht,

Wanderer-M.

schweisst mir das Schwert nicht zu ganz! —

(Er knickt verzweifelnd auf dem Schemel hinter dem Ambos zusammen.)

Der WANDERER (WOTAN) tritt aus dem Wald an das hintere Thor der Höhle heran. — Er trägt einen dunkelblauen langen Mantel; einen Speer führt er als Stab. Auf dem Haupte hat er einen grossen Hut mit breiter runder Krämpe, die über das fehlende eine Auge tief hereinhängt.

WANDERER.

Heil dir, weiser Schmied!
Dem wegmüden Gast
gönne hold
des Hauses Herd!

MIME

(ist erschrocken aufgefahren).

Wer ist's, der im wilden
Walde mich sucht?
Wer verfolgt mich im öden Forst?

WANDERER.

Wanderer-M.

Wand'rer heisst mich die Welt:
weit wandert' ich schon,
auf der Erde Rücken
rührt' ich mich viel.

MIME.

So rühre dich fort
und raste nicht hier,
nennt dich Wand'rer die Welt.

WANDERER.

Gastlich ruht' ich bei Guten,
Gaben gönnten Viele mir:

denn Unheil fürchtet,
wer unhold ist.

MIME.

Unheil wohnte
immer bei mir:
willst du dem Armen es mehren?

WANDERER
(weiter hereintretend).

Viel erforscht' ich,
erkannte viel:
Wichtiges konnt' ich
manchem künden,
manchem wehren
was ihn mühte,
nagende Herzens-Noth.

MIME.

Spürtest du klug
und erspähtest du viel,
hier brauch' ich nicht Spürer noch Späher.
Einsam will ich
und einzeln sein,
Lungerern lass' ich den Lauf.

WANDERER
(wieder einige Schritte näher schreitend).

Mancher wähnte
weise zu sein,
nur was ihm noth that
wusste er nicht;
was ihm frommte,
liess ich erfragen:
lohnend lehrt' ihn mein Wort.

MIME
(immer ängstlicher, da der WANDERER sich nähert).

Müss'ges Wissen
wahren manche:
ich weiss mir grade genug;

Nibelungen-M. mir genügt mein Witz,
ich will nicht mehr:
dir Weisem weis' ich den Weg!

WANDERER

Vertrags-M. (setzt sich am Herde nieder).

Hier sitz' ich am Herd,
und setze mein Haupt
Wanderer-M. Vertrags-M. der Wissens-Wette zum Pfand:
mein Kopf ist dein,
du hast ihn erkies't,
erfrägst du dir nicht
was dir frommt,
lös' ich's mit Lehren nicht ein.

MIME

Nibelungen-M. (erschrocken und befangen, für sich).

Wie werd' ich den Lauernden los?
Grübel-M. Verfänglich muss ich ihn fragen. —

Vertrags-M. (Er ermannt sich wie zur Strenge.)

Dein Haupt pfänd' ich
für den Herd:
nun sorg', es sinnig zu lösen!
Drei der Fragen
stell' ich mir frei.

WANDERER.

Dreimal muss ich's treffen.

Vertrags- u. Nibelungen-M.

MIME

Grübel-M. (nach einigem Nachsinnen).

Du rührtest dich viel
auf der Erde Rücken,
Nibelungen-M. die Welt durchwandertest weit: —
Grübel-M. nun sage mir schlau,
welches Geschlecht
tagt in der Erde Tiefe?

WANDERER.

In der Erde Tiefe
tagen die Nibelungen:

Nibelheim ist ihr Land. — Nibelungen-M
Schwarzalben sind sie;
Schwarz-Alberich
hütet' als Herrscher sie einst:
eines Zauberringes — Ring-M.
zwingende Kraft
zähmt' ihm das fleissige Volk.
Reicher Schätze
schimmernden Hort
häuften sie ihm:
der sollte die Welt ihm gewinnen. — — Walhall-M.

Vertrags- u. Nibelungen-M.

Zum zweiten was frägst du Zwerg?

MIME

(in tieferes Sinnen gerathend). — Nibelungen- u. Grübel-M.

Viel, Wanderer,
weisst du mir
aus der Erde Nabelnest: — — Nibelungen-M.
nun sage mir schlicht, — Grübel-M.
welches Geschlecht — Riesen-M.
ruht auf der Erde Rücken?

WANDERER.

Auf der Erde Rücken
wuchtet der Riesen Geschlecht:
Riesenheim ist ihr Land. — Riesen-M.
Fasolt und Fafner,
der Rauhen Fürsten,
neideten Nibelung's Macht;
den gewaltigen Hort
gewannen sie sich,
errangen mit ihm den Ring:
um den entbrannte — Ring-M.
den Brüdern Streit;
der Fasolt fällte,
als wilder Wurm — Wurm-M.
hütet nun Fafner den Hort. —

Vertrags-M.

Die dritte Frage nun droht.

MIME
(der ganz in Träumerei entrückt ist).

[Nibelungen u. Grübel-M.]
Viel, Wanderer,
weisst du mir
[Nibelungen-M.] von der Erde rauhem Rücken: —
[Grübel-M.] nun sage mir wahr,
welches Geschlecht
wohnt auf wolkigen Höh'n?

WANDERER.

Auf wolkigen Höh'n
wohnen die Götter:
[Walhall-M.] Walhall heisst ihr Saal.
Lichtalben sind sie;
Licht-Alberich,
Wotan, waltet der Schaar.
Aus der Welt-Esche
weihlichstem Aste
schuf er sich einen Schaft:
dorrt der Stamm,
nie verdirbt doch der Speer;
[Weltesche-M.] mit seiner Spitze
sperrt Wotan die Welt.
[Vertragsschutz-M.] Heil'ger Verträge
Treue-Runen
schnitt in den Schaft er ein.
[Weltesche-M.] Den Haft der Welt
hält in der Hand,
wer den Speer führt,
den Wotan's Faust umspannt.
[Nibelungen- u. Wehe-M.] Ihm neigte sich
[Ring-M.] der Niblungen Heer;
[Riesen- u. Wehe-M.] der Riesen Gezücht
[Weltesche-M.] zähmte sein Rath:
[Wanderer-M.] ewig gehorchen sie alle
des Speeres starkem Herrn.
[Vertrags-M.] (Er stösst wie unwillkürlich mit dem Speer auf dem Boden; ein leiser Donner lässt sich vernehmen, wovon MIME heftig erschrickt.)

Nun rede, weiser Zwerg:
wusst' ich der Fragen Rath?
behalte mein Haupt ich frei?

MIME
(ist aus seiner träumerischen Versunkenheit aufgefahren, und gebärdet sich nun ängstlich, indem er den Wanderer nicht anzublicken wagt). Nibelungen-M.

Fragen und Haupt
hast du gelös't:
nun, Wand'rer, geh' deines Weg's!

WANDERER.

Was zu wissen dir frommt
solltest du fragen;
Kunde verbürgte mein Kopf: — Wanderer-M. Vertrags-M.
dass du nun nicht weisst
was dir nützt
dess' fass' ich jetzt deines als Pfand. Vertrags-M.
Gastlich nicht
galt mir dein Gruss:
mein Haupt gab ich
in deine Hand,
um mich des Herdes zu freu'n.
Nach Wettens Pflicht
pfänd' ich nun dich,
lösest du drei
der Fragen nicht leicht: Vertrags-M.
drum frische dir, Mime, den Muth!

MIME
(schüchtern und in furchtsamer Ergebung). Nibelungen- u. Schleich-M.

Lang' schon mied ich
mein Heimathland,
lang' schon schied ich
aus der Mutter Schoos;
mir leuchtete Wotan's Auge, Walhall-M.
zur Höhle lugt' es herein:
vor ihm magert
mein Mutterwitz.
Doch frommt mir's nun weise zu sein, Nibelungen- u Schleich-M.

Nibelungen-M.

Wand'rer, frage denn zu!
Vielleicht glückt mir's gezwungen
zu lösen des Zwergen Haupt.

WANDERER.

Nun, ehrlicher Zwerg,
sag' mir zum ersten:
welches ist das Geschlecht,
dem Wotan schlimm sich zeigte,
und das doch das liebste ihm lebt?

Wälsungen-M.

Wotan's Scheidegruss.

MIME.

Nibelungen- u. Schleich-M.

Wenig hört' ich
von Heldensippen:
der Frage doch mach' ich mich frei.

Wälsungen-M.

Die Wälsungen sind
das Wunschgeschlecht,
das Wotan zeugte
und zärtlich liebte,
zeigt' er auch Ungunst ihm.
Siegmund und Sieglind'
stammten von Wälse,
ein wild-verzweifeltes
Zwillingspaar:

Siegfried-M.

Siegfried zeugten sie selbst,
den stärksten Wälsungenspross.

Nibelungen- u. Schleich-M.

Behalt' ich, Wanderer,
zum ersten mein Haupt?

WANDERER.

Wie doch genau
das Geschlecht du mir nennst:
schlau eracht' ich dich Argen!
Der ersten Frage
ward'st du frei:
zum zweiten nun sag' mir, Zwerg! —

Nibelungen- u. Grübel-M.

Ein weiser Niblung
wahret Siegfried:

Fafner'n soll er ihm fällen, Wurm-M.
dass den Ring er erränge,
des Hortes Herrscher zu sein.
Welches Schwert
muss Siegfried nun schwingen,
taug' es zu Fafner's Tod?

MIME

(seine gegenwärtige Lage immer mehr vergessend, und von dem Gegenstande lebhaft angezogen). Nibelungen-M.

Nothung heisst Schleich-M.
ein neidliches Schwert; Schwert-M.
in einer Esche Stamm
stiess es Wotan:
dem sollt' es geziemen,
der aus dem Stamm' es zög'.
Der stärksten Helden Nibelungen- u. Schleich-M.
keiner bestand's:
Siegmund, der Kühne,
konnt's allein; Schwert-M.
fechtend führt' er's im Streit,
bis an Wotan's Speer es zersprang.
Nun verwahrt die Stücken Nibelungen-M.
ein weiser Schmied;
denn er weiss, dass allein
mit dem Wotansschwert
ein kühnes dummes Kind, Siegfried- u. Schleich-M.
Siegfried, den Wurm versehrt. Schwert-M.

(Ganz vergnügt.) Schleich-M.

Behalt' ich Zwerg
auch zweitens mein Haupt?

WANDERER.

Der witzigste bist du Nibelungen- u. Schleich-M.
unter den Weisen:
wer käm' dir an Klugheit gleich?
Doch bist du so klug,
den kindischen Helden
für Zwergen-Zwecke zu nützen:
mit der dritten Frage

droh' ich nun! —
Nibelungen-M. sag' mir, du weiser
Waffenschmied,
wer wird aus den starken Stücken
Siegfried-M. Nothung, das Schwert, wohl schweissen?

MIME
(fährt im höchsten Schrecken auf).

Jugend-kraft-M. Die Stücken! das Schwert!
O weh! mir schwindelt! —
Was fang' ich an?
Was fällt mir ein?
Verfluchter Stahl,
dass ich dich gestohlen!
Er hat mich vernagelt
Wehe-M. in Pein und Noth;
mir bleibt er hart,
ich kann ihn nicht hämmern:
Niet' und Löthe
lässt mich im Stich!
Mime-M. Der weiseste Schmied
weiss sich nicht Rath:
wer schweisst nun das Schwert,
schaff' ich es nicht?
Das Wunder, wie soll ich's wissen?

WANDERER
(ist vom Herd aufgestanden).

Wanderer-M. Dreimal solltest du fragen,
dreimal stand ich dir frei:
nach eitlen Fernen
forschtest du;
doch was zunächst dir sich fand,
was dir nützt, fiel dir nicht ein.
Schwert-M. Nun ich's errathe,
wirst du verrückt:
Nibe- Vertrags-M. gewonnen hab' ich
lungen-M. das witzige Haupt. —
Jetzt, Fafner's kühner Bezwinger,
Wurm-M. hör' verfall'ner Zwerg: —

nur wer das Fürchten
nie erfuhr,
schmiedet Nothung neu. Schwert-M.
(MIME starrt ihn gross an: er wendet sich zum Fortgange). Loge-M.
Dein weises Haupt
wahre von heut':
verfallen — lass' ich es dem, Siegfried-M.
der das Fürchten nicht gelernt.
(Er lacht und geht in den Wald.)

MIME
(ist, wie vernichtet, auf den Schemel hinter den Ambos zurückgesunken: er stiert, grad' vor sich aus, in den sonnig beleuchteten Wald hinein. — Nach längerem Schweigen geräth er in heftiges Zittern).
Verfluchtes Licht! Wurm-M.
Was flammt dort die Luft?
Was flackert und lackert,
was flimmert und schwirrt,
was schwebt dort und webt
und wabert umher?
Da glimmert's und glitzt's
in der Sonne Gluth:
was säuselt und summ't
und saus't nun gar?
Es brummt und braus't
und prasselt hierher!
Dort bricht's durch den Wald,
will auf mich zu!
Ein grässlicher Rachen
reisst sich mir auf! —
Der Wurm will mich fangen!
Fafner! Fafner!
(Er schreit laut auf und knickt hinter dem breiten Ambos zusammen.)

SIEGFRIED
(bricht aus dem Waldgesträuch hervor, und ruft noch von aussen). Schwert-M.
Heda! Du Fauler! Wanderlied-M.
bist du nun fertig?

Schnell! wie steht's mit dem Schwert?

Jugendkraft-M. (Er ist eingetreten und hält verwundert an.)

Wo steckt der Schmied?
Stahl er sich fort?
Hehe! Mime! du Memme!
Wo bist du? wo birg'st du dich?

MIME

(mit schwacher Stimme hinter dem Ambos).

Wurm-M.

Bist du es, Kind?
Kommst du allein?

SIEGFRIED.

Jugendkraft-M.

Hinter dem Ambos? —
Sag', was schufest du dort?
schärftest du mir das Schwert?

MIME

(höchst verstört und zerstreut).

Wurm-M.

Das Schwert? das Schwert?
wie möcht' ich's schweissen? —

(Halb für sich.)

„Nur wer das Fürchten
nicht erfuhr,

Schwert-M.

schmiedet Nothung neu." —
Zu weise ward ich
für solches Werk!

SIEGFRIED.

Jugendkraft-M.

Wirst du mir reden?
Soll ich dir rathen?

MIME

(wie zuvor).

Wo nehm' ich redlichen Rath? —

Wanderer-M.

Mein weises Haupt
hab' ich verwettet:

Siegfried-M.

verfallen, verlor ich's an den,
„der das Fürchten nicht gelernt." —

SIEGFRIED
(heftig).
Sind mir das Flausen? Jugendkraft-M.
Willst du mir flieh'n?

MIME
(allmälig sich etwas fassend).
Wohl flöh' ich dem,
der's Fürchten kennt: —
doch das liess ich dem Kinde zu lehren! Mime-M.
Ich Dummer vergass
was einzig gut:
Liebe zu mir
sollt' er lernen; —
das gelang nun leider faul!
Wie bring' ich das Fürchten ihm bei?

SIEGFRIED
(packt ihn).
He! Muss ich helfen? Jugendkraft-M.
Was fegtest du heut'?

MIME
Um dich nur besorgt,
versank ich in Sinnen,
wie ich dich Wichtiges wiese.

SIEGFRIED
(lachend).
Bis unter den Sitz
warst du versunken:
was Wichtiges fandest du da?

MIME
(sich immer mehr erholend).
Das Fürchten lernt' ich für dich,
dass ich's dich Dummen lehre.

SIEGFRIED.
Was ist's mit dem Fürchten?

MIME.
Erfuhr'st du's noch nie,
und willst aus dem Wald

doch fort in die Welt?
Schwert-M. Was frommte das festeste Schwert,
blieb dir das Fürchten fern?

SIEGFRIED
(ungeduldig).

Mime-M. Faulen Rath
erfindest du wohl?

MIME.

Wälsungenleid-M. Deiner Mutter Rath
redet aus mir:
was ich gelobte
muss ich nun lösen,
in die listige Welt
dich nicht zu entlassen,
eh' du nicht das Fürchten gelernt.

SIEGFRIED.

Jugendkraft-M. Ist's eine Kunst,
was kenn' ich sie nicht? —
Heraus! Was ist's mit dem Fürchten?

Loge-M.

MIME
(immer belebter).

Fühltest du nie
im finstern Wald,
bei Dämmerschein
am dunklen Ort,
wenn fern es säuselt,
summt und saus't,
wildes Brummen
näher braus't,
Feuerzauber-M. (verzerrt). wirres Flackern
um dich flimmert,
schwellend Schwirren
zu Leib' dir schwebt, —
fühltest du dann nicht grieselnd
Grausen die Glieder dir fahen?
Waberlohe-M. (verzerrt). Glühender Schauer
schüttelt die Glieder,

in der Brust bebend und bang
berstet hämmernd das Herz? —
Fühltest du das noch nicht,
das Fürchten blieb dir noch fremd.

(Waberlohe-M.) (verzerrt).

SIEGFRIED.

Sonderlich seltsam
muss das sein!
Hart und fest,
fühl' ich, steht mir das Herz.
Das Grieseln und Grausen,
das Glühen und Schauern,
Hitzen und Schwindeln,
Hämmern und Beben —
gern begehr' ich das Bangen,
sehnend verlangt mich der Lust. —
Doch wie bringst du,
Mime, mir's bei?
Wie wär'st du Memme mir Meister?

Waberlohe-M. (rein).
Siegfried-M.
Feuerzauber-M. (rein).
Waberlohe-M.

MIME.

Folge mir nur,
ich führe dich wohl:
sinnend fand ich es aus.
Ich weiss einen schlimmen Wurm,
der würgt' und schlang schon viel:
Fafner lehrt dich das Fürchten,
folgst du mir zu seinem Nest.

Waberlohe-M.
Wurm-M.

SIEGFRIED.

Wo liegt er im Nest?

Waberlohe-M.

MIME.

Neid-Höhle
wird es genannt:
im Ost, am Ende des Wald's.

SIEGFRIED.

Dann wär's nicht weit von der Welt?

Waberlohe-M.

MIME.

Bei Neidhöhl' liegt sie ganz nah'!

SIEGFRIED.

Dahin denn sollst du mich führen:
lernt' ich das Fürchten,
dann fort in die Welt!
Drum schnell schaffe das Schwert.
in der Welt will ich es schwingen.

MIME.

Jugendkraft-M.
Das Schwert? O Noth!

SIEGFRIED.

Rasch in die Schmiede!
Weis' was du schuf'st.

MIME.

Verfluchter Stahl!
Zu flicken versteh' ich ihn nicht!
Mime-M.
Den zähen Zauber
bezwingt keines Zwergen Kraft.
Wer das Fürchten nicht kennt,
der fänd' wohl eher die Kunst.

SIEGFRIED.

Feine Finten
weiss mir der Faule;
Jugendkraft-M.
dass er ein Stümper
sollt' er gesteh'n:
Mime-M.
nun lügt er sich listig heraus. —
Her mit den Stücken!
Fort mit dem Stümper!
Schwert-M.
Des Vaters Stahl
fügt sich wohl mir:
ich selbst schweisse das Schwert!
Arbeits-M
(Er macht sich rasch an die Arbeit.)

MIME.

Hättest du fleissig
die Kunst gepflegt,

jetzt käm' dir's wahrlich zu gut; **Nibelungen-M.**
doch lässig warst du **Arbeits-M.**
stets in der Lehr':
was willst du Rechtes nun rüsten? **Nibelungen-M.**

SIEGFRIED.

Was der Meister nicht kann, **Arbeits-M.**
vermöcht' es der Knabe,
hätt' er ihm immer gehorcht? — **Nibelungen-M.**
Jetzt mach' dich fort, **Arbeits- u. Horn-M.**
misch' dich nicht d'rein:
sonst fällst du mir mit in's Feuer!

Er hat eine grosse Menge Kohlen auf dem Herd gehäuft, und unterhält in einem fort die Gluth, während er die Schwertstücke in den Schraubstock einspannt und sie zu Spähnen zerfeilt.

MIME

(indem er ihm zusieht).

Was machst du denn da?
Nimm doch die Löthe:
den Brei braut' ich schon längst.

SIEGFRIED.

Fort mit dem Brei!
ich brauch' ihn nicht:
mit Bappe back' ich kein Schwert!

MIME.

Du zerfeil'st die Feile,
zerreib'st die Raspel:
wie willst du den Stahl zerstampfen?

SIEGFRIED.

Zersponnen muss ich
in Spähne ihn seh'n:
was entzwei ist, zwing ich mir so.

MIME

(während SIEGFRIED eifrig fortfeilt).

Hier hilft kein Kluger,
das seh' ich klar:
hier hilft dem Dummen

Arbeits-M.) die Dummheit allein!
Wie er sich rührt
und mächtig regt:
ihm schwindet der Stahl,
doch wird ihm nicht schwül! —

Loge-M. (SIEGFRIED hat das Herdfeuer zur hellsten Gluth angefacht).

Nun ward ich so alt
wie Höhl' und Wald,
und hab' nicht so 'was geseh'n! —
Mit dem Schwert gelingt's,
das lern' ich wohl:
furchtlos fegt er's zu ganz, —
der Wand'rer wusst' es gut! —
Wie berg' ich nun
mein banges Haupt?
Siegfried-M. Dem kühnen Knaben verfiel's,
Arbeits-M. lehrt' ihn nicht Fafner die Furcht. —
Wurm-M. Doch weh' mir Armen!
Wie würgt' er den Wurm,
erführ' er das Fürchten von ihm?
Wie erräng' er mir den Ring?
Ring-M. Verfluchte Klemme!
Da klebt' ich fest,
fänd' ich nicht klugen Rath,
wie den Furchtlosen selbst ich bezwäng'. —

SIEGFRIED

(hat nun die Stücken zerfeilt und in einem Schmelztiegel gefangen, den er jetzt in die Herdgluth stellt: unter dem Folgenden nährt er die Gluth mit dem Blasebalg).

He, Mime, geschwind!
wie heisst das Schwert,
das ich in Spähne zersponnen?

Schwert-M

MIME

(aus seinen Gedanken auffahrend).

Nothung-M Nothung nennt sich
das neidliche Schwert:
deine Mutter gab mir die Mär'.

SIEGFRIED

(während er die Gluth mit dem Blasebalg nährt).

Schmelz-Lied. Nothung-M.

Nothung! Nothung!
neidliches Schwert!
was musstest du zerspringen?
Zu Spreu nun schuf ich
die scharfe Pracht,
im Tiegel brat' ich die Spähne!
Hoho! hoho! hohei!
hohei! hoho!
Blase, Balg!
blase die Gluth! —
Wild im Walde
wuchs ein Baum,
den hab' ich im Forst gefällt:
die braune Esche
brannt' ich zur Kohl',
auf dem Herd nun liegt sie gehäuft!

Hoho! hoho! hohei!
hohei! hoho!
Blase, Balg!
blase die Gluth! —
Des Baumes Kohle,
wie brennt sie kühn,
wie glüht sie hell und hehr!
In springenden Funken
sprühet sie auf,
hohei! hoho! hohei!
zerschmilzt mir des Stahles Spreu.

Hoho! hoho! hohei!
hohei! hoho!
Blase, Balg!
blase die Gluth!

MIME

(immer für sich, entfernt sitzend).

Er schmiedet das Schwert,
und Fafner fällt er:

das seh' ich nun sicher voraus;
Hort und Ring
erringt er im Harst:
Ring-M. wie erwerb' ich mir den Gewinn?
Nibelungen-M. Mit Witz und List
gewinn' ich beides,
und berge heil mein Haupt.

SIEGFRIED
(nochmals am Blasebalg).

Hoho! hoho!
hoho! hohei! hohei!

MIME.

Rang er sich müd' mit dem Wurm,
von der Müh' erlab' ihn ein Trank;
aus würz'gen Säften,
die ich gesammelt,
brau' ich den Trank für ihn;
wenig Tropfen nur
braucht er zu trinken,
sinnlos sinkt er in Schlaf:
Schwert-M. mit der eig'nen Waffe,
die er sich gewonnen,
räum' ich ihn leicht aus dem Weg,
erlange mir Ring und Hort.

SIEGFRIED.

Nothung-M. Nothung! Nothung!
neidliches Schwert!
schon schmolz deines
Stahles Spreu:
im eig'nen Schweisse
Nibelungen-M. schwimmst du nun.

MIME.

Hei, weiser Wand'rer,
dünkt' ich dich dumm,
wie gefällt dir nun
mein feiner Witz?
Fand ich mir wohl
Rath und Ruh'?

SIEGFRIED.

Schwert-M. Bald schwing' ich dich
als mein Schwert!

(Mime springt vergnügt auf, holt Gefässe herbei, und schüttet aus ihnen Gewürz in einen Topf.)

SIEGFRIED

(hat den geschmolzenen Stahl in eine Stangenform gegossen, und diese in das Wasser gesteckt: man hört jetzt das laute Gezisch der Kühlung).

In das Wasser floss
ein Feuerfluss:
grimmiger Zorn
zischt' ihm da auf.
Wie sehrend er floss,
in des Wassers Fluth
fliesst er nicht mehr;
starr ward er und steif,
herrisch der harte Stahl:
heisses Blut doch **Schwert-M.**
fliesst ihm bald! —

Nun schwitze noch einmal,
dass ich dich schweisse,
Nothung, neidliches Schwert! **Nothung-M.**

Er stösst den Stahl in die Kohlen und glüht ihn. Dann wendet er sich zu MIME, der vom anderen Ende des Herdes her einen Topf an den Rand der Gluth setzt.

Was schafft der Tölpel
dort mit dem Topf?
Brenn' ich hier Stahl,
brau'st du dort Sudel?

MIME.

Zu Schanden kam ein Schmied,
den Lehrer sein Knabe lehrt;
mit der Kunst nun ist's beim Alten aus,
als Koch dient er dem Kind:
brennt es das Eisen zu Brei,
aus Eiern brau't
der Alte ihm Sud.

(Er fährt fort zu kochen.)

SIEGFRIED

(immer während der Arbeit).

Mime, der Künstler,
lernt jetzt Kochen;

Nibelungen-M.

das Schmieden schmeckt ihm nicht mehr:
seine Schwerter alle
hab' ich zerschmissen;
was er kocht, ich kost' es ihm nicht.

Das Fürchten zu lernen
will er mich führen;
ein Ferner soll es mich lehren:
was am besten er kann,
mir bringt er's nicht bei;
als Stümper besteht er in allem!

Er hat den rothglühenden Stahl hervorgezogen, und hämmert ihn nun, während des folgenden Liedes, mit dem grossen Schmiedehammer auf dem Ambos.

Schmiede-Lied.

Hoho! hoho! hohei!
Schmiede, mein Hammer,
ein hartes Schwert!
Hoho! hahei!
hoho! hahei!

Einst färbte Blut
dein falbes Blau;
sein rothes Rieseln
röthete dich:
kalt lachtest du da,
das warme lecktest du kühl!
Heiaho! haha!
haheiaha!
Nun hat die Gluth
dich roth geglüht;
deine weiche Härte
dem Hammer weicht:
zornig sprüh'st du mir Funken,
dass ich dich Spröden gezähmt!
Heiaho-hohohoho!
hahei! hahei! hahei!

Schwert-M.

MIME.

Er schafft sich ein scharfes Schwert,

Fafner zu fällen,
der Zwerge Feind:
ich braut' ein Trug-Getränk,
Siegfried zu fangen,
dem Fafner fiel.
Gelingen muss mir die List;
lachen muss mir der Lohn!

(Er beschäftigt sich während des Folgenden damit, den Inhalt des Topfes in eine Flasche zu giessen.)

SIEGFRIED.

Hoho! hoho!
hoho! hahei!
Schmiede, mein Hammer,
ein hartes Schwert!
Hoho! hahei!
hoho! hahei!

Der frohen Funken
wie freu' ich mich!
Es ziert den Kühnen
des Zornes Kraft:
lustig lach'st du mich an,
stellst du auch grimm dich und gram!
Heiaho! haha!
haheiaha!
Durch Gluth und Hammer
glückt' es mir!
Mit starken Schlägen
streckt' ich dich:
nun schwinde die rothe Scham;
werde kalt und hart wie du kannst.
Heiaho! heiaho!
heiaho-hohohoho!

(Er taucht mit dem letzten den Stahl in das Wasser, und lacht bei dem starken Gezisch.)

MIME

(während SIEGFRIED die geschmiedete Schwertklinge in dem Griffhefte befestigt, treibt sich MIME mit der Flasche im Vordergrunde umher).

Den der Bruder schuf,

Schleich-M. den schimmernden Reif,
in den er gezaubert
zwingende Kraft,
das helle Gold,
das zum Herrscher macht —
ich hab' ihn gewonnen!
Nibelungen-M. ich walte sein'! —
Schleich-M. Alberich selbst,
der einst mich band,
zur Zwergenfrohne
zwing' ich ihn nun:
als Niblungenfürst
fahr' ich danieder,
gehorchen soll mir
Nibelungen-M alles Heer! —
Der verachtete Zwerg,
was wird er geehrt!
Zu dem Horte hin drängt sich
Gott und Held:
vor meinem Nicken
neigt sich die Welt,
vor meinem Zorne
zittert sie hin! —

	SIEGFRIED	MIME.
	(glättet mit den letzten Schlägen die Nieten des Griffheftes und fasst das Schwert nun).	
Nothung-M.	Nothung! Nothung! neidliches Schwert! jetzt haftest du wieder im Heft.	
Nibelungen-M.		Dann wahrlich müht sich Mime nicht mehr:
	Warst du entzwei, ich zwang dich zu ganz; kein Schlag soll nun dich mehr zerschlagen,	
Nibelungen-M.		ihm schaffen And're den ew'gen Schatz.
	Dem sterbenden Vater zersprang der Stahl,	

Siegfried.	Mime.	
der lebende Sohn schuf ihn neu: nun lacht ihm sein heller Schein, seine Schärfe schneidet ihm hart.		
	Mime, der Kühne, Mime ist König, Fürst der Alben, Walter des All's!	Nibelungen-M.
Nothung! Nothung! neidliches Schwert!		Nothung-M.
zum Leben weckt' ich dich wieder. Todt lag'st du in Trümmern dort, jetzt leuchtest du trotzig und hehr.		Schwert-M.
	Hei, Mime! wie glückte dir das!	
Zeige den Schächern nun deinen Schein!		
	Wer hätte wohl das gedacht!	
Schlage den Falschen, fälle den Schelm! Schau, Mime, du Schmied: So schneidet Siegfried's Schwert!		Arbeits- u. Horn-M. Schwert-M.

Siegfried hat mit dem Schwert ausgeholt und schlägt nun damit auf den Ambos: dieser zerspaltet in zwei Stücken, von oben bis unten, so dass er unter grossem Gepolter auseinander fällt. Mime, — in höchster Verzückung — fällt vor Schreck sitzlings zu Boden. Siegfried hält jauchzend das Schwert in die Höhe. — Der Vorhang fällt schnell.

ZWEITER AUFZUG.

Fafner-, Wurm-, Ring-, Fluch- u. Nibelungenhass-M.

VORSPIEL.

Tiefer Wald.

Fafner-M.

Ganz im Hintergrunde die Oeffnung einer Höhle. Der Boden hebt sich bis zur Mitte der Bühne, wo er eine kleine Hochebene bildet; von da senkt er sich nach hinten, der Höhle zu, wieder abwärts, so dass von dieser nur der obere Theil der Oeffnung dem Zuschauer sichtbar ist. Links gewahrt man durch Waldbäume eine zerklüftete Felsenwand. — Finstere Nacht, am dichtesten über dem Hintergrunde, wo anfänglich der Blick des Zuschauers gar nichts zu unterscheiden vermag.

ALBERICH

(an der Felsenwand zur Seite gelagert, in düsterem Brüten).

Nibelungenhass-M.

In Wald und Nacht
vor Neidhöhl' halt' ich Wacht:
es lauscht mein Ohr,
mühvoll lugt mein Aug'. —
Banger Tag,
beb'st du schon auf?
dämmerst du dort
durch das Dunkel her?

Ritt- u. Unruhe-M.

(Sturmwind erhebt sich rechts aus dem Walde.)

Welcher Glanz glitzert dort auf?
Näher schimmert
ein heller Schein;
es rennt wie ein leuchtendes Ross,
bricht durch den Wald
brausend daher.
Naht schon des Wurmes Würger?
ist's schon, der Fafner fällt?

Fluch-M.

(Der Sturmwind legt sich wieder; der Glanz verlischt.)

Das Licht erlischt —

Fafner-M.

der Glanz barg sich dem Blick:

Fluch-M. Nibelungenhass-M.

Nacht ist's wieder. —
Wer naht dort schimmernd im Schatten?

DER WANDERER
(tritt aus dem Wald auf, und hält ALBERICH gegenüber an).

Zur Neidhöhle
fuhr ich bei Nacht:
wen gewahr' ich im Dunkel dort?

(Wie aus einem plötzlich zerreissenden Gewölk bricht Mondschein herein, und beleuchtet des WANDERER's Gestalt.) Walhall-M.

ALBERICH
(erkennt den WANDERER, und fährt erschrocken zurück).

Du selbst lässt dich hier seh'n?
(Er bricht in Wuth aus.)
Was willst du hier?
Fort, aus dem Weg!
von dannen, schamloser Dieb!

WANDERER.

Schwarz-Alberich,
schweif'st du hier?
hütest du Fafner's Haus?

ALBERICH.

Jag'st du auf neue
Neidthat umher?
Weile nicht hier!
weiche von hinnen!
Genug des Truges
tränkte die Stätte mit Noth.
Drum, du Frecher,
lass' sie jetzt frei!

WANDERER.

Zu schauen kam ich, Wanderer-M.
nicht zu schaffen:
wer wehrte mir Wand'rers Fahrt?

ALBERICH
(lacht tückisch auf).

Du Rath wüthender Ränke!
wär' ich dir zu lieb
doch noch dumm wie damals,
als du mich Blöden bandest!

Wie leicht gerieth es
den Ring mir nochmals zu rauben!
Hab' Acht: deine Kunst
kenne ich wohl;
doch wo du schwach bist,
blieb mir auch nicht verschwiegen.
Mit meinen Schätzen
zahltest du Schulden;
mein Ring lohnte
der Riesen Müh',
Walhall-M. die deine Burg dir gebaut.
Vertrags-M. Was mit den Trotz'gen
einst du vertragen,
Vertragsschutz-M. dess' Runen wahrt noch heut'
deines Speeres herrischer Schaft.
Vertragstreue-M. Nicht du darfst,
was als Zoll du gezahlt,
den Riesen wieder entreissen:
du selbst zerspelltest
deines Speeres Schaft:
in deiner Hand
der herrische Stab,
Loge-M. der starke zerstiebte wie Spreu.

WANDERER.

Wanderer-M. Durch Vertrages Treue-Runen
band er dich
Bösen mir nicht:
Vertrags-M. dich beugt er mir durch seine Kraft:
zum Krieg drum wahr' ich ihn wohl.

ALBERICH.

Nibelungen-hass-M. Wie stolz du dräu'st
in trotziger Stärke,
und wie dir's im Busen doch bangt! —
Fluch-M. Verfallen dem Tod
durch meinen Fluch
ist des Hortes Hüter: —

wer — wird ihn beerben? Nibelungen hass-M.
wird der neidliche Hort
dem Niblung wieder gehören?
Das sehrt dich mit ew'ger Sorge!
Denn fass' ich ihn wieder
einst in der Faust,
anders als dumme Riesen Ring-M.
üb' ich des Ringes Kraft:
dann zitt're der Helden
heiliger Hüter!
Walhall's Höhen Wehe-M.
stürm' ich mit Hella's Heer:
der Welt walte dann ich! Machtdünkel-M.

WANDERER.

Deinen Sinn kenn' ich;
doch sorgt er mich nicht:
des Ringes waltet
wer ihn gewinnt.

ALBERICH.

Wie dunkel sprichst du,
was ich deutlich doch weiss!
An Heldensöhne Schwert-M.
hält sich dein Trotz,
die traut deinem Blute entblüht.
Pflegtest du wohl eines Knaben,
der klug die Frucht dir pflücke,
die du — nicht brechen darf'st?

WANDERER. Unmuth-M.

Mit mir nicht,
had're mit Mime:
dein Bruder bringt dir Gefahr;
einen Knaben führt er daher,
der Fafner ihm fällen soll.
Nichts weiss der von mir;
der Niblung nützt ihn für sich.
Drum sag' ich dir, Gesell:

thue frei wie dir's frommt!

Grübel-M. (Alberich macht eine Gebärde heftiger Neugierde.)

Höre mich wohl,
sei auf der Hut:
nicht kennt der Knabe den Ring,
doch Mime kundet' ihn aus.

ALBERICH.

Deine Hand hieltest du vom Hort?

WANDERER.

Wen ich liebe
lass' ich für sich gewähren;
Freiheit-M. er steh' oder fall',
sein Herr ist er:
Helden nur können mir frommen.

ALBERICH.

Mit Mime räng' ich
allein um den Ring?

WANDERER.

Ausser dir begehrt er
einzig das Gold.

ALBERICH.

Und dennoch gewänn' ich ihn nicht?

WANDERER.

Ein Helde naht
den Hort zu befrei'n;
zwei Niblungen geizen das Gold:
Wurm-M. Fafner fällt,
der den Ring bewacht: —
wer ihn rafft, hat ihn gewonnen. —
Wurm-M. Willst du noch mehr?
Dort liegt der Wurm:
Fafner-M. warn'st du ihn vor dem Tod,
willig wohl liess' er den Tand.
Ich selber weck' ihn dir auf. —
Wurm-M. (Er wendet sich nach hinten.)

Fafner! Fafner!
erwache, Wurm! **Fafner-M.**

ALBERICH
(in gespanntem Erstaunen, für sich.)

Was beginnt der Wilde?
gönnt er mir's wirklich?

Aus der finstern Tiefe des Hintergrundes hört man

FAFNER'S
Stimme.

Wer stört mir den Schlaf?

WANDERER.

Gekommen ist einer,
Noth dir zu künden:
er lohnt dir's mit dem Leben,
lohnst du das Leben ihm
mit dem Horte, den du hütest.

Fafner-M.

FAFNER.

Was will er?

ALBERICH.

Wache, Fafner!
wache, du Wurm!
Ein starker Helde naht,
dich Heil'gen will er besteh'n.

FAFNER.

Mich hungert sein'. **Fafner-M.**

WANDERER.

Kühn ist des Kindes Kraft,
scharf schneidet sein Schwert. **Schwert-M.**

ALBERICH.

Den gold'nen Reif **Ring-M.**
geizt er allein:
lass' mir den Ring zum Lohn,
so wend' ich den Streit;
du wahrest den Hort,
und ruhig lebst du lang'!

FAFNER

(gähnt).

Fafner-M.

Ich lieg' und besitz': —
lasst mich schlafen!

WANDERER

(lacht laut).

Ring-M.

Nun, Alberich, das schlug fehl!
Doch schilt mich nicht mehr Schelm!
Diess Eine rath' ich,
achte noch wohl:

Natur-M.

Alles ist nach seiner Art:
an ihr wirst du nichts ändern. —
Ich lass' dir die Stätte:
stelle dich fest!
versuch's mit Mime, dem Bruder;
der Art ja versiehst du dich besser.

Freiheit-M.

Was anders ist,

Schwert-M.

das lerne nun auch!

Er verschwindet im Walde. Sturmwind erhebt sich und verliert sich schnell wieder.)

Ritt-M. Wanderer-M.

ALBERICH

(nachdem er ihm lange grimmig nachgesehen).

Da reitet er hin
auf lichtem Ross:

Wotan's Scheidegruss.

mich lässt er in Sorg' und Spott!

Wanderer-M.

Doch lacht nur zu,
ihr leichtsinniges,
lustgieriges
Göttergelichter:

Fluch-M.

euch seh' ich
noch alle vergeh'n!
So lang das Gold
am Lichte glänzt,
hält ein Wissender Wacht! —

Nibelungenhass-M.

trügen wird euch sein Trotz.

Fafner-M.

(Morgendämmerung. ALBERICH verbirgt sich zur Seite im Geklüft.)

(MIME und SIEGFRIED treten bei anbrechendem Tage auf. SIEGFRIED trägt das Schwert an einem Gehenke. MIME erspäht genau die Stätte, forscht endlich dem Hintergrunde zu, der — während die Anhöhe im mittlern Vordergrunde später immer heller von der Sonne beleuchtet wird — in finstern Schatten gehüllt bleibt, und bedeutet dann SIEGFRIED.)

Schmelz-Lied-, Jugendkraft-, Nibelungen-, Waberlohe-M.

MIME.

Wir sind zur Stelle;
bleib' hier steh'n!

SIEGFRIED
(setzt sich unter eine grosse Linde).

Hier soll ich das Fürchten lernen? — Waberlohe-M.
Fern hast du mich geleitet;
eine volle Nacht im Walde
selbander wanderten wir:
nun sollst du, Mime,
mich meiden!
Lern' ich hier nicht
was ich lernen soll,
allein zieh' ich dann weiter:
dich endlich werd' ich da los!

MIME
(setzt sich ihm gegenüber, so dass er die Höhle immer noch im Auge behält).

Glaube, Liebster,
lernst du heut'
und hier das Fürchten nicht:
an andrem Ort
zu and'rer Zeit
schwerlich erfährst du's je. —
Siehst du dort
den dunklen Höhlenschlund?
Darin wohnt
ein gräulich wilder Wurm:
unmassen grimmig Fafner-M.
ist er und gross;
ein schrecklicher Rachen
reisst sich ihm auf;

(Fafner-M.) mit Haut und Haar
auf einen Happ
verschlingt der Schlimme dich wohl.

SIEGFRIED.

Gut ist's, den Schlund ihm zu schliessen;
drum biet' ich mich nicht dem Gebiss.

MIME.

Giftig giesst sich
ein Geifer ihm aus:
wen mit des Speichels
Schweiss er bespei't,
dem schwinden wohl Fleisch und Gebein.

SIEGFRIED.

Dass des Geifers Gift mich nicht sehre,
weich' ich zur Seite dem Wurm.

MIME.

Ein Schlangenschweif
schlägt sich ihm auf:
wen er damit umschlingt
Fafner-M. und fest umschliesst,
dem brechen die Glieder wie Glas.

SIEGFRIED.

Vor des Schweifes Schwang mich zu wahren,
halt' ich den Argen im Aug'. —
Wälsungen-M. Doch heisse mich das:
hat der Wurm ein Herz?

MIME.

Fafner-M. Ein grimmiges, hartes Herz!

SIEGFRIED.

Das sitzt ihm doch
wo es jedem schlägt,
trag' es Mann oder Thier?

MIME.

Gewiss, Knabe,
da führt's auch der Wurm;
jetzt kommt dir das Fürchten wohl an?

SIEGFRIED.

Nothung stoss' ich — Nothung-M.
dem Stolzen in's Herz:
soll das etwa Fürchten heissen?
He, du Alter! — Jugendkraft-M.
ist das alles,
was deine List
mich lehren kann?
Fahr' deines Wegs dann weiter;
das Fürchten lern' ich hier nicht.

MIME.

Wart' es nur ab!
Was ich dir sage,
dünke dich tauber Schall:
ihn selber musst du
hören und seh'n,
die Sinne vergeh'n dir dann schon!
Wenn dein Blick verschwimmt, — Waberlohe-M.
der Boden dir schwankt,
im Busen bang
dein Herz erbebt: — — Fafner-M.
dann dankst du mir, der dich führte,
gedenkst wie Mime dich liebt.

SIEGFRIED
(springt unwillig auf).

Du sollst mich nicht lieben!
sagt' ich dir's nicht?
Fort aus den Augen mir;
lass' mich allein:
sonst halt' ich's hier länger nicht aus,
fängst du von Liebe gar an!

Mime-M. Das eklige Nicken
und Augenzwicken,
wann endlich soll ich's
nicht mehr seh'n?
wann werd' ich den Albernen los?

MIME.

Ich lass' dich schon:
am Quell dort lagr' ich mich.
Steh' du nur hier;
steigt dann die Sonne zur Höh',
merk' auf den Wurm,
Wurm-M. aus der Höhle wälzt er sich her:
hier vorbei
biegt er dann,
am Brunnen sich zu tränken.

SIEGFRIED
(lachend).

Mime, weilst du am Quell,
dahin lass' ich den Wurm wohl geh'n:
Nothung stoss' ich
ihm erst in die Nieren,
Nibelungen-M. wenn er dich selbst dort
mit 'weg gesoffen!
Darum, hör' meinen Rath,
raste nicht dort am Quell:
kehre dich 'weg,
so weit du kannst,
und komm' nie mehr zu mir!

MIME.

Nach freislichem Streit
dich zu erfrischen,
wirst du mir wohl nicht wehren?
Rufe mich auch,
darbst du des Rathes —
oder wenn dir das Fürchten gefällt.
Jugendkraft-M. (SIEGFRIED weis't ihn mit einer heftigen Geberde fort.)

MIME
(im Abgehen, für sich).

Fafner und Siegfried —
Siegfried und Fafner —
o brächten beide sich um!

(Er geht in den Wald zurück.)

Mime-M.

SIEGFRIED
(allein).
(Er setzt sich wieder unter die grosse Linde.)

Waldweben.

Dass der mein Vater nicht ist,
wie fühl' ich mich drob so froh!
Nun erst gefällt mir
der frische Wald:
nun erst lacht mir
der lustige Tag,
da der Garstige von mir schied,
und ich gar nicht ihn wiederseh'!

(Sinnendes Schweigen.)

Wie sah mein Vater wohl aus? —
Ha! — gewiss wie ich selbst:
denn wär' wo von Mime ein Sohn,
müsst' er nicht ganz
Mime gleichen?
G'rade so garstig,
griesig und grau,
klein und krumm
höckrig und hinkend,
mit hängenden Ohren,
triefigen Augen — —
fort mit dem Alp!
ich mag ihn nicht mehr seh'n.

Nibelungen-M.

(Er lehnt sich zurück und blickt durch den Baumwipfel auf. Langes Schweigen. — Waldweben.)

Wald-weben.

Aber — wie sah
meine Mutter wohl aus?
Das — kann ich
nun gar nicht mir denken! —

Wälsungen-leid-M.

(Waldweben.)

Der Rehhindin gleich
glänzten gewiss
ihr hell schimmernde Augen, —
nur noch viel schöner! — — —

Wälsungenleid-M.

Da bang sie mich geboren,
warum aber starb sie da?
Sterben die Menschenmütter
an ihren Söhnen
alle dahin?
Traurig wäre das, traun! — —

Liebessehnsucht-M.

Ach! möcht' ich Sohn
meine Mutter sehen! — —
meine — Mutter! —
ein Menschenweib! —

Naturweben- u. Freia-M. Waldweben- u. Waldvogel-M.

Er seufzt und streckt sich tiefer zurück. Langes Schweigen. Der Vogelgesang fesselt endlich seine Aufmerksamkeit. Er lauscht einem schönen Vogel über ihm.

Waldweben.

Du holdes Vöglein!
dich hört' ich noch nie:
bist du im Wald hier daheim? —
Verstünd' ich sein süsses Stammeln!
Gewiss sagt' es mir 'was, —

Waldvogel-M.

vielleicht — von der lieben Mutter? —

Ein zankender Zwerg
hat mir erzählt,
der Vöglein Stammeln
gut zu versteh'n,
dazu könnte man kommen:
wie das wohl möglich wär'?

(Er sinnt nach. Sein Blick fällt auf ein Rohrgebüsch unweit der Linde.)

Hei! ich versuch's,
sing' ihm nach:
auf dem Rohr tön' ich ihm ähnlich!
Entrath' ich der Worte,
achte der Weise,
sing' ich so seine Sprache,

versteh' ich wohl auch was es spricht.

(Er hat sich mit dem Schwerte ein Rohr abgeschnitten, und schnitzt sich eine Pfeife draus.)

Schwert-M.
Waldvogel-M.

Es schweigt und lauscht: —
so schwatz' ich denn los!

Er versucht auf der Pfeife die Weise des Vogels nachzuahmen; es glückt ihm nicht, verdriesslich schüttelt er oft den Kopf: endlich setzt er ganz ab.

Das tönt nicht recht;
auf dem Rohre taugt
die wonnige Weise mir nicht. —
Vöglein, mich dünkt,
ich bleibe dumm:
von dir lernt sich's nicht leicht!

(Er hört den Vogel wieder und blickt zu ihm auf.)

Waldweben u.
Waldvogel-M.

Nun schäm' ich mich gar
vor dem schelmischen Lauscher:
er lugt, und kann nichts erlauschen. —
Heida! so höre
nun auf mein Horn;
auf dem dummen Rohre
geräth mir nichts. —
Einer Waldweise,
wie ich sie kann,
der lustigen sollst du nun lauschen.
Nach lieben Gesellen
lockt' ich mit ihr:
nichts Bess'res kam noch
als Wolf und Bär.
Nun lass' mich seh'n,
wen jetzt sie mir lockt:
ob das mir ein lieber Gesell?

(Er hat die Pfeife fortgeworfen, und bläst nun auf seinem kleinen silbernen Horne eine lustige Weise.)

Horn-M.
Siegfried-M.
Horn-M.

Wurm-M. mit Schwert-M. u. Horn-M.

Im Hintergrunde regt es sich. FAFNER, in der Gestalt eines ungeheuren eidechsenartigen Schlangenwurmes, hat sich in der Höhle von seinem Lager erhoben; er bricht durch das Gesträuch, und wälzt sich aus der Tiefe nach der höheren Stelle vor, so dass er mit dem Vorderleibe bereits auf ihr angelangt ist. Er stösst jetzt einen starken gähnenden Laut aus.

SIEGFRIED
(wendet sich um, gewahrt FAFNER, blickt ihn verwundert an, und lacht).

Da hätte mein Lied
mir 'was Liebes erblasen!
du wär'st mir ein saub'rer Gesell!

FAFNER
(hat bei SIEGFRIED's Anblick angehalten).

Fafner-M.

Was ist da?

SIEGFRIED.

Ei, bist du ein Thier,
das zum Sprechen taugt,
wohl liess' sich von dir 'was lernen?
Hier kennt einer
das Fürchten nicht:
kann er's von dir erfahren?

FAFNER.

Fafner-M.

Hast du Uebermuth?

SIEGFRIED.

Muth oder Uebermuth —
was weiss ich!
Doch dir fahr' ich zu Leibe,
lehrst du das Fürchten mich nicht!

FAFNER
(lacht).

Fafner-M.

Trinken wollt' ich:
nun treff' ich auch Frass!
(Er öffnet seinen Rachen und zeigt die Zähne.)

SIEGFRIED.

Eine zierliche Fresse
zeig'st du mir da:
lachende Zähne
im Leckermaul!

Gut wär' es, den Schlund dir zu schliessen;
dein Rachen reckt sich zu weit! Fafner-M.

FAFNER.

Zu tauben Reden
taugt er schlecht:
dich zu verschlingen
frommt der Schlund.

(Er droht mit dem Schweife.)

SIEGFRIED.

Hoho! du grausam
grimmiger Kerl,
von dir verdaut sein
dünkt mich übel:
räthlich und fromm doch scheint's
du verrecktest hier ohne Frist.

FAFNER
(brüllt).

Pruh! komm', Fafner-M.
prahlendes Kind!

SIEGFRIED
(fasst das Schwert).

Hab' Acht, Brüller,
der Prahler naht!

Er zieht sein Schwert, springt FAFNER an und bleibt herausfordernd stehen. FAFNER wälzt sich weiter auf die Höhe herauf und speit aus den Nüstern auf SIEGFRIED. Dieser weicht dem Geifer aus, springt näher zu und stellt sich zur Seite. FAFNER sucht ihn mit dem Schweife zu erreichen. Als er ihn fast erreicht hat, springt SIEGFRIED mit einem Satze über FAFNER hinweg und verwundet ihn in dem Schweife. FAFNER brüllt, zieht den Schweif heftig zurück, und bäumt den Vorderleib, um mit dessen voller Wucht sich auf SIEGFRIED zu werfen; so bietet er diesem die Brust; SIEGFRIED erspäht schnell die Stelle des Herzens, und stösst sein Schwert bis an das Heft hinein. FAFNER bäumt sich vor Schmerz noch höher, und sinkt, als SIEGFRIED das Schwert losgelassen und zur Seite gesprungen ist, auf die Wunde zusammen.

Schwert-M. Wurm-M. Horn-M. Wurm-M. Horn-M. Fafner-M. Schwert-M.

SIEGFRIED.

Da lieg', neidischer Kerl! Fafner-M.
Nothung trägst du im Herzen.

Fafner

(mit schwächerer Stimme).

Nibelungenhass- u. Fafner-M.

Wer bist du, kühner Knabe,
der das Herz mir traf?
Wer reizte des Kindes Muth
zu der mordlichen That?

Fluch-M.

Dein Hirn brütete nicht,
was du vollbracht.

Siegfried-M.

Siegfried.

Viel weiss ich noch nicht,
noch nicht auch wer ich bin:
mit dir mordlich zu ringen
reiztest du selbst meinen Muth.

Fafner.

Nibelungen-hass-M. Fafner-M.

Du helläugiger Knabe,
unkund deiner selbst:
wen du gemordet
meld' ich dir.

Riesen-M.

Der Riesen ragend Geschlecht,
Fasolt und Fafner,
die Brüder fielen nun beide.

Fafner- u. Ring-M.

Um verfluchtes Gold,
von Göttern vergabt,
traf ich Fasolt zu todt:

Wurm-M.

der nun als Wurm
den Hort bewachte,
Fafner, den letzten Riesen,

Schwert-M.

fällte ein rosiger Held. —

Nibelungen-hass-M. Fafner-M.

Blicke nun hell,
blühender Knabe:
der dich Blinden reizte zur That
beräth nun des Blühenden Tod.

Fluch-M.

(Ersterbend).

Merk' wie's endet: —
acht' auf mich!

SIEGFRIED.

Woher ich stamme,
rathe mir noch;
weise ja scheinst du
Wilder im Sterben;
rath' es nach meinem Namen: **Siegfried-M.**
Siegfried bin ich genannt.

FAFNER.

Siegfried . . . !

(Er seufzt, hebt sich und stirbt.) **Fafner-M.**

SIEGFRIED.

Zur Kunde taugt kein Todter. —
So leite mich denn
mein lebendes Schwert!

FAFNER hat sich im Sterben zur Seite gewälzt. SIEGFRIED zieht das Schwert aus seiner Brust: dabei wird seine Hand vom Blute benetzt: er fährt heftig mit der Hand auf. **Schwert-M.**

Wie Feuer brennt das Blut!

Er führt unwillkürlich die Finger zum Munde, um das Blut von ihnen abzusaugen. Wie er sinnend vor sich hinblickt, wird plötzlich seine Aufmerksamkeit von dem Gesange der Waldvögel angezogen. Er lauscht mit verhaltenem Athem. — **Waldvogel-M.** **Waldweben.**

Ist mir doch fast —
als sprächen die Vöglein zu mir.
Nützte mir das
des Blutes Genuss? —
Das selt'ne Vöglein hier —
horch! was singt es mir?

STIMME EINES WALDVOGEL'S

(in der Linde).

Hei! Siegfried gehört
nun der Niblungen Hort:
o fänd' in der Höhle
den Hort er jetzt!
Wollt' er den Tarnhelm gewinnen,
der taugt ihm zu wonniger That:
doch möcht' er den Ring sich errathen,
der macht' ihn zum Walter der Welt!

(Waldweben.)

SIEGFRIED.

Dank, liebes Vöglein,
für deinen Rath:
gern folg' ich dem Ruf.

(Er geht und steigt in die Höhle hinab, wo er alsbald gänzlich verschwindet.)

MIME schleicht heran, scheu umherblickend, um sich von Fafner's Tod zu überzeugen. — Gleichzeitig kommt von der anderen Seite ALBERICH aus dem Geklüft hervor: er beobachtet MIME genau. Als dieser SIEGFRIED nicht mehr gewahrt, und vorsichtig sich nach hinten der Höhle zuwendet, stürzt ALBERICH auf ihn zu, und vertritt ihm den Weg.

ALBERICH.

Wohin schleich'st du
eilig und schlau,
schlimmer Gesell?

MIME.

Verfluchter Bruder,
dich braucht' ich hier!
Was bringt dich her?

ALBERICH.

Geizt es dich Schelm
nach meinem Gold?
Verlangst du mein Gut?

MIME.

Fort von der Stelle!
Die Stätte ist mein:
was stöberst du hier?

ALBERICH.

Stör' ich dich wohl
im stillen Geschäft,
wenn du hier stiehlst?

MIME.

Was ich erschwang
mit schwerer Müh',
soll mir nicht schwinden.

ALBERICH.

Hast du dem Rhein
das Gold zum Ringe geraubt?
Erzeugtest du gar
den zähen Zauber im Reif?

MIME.

Wer schuf den Tarnhelm, **Tarnhelm-M.**
der die Gestalten tauscht?
Der sein' bedurfte,
erdachtest du ihn wohl?

ALBERICH.

Was hättest du Stümper
je wohl zu stampfen verstanden?
Der Zauberring
zwang mir den Zwerg erst zur Kunst.

MIME.

Wo hast du den Ring?
Dir Zagem entrissen ihn Riesen!
Was du verlorst,
meine List erlangt' es für mich.

ALBERICH.

Mit des Knaben That
will der Knicker nun knausern?
Dir gehört sie gar nicht,
der Helle ist selbst ihr Herr!

MIME.

Ich zog ihn auf;
für die Zucht zahlt er mir nun:
für Müh' und Last **Nibelungen-M.**
erlauert' ich lang' meinen Lohn!

ALBERICH.

Für des Knaben Zucht
will der knick'rige
schäbige Knecht
keck und kühn

wohl gar König nun sein?
Dem räudigsten Hund
wäre der Ring
gerath'ner als dir:
nimmer erring'st
du Rüpel den Herrscherreif!

MIME.

Behalt' ihn denn:
und hüt' ihn wohl
den hellen Reif!
Sei du Herr:
doch mich heisse auch Bruder!
Um meines Tarnhelm's
lustigen Tand
tausch' ich ihn dir:
uns beiden taugt's,
theilen die Beute wir so.

ALBERICH
(höhnisch lachend).

Theilen mit dir?
und den Tarnhelm gar?
Wie schlau du bist!
Sicher schlief' ich
niemals vor deinen Schlingen!

MIME
(ausser sich).

Selbst nicht tauschen?
Auch nicht theilen?
Leer soll ich geh'n?
ganz ohne Lohn?
Gar nichts willst du mir lassen?

ALBERICH.

Wehe-M. Nichts von allem,
nicht einen Nagel
sollst du dir nehmen!

MIME
(wüthend).

Weder Ring noch Tarnhelm
soll dir denn taugen!
nicht theil' ich nun mehr.
Gegen dich doch ruf' ich
Siegfried zu Rath
und des Recken Schwert:
der rasche Held,
der richte, Brüderchen, dich!

ALBERICH.

Kehre dich um: —
aus der Höhle kommt er daher —

MIME.

Kindischen Tand
erkor er gewiss. —

Ring-M.

ALBERICH.

Den Tarnhelm hält er! —

MIME.

Doch auch den Ring! —

ALBERICH.

Verflucht! — den Ring! —

MIME
(lacht hämisch).

Lass' ihn den Ring dir doch geben! —
Ich will ihn mir schon gewinnen. —
(Er schlüpft in den Wald zurück.)

ALBERICH.

Und doch seinem Herrn
soll er allein noch gehören!
(Er verschwindet im Geklüft.)

Rheintöchtersang.

SIEGFRIED ist, mit Tarnhelm und Ring, während des Letzten langsam und sinnend aus der Höhle vorgeschritten: er betrachtet gedankenvoll seine Beute, und hält, nahe dem Baume, auf der Höhe wieder an. — Grosse Stille.

SIEGFRIED.

Was ihr mir nützt
weiss ich nicht:
Rheingold-M. doch nahm ich euch
aus des Horts gehäuftem Gold,
weil guter Rath mir es rieth.
So taug' eu're Zier
als des Tages Zeuge:
mich mahne der Tand,
Schwert-M dass ich kämpfend Fafner erlegt,
doch das Fürchten noch nicht gelernt!

Wald-weben

Er steckt den Tarnhelm sich in den Gürtel, und den Reif an den Finger. — Stillschweigen. Wachsendes Waldweben. — SIEGFRIED achtet unwillkürlich wieder des Vogel's, und lauscht ihm mit verhaltenem Athem.

STIMME DES WALDVOGEL'S
(in der Linde).

Waldvogel-M. Hei! Siegfried gehört
nun der Helm und der Ring!
O traute er Mime
dem Treulosen nicht!
Hörte Siegfried nur scharf
auf des Schelmen Heuchlergered':
wie sein Herz es meint
kann er Mime versteh'n;
so nützt ihm des Blutes Genuss.

SIEGFRIED's Miene und Geberde drücken aus, dass er alles wohl vernommen. Er sieht MIME sich nähern, und bleibt, ohne sich zu rühren, auf sein Schwert gestützt, beobachtend und in sich geschlossen, in seiner Stellung auf einer Anhöhe bis zum Schlusse des folgenden Auftrittes.

MIME
(langsam auftretend).

Wälsungenleid-M. Er sinnt und erwägt
der Beute Werth: —
weilte wohl hier
ein weiser Wandr'er,

schweifte umher, (Waldweben.)
beschwatzte das Kind
mit list'ger Runen Rath?
Zwiefach schlau
sei nun der Zwerg:
die listigste Schlinge
leg' ich jetzt aus,
dass ich mit traulichem
Trug-Gerede
bethöre das trotzige Kind!

(Er tritt näher an Siegfried heran.)

Willkommen, Siegfried! Waldvogel-M.
Sag', du Kühner,
hast du das Fürchten gelernt?

SIEGFRIED.

Den Lehrer fand ich noch nicht.

MIME

Doch den Schlangenwurm,
du hast ihn erschlagen? Waldvogel-M.
Das war doch ein schlimmer Gesell?

SIEGFRIED.

So grimm und tückisch er war,
sein Tod grämt mich doch schier:
da viel üblere Schächer
unerschlagen noch leben
Der mich ihn morden hiess,
den hass' ich mehr als den Wurm.

MIME.

Nur sachte! nicht lange
sieh'st du mich mehr:
zum ew'gen Schlaf
schliess' ich dir die Augen bald!
Wozu ich dich brauchte,
hast du vollbracht;
jetzt will ich nur noch
die Beute dir abgewinnen: —

mich dünkt, das soll mir gelingen;
zu bethören bist du ja leicht!

SIEGFRIED.

Wälsungen-leid-M. Waldvogel-M.

So sinnst du auf meinen Schaden?

MIME.

Wie sagt' ich denn das?
Siegfried, hör' doch, mein Söhnchen!
Dich und deine Art
hasst' ich immer von Herzen;
aus Liebe erzog ich
dich Lästigen nicht:
dem Horte in Fafner's Hut,
dem Golde galt meine Müh'.
Giebst du mir das
gutwillig nun nicht:
Siegfried, mein Sohn,
das siehst du wohl selbst —
dein Leben musst du mir lassen!

SIEGFRIED.

Dass du mich hassest,
Waldvogel-M.
hör' ich gern:
doch auch mein Leben muss ich dir lassen?

MIME

Das sagt' ich doch nicht?
du verstehst mich ja falsch!
(Er giebt sich die ersichtlichste Mühe zur Verstellung.)

Mel.: Mime's Erziehungslied.

Sieh', du bist müde
von harter Müh';
brünstig wohl brennt dir der Leib:
dich zu erquicken
mit queckem Trank
säumt' ich Sorgender nicht.
Als dein Schwert du dir branntest,
braut' ich den Sud:
trinkst du nun den,
gewinn' ich dein trautes Schwert,
und mit ihm Helm und Hort.
(Er kichert dazu.)

SIEGFRIED. Waldvogel-M.

So willst du mein Schwert
und was ich erschwungen,
Ring und Beute mir rauben?

MIME.

Was du doch falsch mich versteh'st!
Stamml' ich, fasl' ich wohl gar?
Die grösste Mühe Grübel-M.
geb' ich mir doch,
mein heimliches Sinnen
heuchelnd zu bergen,
und du dummer Bube
deutest alles doch falsch!
Oeff'ne die Ohren,
und vernimm genau:
höre, was Mime meint! —
Hier nimm und trinke die Labung!
mein Trank labte dich oft:
that'st du wohl unwirsch,
stelltest dich arg:
was ich dir bot —
erbos't auch — nahmst du's doch immer.

SIEGFRIED
(ohne eine Miene zu verzieh'n).

Einen guten Trank
hätt' ich gern:
wie hast du diesen gebrau't?

MIME.

Hei! so trink' nur:
trau' meiner Kunst!
In Nacht und Nebel
sinken die Sinne dir bald;
ohne Wach' und Wissen
stracks streck'st du die Glieder.
Lieg'st du nun da,
leicht könnt' ich
die Beute nehmen und bergen:

doch erwachtest du je,
nirgends wär' ich
sicher vor dir,
hätt' ich selbst auch den Ring.
D'rum mit dem Schwert,
das so scharf du schuf'st,
hau' ich dem Kind
den Kopf erst ab:
dann hab' ich mir Ruh' und auch den Ring!

(Er kichert wieder.)

SIEGFRIED.

Im Schlafe willst du mich morden?

MIME.

Was möcht' ich? sagt' ich denn das? —
Ich will dem Kind
nur den Kopf abhau'n!
Denn hasste ich dich
auch nicht so sehr,
und hätt' ich des Schimpf's
und der schändlichen Mühe
auch nicht so viel zu rächen:
aus dem Wege dich zu räumen
darf ich doch nicht rasten,
wie käm' ich sonst anders zur Beute,
da Alberich auch nach ihr lugt? — —
Waldvogel-M. Nun, mein Wälsung!
Wolfssohn du!
Nibelungen-M. Sauf' und würg' dich zu Tod:
nie thu'st du mehr 'nen Schluck!

Er hat sich nahe an Siegfried herangemacht, und reicht ihm jetzt mit widerlicher Zudringlichkeit ein Trinkhorn, in das er zuvor aus einem Gefässe das Getränk gegossen.

SIEGFRIED

Schwert-M. (holt mit dem Schwert aus).

Schmeck' du mein Schwert,
ekliger Schwätzer!

Nibelungen-M.
Grübel-M.
Nibelungen-M.

Er führt, wie in einer Anwandlung heftigen Ekels einen jähen Streich nach Mime; dieser stürzt sogleich todt zu Boden. Man hört Alberich aus dem Geklüft heraus ein höhnisches Gelächter aufschlagen.

SIEGFRIED.

Neides-Zoll
zahlt Nothung:
dazu durft' ich ihn schmieden. **Fluch-M.**

(Er packt MIME's Leichnam auf, schleppt ihn nach der Höhle, und wirft ihn dort hinein.) **Nibelungen-M. u. Horn-M.**

In der Höhle hier
lieg' auf dem Hort!
Mit zäher List **Fluch-M.**
erzieltest du ihn:
jetzt magst du des wonnigen walten!
Einen guten Wächter
geb' ich dir auch,
dass er vor Dieben dich deckt.

(Er wälzt die Leiche des Wurmes vor den Eingang der Höhle, so dass er diesen ganz damit verstopft.) **Fafner-M.**

Da lieg' auch du, **Wurm-M.**
dunkler Wurm!
Den gleissenden Hort **Ring-M.**
hüte zugleich
mit dem beuterührigen Feind:
so fandet beide ihr nun Ruh'! **Fafner- u. Nibelungen-M.**

(Er kommt nach der Arbeit wieder vor. — Es ist Mittag.)

Heiss ward mir
von der harten Last! —
Brausend jagt
mein brünst'ges Blut;
die Hand brennt mir am Haupt. — —
Hoch steht schon die Sonne:
aus lichtem Blau
blickt ihr Aug'
auf den Scheitel steil mir herab. —
Linde Kühlung
erkies' ich unter der Linde! **Waldvogel-M.**

(Er streckt sich wieder unter der Linde aus. — Grosse Stille. Waldweben. Nach einem längeren Schweigen.)

Noch einmal, liebes Vöglein, **Liebes-sehnsucht-M.**
da wir so lang'
lästig gestört, —
lauscht' ich gerne deinem Sange:

(Liebes-
sehnsucht-M.)

auf dem Zweige seh' ich
wohlig dich wiegen;
zwitschernd umschwirren
dich Brüder und Schwestern,
umschweben dich lustig und lieb!

Doch ich — bin so allein,
hab' nicht Bruder noch Schwester:
meine Mutter schwand,
mein Vater fiel:
nie sah sie der Sohn! —

Nibelungen-M.

Mein einz'ger Gesell
war ein garstiger Zwerg;
Güte zwang
uns nie zu Liebe;
listige Schlingen
warf mir der Schlaue: —
nun musst' ich ihn gar erschlagen! —

Liebesgluth-M.

Freundliches Vöglein,
dich frage ich nun:

Liebes-
sehnsucht-M.

gönntest du mir
wohl ein gut Gesell?
willst du mir das Rechte rathen?
Ich lockte so oft,
und erloos't es mir nie:
du, mein Trauter,
träf'st es wohl besser!
So recht ja riethest du schon:

Wald-
weben.

nun sing'! ich lausche dem Sang.
(Schweigen; dann):

STIMME DES WALDVOGEL'S.

Wald-
vogel-M

Hei! Siegfried erschlug
nun den schlimmen Zwerg!
Jetzt wüsst' ich ihm noch
das herrlichste Weib.
Auf hohem Felsen sie schläft,
Feuer umbrennt ihren Saal:

durchschritt' er die Brunst, (Waldvogel-M.) (Waldweben.)
weckt' er die Braut,
Brünnhilde wäre dann sein!

SIEGFRIED
(fährt mit jäher Heftigkeit vom Sitze auf). Liebesgluth-M.

O holder Sang!
süssester Hauch!
Wie brennt sein Sinn
mir sehrend die Brust!
Wie zückt er heftig
zündend mein Herz!
Was jagt mir so jach
durch Herz und Sinne?
Sing' es mir, süsser Freund!

STIMME DES WALDVOGEL'S.

Lustig im Leid Waldweben u. Waldvogel-M.
sing' ich von Liebe;
wonnig aus Weh'
web' ich mein Lied:
nur Sehnende kennen den Sinn!

SIEGFRIED.

Fort jagt mich's Liebesgluth-M.
jauchzend von hinnen,
fort aus dem Wald auf den Fels! — Loge-M.
Noch einmal sage mir,
holder Sänger:
werd' ich das Feuer durchbrechen?
kann ich erwecken die Braut? Siegfried-M. Liebesgluth-M.

STIMME DES WALDVOGEL'S. Waldweben. Waberlohe-M.

Die Braut gewinnt, Waldvogel-M.
Brünnhild' erweckt
ein Feiger nie:
nur wer das Fürchten nicht kennt!

SIEGFRIED
(lacht auf vor Entzücken).

Der dumme Knab',

der das Fürchten nicht kennt,
mein Vöglein, der bin ja ich!
Noch heut' gab ich
vergebens mir Müh',
das Fürchten von Fafner zu lernen.
Liebesgluth-M.
Nun brenn' ich vor Lust,
es von Brünnhild' zu wissen:
wie find' ich zum Felsen den Weg?

(Der Vogel flattert auf, schwebt über SIEGFRIED, und fliegt davon.)

SIEGFRIED
(jauchzend).

So wird mir der Weg gewiesen!
wohin du flatterst
folg' ich dem Flug!

Waldvogel-M. Liebesgluth-M. Waldvogel-M.

Er läuft dem Vogel, welcher ihn neckend einige Zeit lang unstät nach verschiedenen Richtungen hinleitet, nach und folgt ihm endlich, als dieser mit einer bestimmten Wendung nach dem Hintergrunde davon fliegt.

Ritt-M. mit Unruhe-, Vertrags-, Wanderer-, Erda-*), Götterdämmerungs-, Schlaf-M.

DRITTER AUFZUG.

VORSPIEL.

Wilde Gegend

Schicksals-M. Vertrags-M.

am Fusse eines Felsenberges, der nach links hin steil aufsteigt. — Nacht, Sturm und Wetter, Blitz und Donner.

WANDERER
(schreitet entschlossen auf ein gruftähnliches Höhlenthor in einem Felsen des Vordergrundes zu, und nimmt dort, auf seinen Speer gestützt, eine Stellung ein, während er das Folgende dem Eingang der Höhle zuruft).

Wache! Wache!
Wala, erwach'!
Aus langem Schlaf

*) Das Erda-M. nimmt in dieser Scene häufig die Form des Natur-M. an.

weck' ich dich Schlummernde wach.
Ich rufe dich auf:
herauf! herauf!
Aus nebliger Gruft,
aus nächtigem Grunde herauf!
Erda! Erda! — **Erda-M.**
Ewiges Weib!
Aus heimischer Tiefe
tauche zur Höh'!
Dein Wecklied sing' ich,
dass du erwachest;
aus sinnendem Schlafe
sing' ich dich auf.
Allwissende! — **Erda- u. Götterdämmerungs-M.**
Urweltweise!
Erda! Erda!
Ewiges Weib!
Wache, erwache, du Wala! Erwache! — **Vertrags-M.**

Schlaf-M.

Die Höhlengruft hat zu erdämmern begonnen: in bläulichem Lichtscheine steigt Erda aus der Tiefe. Sie erscheint wie von Reif bedeckt; Haar und Gewand werfen einen glitzernden Schimmer von sich.

Erda.

Stark ruft das Lied;
kräftig reizt der Zauber;
ich bin erwacht
aus wissendem Schlaf:
wer scheucht den Schlummer mir?

Wanderer. — **Schicksal-M.**

Der Weckrufer bin ich, — **Erda- u. Götterdämmerungs-M.**
und Weisen üb' ich,
dass weithin wache
was fester Schlaf verschliesst.
Die Welt durchzog ich, — **Wanderer-M.**
wanderte viel,
Kunde zu werben, — **Erda-M.**
urweisen Rath zu gewinnen.
Kundiger giebt es — **Naturweben-M.**

(Naturweben-M.)

keine als dich:
bekannt ist dir
was die Tiefe birgt,
was Berg und Thal,
Luft und Wasser durchwebt.
Wo Wesen sind,
wehet dein Athem:
wo Hirne sinnen,
haftet dein Sinn:
alles, sagt man,
sei dir bekannt.
Dass ich nun Kunde gewänne,
weck' ich dich aus dem Schlaf. (Vertrags-M.)

ERDA.

(Schlaf-M.) Mein Schlaf ist Träumen,
mein Träumen Sinnen,
mein Sinnen Walten des Wissens.
(Erda-M.) Doch wenn ich schlafe,
wachen Nornen:
sie weben das Seil,
und spinnen fromm was ich weiss: –
was fräg'st du nicht die Nornen?

WANDERER.

Im Zwange der Welt
(Ring-M.) weben die Nornen:
(Entsagungs-M.) sie können nichts wenden noch wandeln;
(Ring-M.) doch deiner Weisheit
dankt' ich den Rath wohl,
wie zu hemmen ein rollendes Rad?

ERDA.

(Ring-M.) Männerthaten
umdämmern mir den Muth:
(Entsagungs-M.) mich Wissende selbst
bezwang ein Waltender einst.
(Walhall-M.) Ein Wunschmädchen
gebar ich Wotan:
der Helden Wal

hiess für sich er sie küren. — Walküren-M.
Kühn ist sie — Waberlohe-M.
und weise auch:
was weck'st du mich, — Schicksal-M.
und fräg'st um Kunde
nicht Erda's und Wotan's Kind?

WANDERER. — Walhall-M.

Die Walküre mein'st du, — Brünnhilden's Wälsungenliebe-M.
Brünnhild', die Maid?
Sie trotzte dem Stürmebezwinger:
wo er am stärksten selbst sich bezwang:
was den Lenker der Schlacht
zu thun verlangte,
doch dem er wehrte
— zuwider sich selbst —:
allzu vertraut
wagte die Trotzige
das für sich zu vollbringen,
Brünnhild' in brennender Schlacht. — Walküren-M.
Streitvater
strafte die Maid;
in ihr Auge drückte er Schlaf;
auf dem Felsen schläft sie fest:
erwachen wird
die Weihliche nur
um einen Mann zu minnen als Weib. — Hingebungs-M.
Frommten mir Fragen an sie? — Schicksal-M.

ERDA.

Wirr wird mir, — Wotan's Scheidegruss.
seit ich erwacht:
wild und kraus
kreis't die Welt!
Die Walküre, — Schlaf-M.
der Wala Kind,
büsst' in Banden des Schlaf's,
als die wissende Mutter schlief?
Der den Trotz lehrte — Wälsungenliebe-M.

Schicksal-M.
straft den Trotz?
Wälsungen-liebe-M.
Der die That entzündet
Schicksal-M.
zürnt um die That?
Wälsungen-liebe-M.
Der die Rechte wahrt,
der die Eide hütet —
Schicksal-M.
wehret dem Recht?
herrscht durch Meineid? —
Lass' mich wieder hinab:
Schlaf-M.
Schlaf verschliesse mein Wissen!

WANDERER.

Dich Mutter lass' ich nicht zieh'n,
da des Zaubers mächtig ich bin. —
Urwissend
stachest du einst
der Sorge Stachel
in Wotan's wagendes Herz:
Erda-M.
mit Furcht vor schmachvoll
Götter-dämmerungs-M.
feindlichem Ende
füllt' ihn dein Wissen,
dass Bangen band seinen Muth.
Wanderer-M.
Bist du der Welt
weisestes Weib,
sage mir nun:
Vertrags-M.
wie besiegt die Sorge der Gott?

ERDA.

Du bist — nicht
was du dich nenn'st!
Ring-M.
Was kam'st du störrischer Wilder,
Entsagungs-M.
zu stören der Wala Schlaf?

WANDERER.

Du bist — nicht
was du dich wähn'st!
Urmütter-Weisheit
geht zu Ende:
dein Wissen verweht
vor meinem Willen.

Weisst du, was Wotan — will?
Dir Unweisen   Erda-M.
ruf' ich's in's Ohr,
dass sorglos ewig du nun schläf'st. —   Götter-dämmerungs-M.

Um der Götter Ende
gräm't mich die Angst nicht,
seit mein Wunsch es — will!
Was in des Zwiespalts wildem Schmerze
verzweifelnd einst ich beschloss,
froh und freudig
führe frei ich nun aus: Siegfried-liebe-M.
weiht' ich in wüthendem Ekel
des Niblungen Neid schon die Welt,
dem wonnigsten Wälsung   Siegfried-M.
weis' ich mein Erbe nun an.   Walhall-u. Schwert-M.
Der von mir erkoren,
doch nie mich gekannt,
ein kühnster Knabe,
bar meines Rathes,
errang des Niblungen Ring: Ring-M. Schwert-M.
liebesfroh,
ledig des Neides,
erlahmt an dem Edlen
Alberich's Fluch;
denn fremd bleibt ihm die Furcht.   Siegfried-M.
Die du mir gebar'st,
Brünnhild'
weckt sich hold der Held:
wachend wirkt   Siegfried-liebe-M.
dein wissendes Kind
erlösende Weltenthat. —
D'rum schlaf' nun du,   Schlaf-M.
schliesse dein Auge;
träumend erschau' mein Ende!
Was jene auch wirken —
dem ewig Jungen   Siegfried-liebe-M.
weicht in Wonne der Gott. —

Hinab denn, Erda!
Urmütter-Furcht!
Ur-Sorge!
Hinab! hinab!
Schlaf-M. zu ew'gem Schlaf! —
Waldvogel-M. Dort seh' ich Siegfried nah'n. —

Erda versinkt. Die Höhle ist wieder ganz finster geworden: an dem Gestein derselben lehnt sich der Wanderer an, und erwartet so Siegfried. —
(Monddämmerung erhellt die Bühne etwas. Das Sturmwetter hört ganz auf.)

Siegfried's Waldvogel flattert dem Vordergrunde zu. Plötzlich hält er in seiner Richtung ein, flattert ängstlich hin und her und verschwindet hastig dem Hintergrunde zu.

SIEGFRIED
(von rechts im Vordergrunde auftretend).

Mein Vöglein schwebte mir fort; —
mit flatterndem Flug
und süssem Sang
wies es mich wonnig des Wegs:
nun schwand es fern mir davon.
Schwert-M. Am besten find' ich
mir selbst nun den Berg:
wohin mein Führer mich wies,
Waldvogel-M. dahin wandr' ich jetzt fort.
(Er schreitet weiter nach hinten.)

WANDERER
(in seiner Stellung an der Höhle verbleibend).

Wohin, Knabe,
heisst dich dein Weg?

SIEGFRIED.

Da redet's ja:
Waldvogel-M. wohl räth das mir den Weg. —
Abenteuer-M. Einen Felsen such' ich,
von Feuer ist der umwabert:
Waldvogel-M. dort schläft ein Weib
das ich wecken will.

WANDERER.

Wer sagt' es dir
den Fels zu suchen,
wer nach der Frau dich zu sehnen?

SIEGFRIED.

Mich wies es ein singend
Waldvöglein: Waldvogel-M.
das gab mir gute Kunde.

WANDERER.

Ein Vöglein schwatzt wohl manches;
kein Mensch doch kann's versteh'n:
wie mochtest du Sinn
dem Sang entnehmen?

SIEGFRIED.

Das wirkte das Blut Fafner-M.
eines wilden Wurm's,
der mir vor Neidhöhl' erblasste:
kaum netzt' es zündend
die Zunge mir,
da verstand ich der Vöglein Gestimm'.

WANDERER.

Erschlugst den Riesen du,
wer reizte dich,
den starken Wurm zu besteh'n?

SIEGFRIED.

Mich führte Mime,
ein falscher Zwerg;
das Fürchten wollt' er mich lehren:
zum Schwertstreich aber, Schwert-M.
der ihn erstach,
reizte der Wurm mich selbst; Fafner-M.
seinen Rachen riss er mir auf.

WANDERER.

Wer schuf das Schwert
so scharf und hart,
dass der stärkste Feind ihm fiel?

SIEGFRIED.

Arbeits-M. — Nibelungen-M.

Das schweisst' ich mir selbst,
da's der Schmied nicht konnte:
schwertlos noch wär' ich wohl sonst.

WANDERER.

Doch wer schuf
die starken Stücken,
daraus das Schwert du geschweisst?

SIEGFRIED.

Was weiss ich davon!
Ich weiss allein,
dass die Stücken nichts mir nützten,
schuf ich das Schwert mir nicht neu.

WANDERER
(bricht in ein freudig gemüthliches Lachen aus).

Wälsungenleid-M.

Das — mein' ich wohl auch!

SIEGFRIED.

Was lach'st du mich aus?
Alter Frager,
hör' einmal auf;
lass' mich nicht länger mehr schwatzen!

Wälsungenleid-M.

Kannst du den Weg
mir weisen, so rede:
vermag'st du's nicht,
so halte dein Maul!

WANDERER.

Geduld, du Knabe!
Dünk' ich dich alt,
so sollst du Achtung mir bieten.

SIEGFRIED.

Das wär' nicht übel!
So lang' ich lebe
stand mir ein Alter
stets im Wege:
den hab' ich nun fort gefegt.

Stemm'st du dort länger
steif dich mir entgegen —
sieh' dich vor, sag' ich,
dass du wie Mime nicht fähr'st!

Jugendkraft-M.

(Er tritt näher an den WANDERER heran.)

Waldvogel-M.

Wie sieh'st du denn aus?
Was hast du gar
für 'nen grossen Hut?
Warum hängt der dir so in's Gesicht?

Wälsungen-leid-M.

WANDERER.

Das ist so Wand'rers Weise,
wenn dem Wind entgegen er geht.

SIEGFRIED.

Doch darunter fehlt dir ein Auge!
Das schlug dir einer
gewiss schon aus,
dem du zu trotzig
den Weg vertrat'st?
Mach' dich jetzt fort!
sonst möchtest du leicht
das and're auch noch verlieren.

Walhall-M.

WANDERER.

Ich seh', mein Sohn,
wo du nichts weisst,
da weisst du dir leicht zu helfen.
Mit dem Auge,
das als and'res mir fehlt,
erblick'st du selber das eine,
das mir zum Sehen verblieb.

Walhall-M.

Walhall-M.

SIEGFRIED
(lacht).

Zum Lachen bist du mir lustig! —
Doch hör', nun schwatz' ich nicht länger;
geschwind, zeig' mir den Weg,
deines Weges ziehe dann du!
zu nichts and'rem

acht' ich dich nütz':
d'rum sprich, sonst spreng' ich dich fort!

WANDERER.

Unmuth-M.

Kenntest du mich,
kühner Spross,
den Schimpf — spartest du mir!
Dir so vertraut,
trifft mich schmerzlich dein Dräuen.

Wälsungenleid-M.

Liebt' ich von je
deine lichte Art, —

Unmuth-M.

Grauen auch zeugt' ihr
mein zürnender Grimm:
dem ich so hold bin,
allzu hehrer,
heut' nicht wecke mir Neid,
er vernichtete dich und mich!

SIEGFRIED.

Bleib'st du mir stumm,

Unmuth-M.

störrischer Wicht?
Weich' von der Stelle!
Denn dorthin, ich weiss,
führt es zur schlafenden Frau:
so wies es mein Vöglein,

Waldvogel-M.

das hier erst flüchtig entfloh.
(Es wird allmälig wieder ganz finster.)

WANDERER
(in Zorn ausbrechend).

Es floh dir zu seinem Heil;
den Herrn der Raben
errieth es hier:

Vertrags-M.

weh' ihm, holen sie's ein! —
Den Weg, den es zeigte,
sollst du nicht zieh'n!

SIEGFRIED.

Unmuth-M.

Hoho! du Verbieter!
Wer bist du denn,
dass du mir wehren willst?

WANDERER. (Unmuth-M.)

Fürchte des Felsens Hüter!
Verschlossen hält
meine Macht die schlafende Maid:
wer sie erweckte,
wer sie gewänne,
machtlos macht' er mich ewig! —

Ein Feuermeer — Unmuth-M. Loge-M.
umfluthet die Frau,
glühende Lohe
umleckt den Fels:
wer die Braut begehrt,
dem brennt entgegen die Brunst.

(Er winkt mit dem Speere.)

Blick' nach der Höh'! — Feuerzauber. Walküren-M.
erlug'st du das Licht? —
Es wächst der Schein,
es schwillt die Gluth;
sengende Wolken,
wabernde Lohe,
wälzen sich brennend
und prasselnd herab.
Ein Licht-Meer
umleuchtet dein Haupt:
bald frisst und zehrt dich
zündendes Feuer: —
zurück denn, rasendes Kind!

SIEGFRIED.

Zurück, du Prahler, mit dir! — Siegfried-M.
Dort, wo die Brünste brennen, — Abenteuer-M.
zu Brünnhilde muss ich jetzt hin! — Siegfried-M.

(Er schreitet darauf zu.)

WANDERER
(den Speer vorhaltend).

Fürchtest das Feuer du nicht, — Abenteuer-M.
so sperre mein Speer dir den Weg! — Siegfried-M. Vertrags-M.

Unmuth-M.

Noch hält meine Hand
der Herrschaft Haft;
das Schwert, das du schwing'st,
zerschlug einst dieser Schaft:
noch einmal denn
zerspring' es am ew'gen Speer!

Vertrags-M.

SIEGFRIED
(das Schwert ziehend).

Wälsungen-leid-M.

Meines Vaters Feind!
Find' ich dich hier?
Herrlich zur Rache
gerieth mir das!
Schwing' deinen Speer:
in Stücken spalt' ihn mein Schwert!

Schwert-M.
Vertrags-M.

(Er ficht mit dem WANDERER und haut ihm den Speer in Stücken. Furchtbarer Donnerschlag. Die Speerstücken rollen zu des WANDERERS Füssen. Er rafft sie ruhig auf.)

WANDERER.

Erda-M. u. Götterdämmerungs-M.
Entsagungs-M.

Zieh' hin! ich kann dich nicht halten!
(Er verschwindet.)

SIEGFRIED.

Wälsungen-leid-M.

Mit zerfocht'ner Waffe
wich mir der Feige?

Siegfried-M.

Mit wachsender Helle haben sich Feuerwolken aus der Höhe des Hintergrundes herabgesenkt: die ganze Bühne erfüllt sich wie von einem wogenden Flammenmeere.

SIEGFRIED.

Abenteuer-M.
Siegfried-M.
Abenteuer-M.

Ha, wonnige Gluth!
leuchtender Glanz!
Strahlend nun offen
steht mir die Strasse. —
Im Feuer mich baden!
Im Feuer zu finden die Braut!
Hoho! hahei!
Jetzt lock' ich ein liebes Gesell!

Waldvogel-M.

Feuerzauber-mit Horn-, Siegfried-, Abenteuer-, Loge-M.

Er setzt sein Horn an, und stürzt sich, seine Lockweise blasend, in das Feuer. — Die Lohe ergiesst sich nun auch über den ganzen Vordergrund. Man hört Siegfried's Horn erst näher, dann ferner. — Die Feuerwolken ziehen immer von hinten nach vorn, so dass SIEGFRIED, dessen Horn man wieder näher hört, sich nach hinten zu, die Höhe hinauf, zu wenden scheint.

Schlaf-M.

Endlich beginnt die Gluth zu erbleichen; sie lös't sich wie in einen feinen, durchsichtigen Schleier auf, der nun ganz sich auch klärt und den heitersten blauen Himmelsäther, im hellsten Tagesscheine, hervortreten lässt.

Die Scene, von der das Gewölk gänzlich gewichen ist, stellt die Höhe eines Felsengipfels (wie im dritten Aufzuge der „WALKÜRE") dar: links der Eingang eines natürlichen Felsengemaches; rechts breite Tannen; der Hintergrund ganz frei. — Im Vordergrunde, unter dem Schatten einer breitästigen Tanne, liegt BRÜNNHILDE, in tiefem Schlafe: sie ist in vollständiger, glänzender Panzerrüstung, mit dem Helm auf dem Haupte, den langen Schild über sich gedeckt. —

SIEGFRIED ist so eben im Hintergrunde, am felsigen Saume der Höhe, angelangt. (Sein Horn hatte zuletzt wieder ferner geklungen, bis es ganz schwieg.) — Er blickt staunend um sich.

Waberlohe-, Siegfried-, Abenteuer-M.

Waberlohe-M. Schicksal-M.

Freia-M. Schicksal-M. Waberlohe-M. Freia-M.

SIEGFRIED.

Selige Oede
auf sonniger Höh'! —

(In den Tann hinein sehend.)

Was ruht dort schlummernd
im schattigen Tann? —
Ein Ross ist's,
rastend in tiefem Schlaf!

Abenteuer-M. Weib-M.

Walküren-M.

Er betritt vollends die Höhe, und schreitet langsam weiter vor; als er BRÜNNHILDE noch aus einiger Entfernung gewahrt, hält er verwundert an.

Wotan's Scheidegruss.

Was strahlt mir dort entgegen? —
Welch' glänzendes Stahlgeschmeid?
Blendet mir noch
die Lohe den Blick?

(Er tritt näher hinzu.)

Helle Waffen! —
Heb' ich sie auf?

(Er hebt den Schild ab, und erblickt BRÜNNHILDE's Gesicht, das jedoch der Helm noch zum grossen Theile verdeckt.)

Ha! in Waffen ein Mann: —
wie mahnt mich wonnig sein Bild! —
Das hehre Haupt
drückt wohl der Helm?
leichter würd' ihm,
löst' ich den Schmuck.

Weib-M.

(Weib-M.) **Vorsichtig lös't er den Helm und hebt ihn der Schlafenden vom Haupte ab: langes, lockiges Haar bricht hervor. — Siegfried erschrickt.**

Ach! — wie schön! —

(Er bleibt in den Anblick versunken.)

Schimmernde Wolken
säumen in Wellen
den hellen Himmelssee:
leuchtender Sonne
lachendes Bild
strahlt durch das Wogengewölk!

(Er lauscht dem Athem.)

Von schwellendem Athem
schwingt sich die Brust: —
brech' ich die engende Brünne?

Walküren-M. **(Er versucht es mit grosser Behutsamkeit — aber vergebens.)**

Komm', mein Schwert,
schneide das Eisen!

Schwert-M. **Er durchschneidet mit zarter Vorsicht die Panzerringe zu beiden Seiten der ganzen Rüstung, und hebt dann die Brünne und die Schienen ab, so dass nun Brünnhilde in einem weichen weiblichen Gewande vor ihm liegt. — Ueberrascht und staunend fährt er auf.**

Liebesgluth-M.

Weib-M. Das ist kein Mann! — —

Liebesgluth-M. Brennender Zauber
zückt mir in's Herz;
feurige Angst
fasst meine Augen:
mir schwankt und schwindelt der Sinn! —

Wälsungenleid-M. Wen ruf' ich zum Heil,
dass er mir helfe? —
Mutter! Mutter!

Liebesgluth-M. Gedenke mein'! —

(Er sinkt mit der Stirn an Brünnhilde's Busen. — Langes Schweigen — Dann fährt er seufzend auf.)

Wie weck' ich die Maid,
dass sie ihr Auge mir öff'ne? —

Liebesgluth-M. Das Auge mir öff'nen?
blende mich auch noch der Blick?
Wagt' es mein Trotz?
ertrüg' ich das Licht? —

Mir schwebt und schwankt
Liebes-verwirrungs-M.
und schwirrt es umher;
sehrendes Sehnen
zehrt meine Sinne:
am zagenden Herzen
zittert die Hand! —
Waberlohe-M.
Wie ist mir Feigem? —
Liebes-verwirrungs-M.
Ist dies das Fürchten? —
O Mutter! Mutter!
dein muthiges Kind!
Im Schlafe liegt eine Frau: —
Waberlohe-M.
die hat ihn das Fürchten gelehrt! —

Freia-M.

Wie end' ich die Furcht?
wie fass' ich Muth? —
Dass ich selbst erwache,
muss die Maid ich erwecken! — —

Schwert-M.
Liebesgluth-M.

Süss erbebt mir
ihr blühender Mund:
Weib-M.
wie mild erzitternd
mich Zagen er reizt! —
Ach, dieses Athem's
wonnig warmes Gedüft! —

Erwache! erwache!
heiliges Weib! — —
Schicksal-M.
Sie hört mich nicht. —
So saug' ich mir Leben
Schicksal-M.
aus süssesten Lippen —
sollt' ich auch sterbend vergeh'n!
Hingebungs-M.

Er sinkt, wie ersterbend, auf die Schlafende, und heftet, mit geschlossenen Augen, seine Lippen auf ihren Mund. — Erschreckt fährt er dann in die Höhe: — Brünnhilde hat die Augen aufgeschlagen. — Staunend blickt er sie an. Beide verweilen eine Zeit lang in ihren gegenseitigen Anblick versunken.

Freia-M.
Schicksal-M.

BRÜNNHILDE

(langsam sich zum Sitze auftrichtend. Sie begrüsst mit feierlichen Geberden der erhobenen Arme ihre Rückkehr zur Wahrnehmung der Erde und des Himmels).

Erwachens-M.

Heil dir, Sonne!

Heil dir, Licht!
Heil dir, leuchtender Tag!
Schicksal-M.
Lang war mein Schlaf;
ich bin erwacht:
wer ist der Held,
der mich erweckt?

SIEGFRIED
(von ihrem Blicke und ihrer Stimme feierlich ergriffen).

Siegfried-M.
Durch das Feuer drang ich,
das den Fels umbrann;
ich erbrach dir den festen Helm:
Siegfried bin ich,
der dich erweckt!

BRÜNNHILDE
(hoch aufgerichtet sitzend).

Heil euch, Götter!
Heil dir, Welt!
Heil dir, prangende Erde!
Zu End' ist nun mein Schlaf;
erwacht seh' ich:
Siegfried ist es
der mich erweckt!

SIEGFRIED **(in erhabenster Entzückung).**	BRÜNNHILDE.
O Heil der Mutter,	
die mich gebar;	O Heil der Mutter,
	die dich gebar;
Heil der Erde,	
die mich genährt;	
	Heil der Erde,
	die dich genährt:
dass ich das Aug' erschaut,	nur dein Blick durfte mich schau'n,
das jetzt mir Seligem lacht!	erwachen durft' ich nur dir!

(Entzückungs-M. — Jubel- u. Siegfried-M.)

BRÜNNHILDE.

Entzückungs-M.
O Siegfried! Siegfried!
seliger Held!
Jubel-M.
Du Wecker des Lebens,
siegendes Licht!

O wüsstest du, Lust der Welt,
wie ich dich je geliebt!
Du war'st mein Sinnen,
mein Sorgen du!
Dich Zarten nährt' ich
noch eh' du gezeugt,
noch eh' du geboren
barg dich mein Schild:
so lang' lieb' ich dich, Siegfried!

Entzückungs-M.

Siegfried-liebe-M.

SIEGFRIED
(leise und schüchtern).

So starb nicht meine Mutter?
schlief die Minnige nur?

Wälsungen leid-M.

BRÜNNHILDE
(lächelnd).

Du wonniges Kind,
deine Mutter kehrt dir nicht wieder.
Du selbst bin ich,
wenn du mich Selige lieb'st.
Was du nicht weisst,
weiss ich für dich:
doch wissend bin ich
nur — weil ich dich liebe. —

Jubel-M.

Schicksal-M.

Siegfried-liebe-M.

O Siegfried! Siegfried!
siegendes Licht!
dich liebt' ich immer;
denn mir allein
erdünkte Wotan's Gedanke:
der Gedanke, den ich nie
nennen durfte;
den ich nicht dachte,
sondern nur fühlte;
für den ich focht,
kämpfte und stritt;
für den ich trotzte
dem, der ihn dachte;
für den ich büsste,

Entzückungs-M.

Jubel-M.

Strafe mich band,
Wälsungen-liebe-M. weil ich nicht ihn dachte
und nur empfand!
Siegfried-liebe-M. Denn der Gedanke —
dürftest du's lösen! —
mir war er nur Liebe zu dir!

SIEGFRIED.

Entzückungs-M. Wie Wunder tönt
was wonnig du sing'st;
doch dunkel dünkt mich der Sinn.
Deines Auges Leuchten
seh' ich licht;
deines Athem's Wehen
fühl' ich warm;
deiner Stimme Singen
hör' ich süss:
doch was du singend mir sag'st,
Liebes-verwirrungs-M. staunend versteh' ich's nicht.
Nicht kann ich das Ferne
sinnig erfassen,
wenn alle Sinne
dich nur sehen und fühlen.
Liebes-verwirrungs-M. Mit banger Furcht
fesselst du mich:
du Einz'ge hast
ihre Angst mich gelehrt.
Den du gebunden
in mächtigen Banden,
Hingebungs-M. birg' meinen Muth mir nicht mehr!

BRÜNNHILDE

Walküren-M. (wehrt ihn sanft ab, und wendet ihren Blick nach dem Tann).

— Dort seh' ich Grane,
mein selig Ross:
wie weidet er munter,
der mit mir schlief!
Mit mir hat ihn Siegfried erweckt.

SIEGFRIED.

Auf wonnigem Munde
weidet mein Auge:
in brünstigem Durst
doch brennen die Lippen,
dass der Augen Weide sich labe!

Entzückungs-M.
Jubel-M.
Liebes-verwirrungs-M.

BRÜNNHILDE
(ihn mit der Hand bedeutend).

Dort seh' ich den Schild,
der Helden schirmte;
dort seh' ich den Helm,
der das Haupt mir barg:
er schirmt, er birgt mich nicht mehr!

SIEGFRIED.

Eine selige Maid
versehrte mein Herz;
Wunden dem Haupte
schlug mir ein Weib: —
ich kam ohne Schild und Helm!

BRÜNNHILDE
(mit gesteigerter Wehmuth).

Ich sehe der Brünne
prangenden Stahl:
ein scharfes Schwert
schnitt sie entzwei;
von dem maidlichen Leibe
löst' es die Wehr: —
ich bin ohne Schutz und Schirm
ohne Trutz ein trauriges Weib!

SIEGFRIED.

Durch brennendes Feuer
fuhr ich zu dir;
nicht Brünne noch Panzer
barg meinen Leib:
nun brach die Lohe
mir in die Brust;

Liebes-verwirrungs-M.

es braus't mein Blut
in blühender Brunst;
ein zehrendes Feuer
ist mir entzündet:
die Gluth, die Brünnhild's
Felsen umbrann,
die brennt mir nun in der Brust! —

Liebes-verwirrungs-M.

O Weib, jetzt lösche den Brand!
schweige die schäumende Wuth!

(Er umfasst sie heftig: sie springt auf, wehrt ihm mit der höchsten Kraft der Angst, und entflieht nach der andern Seite.)

BRÜNNHILDE.

Kein Gott nahte mir je:
der Jungfrau neigten
scheu sich die Helden:

Walhall-M.

heilig schied sie aus Walhall! —
Wehe! Wehe!
Wehe der Schmach,
der schmählichen Noth!
Verwundet hat mich,
der mich erweckt!
Er erbrach mir Brünne und Helm:
Brünnhilde bin ich nicht mehr!

SIEGFRIED.

Noch bist du mir
die träumende Maid:
Brünnhilde's Schlaf
brach ich noch nicht.
Erwache! sei mir ein Weib!

BRÜNNHILDE.

Mir schwirren die Sinne!
Mein Wissen schweigt:
soll mir die Weisheit schwinden?

SIEGFRIED.

Siegfried-liebe-M.

Sangst du mir nicht,
dein Wissen sei
das Leuchten der Liebe zu mir?

BRÜNNHILDE.

Trauriges Dunkel
trübt meinen Blick;
mein Auge dämmert,
mein Licht verlischt:
Nacht wird's um mich:
aus Nebel und Grau'n
windet sich wüthend
ein Angstgewirr:
Schrecken schreitet
und bäumt sich empor!

Verzweiflungs- u. Fluch-M.

(Sie birgt heftig die Augen mit den Händen.)

SIEGFRIED

(lös't ihr sanft die Hände vom Blicke).

Nacht umbangt
gebund'ne Augen;
mit den Fesseln schwindet
das finst're Grau'n:
tauch' aus dem Dunkel und sieh —
sonnenhell leuchtet der Tag!

Siegfried-liebe-M.

BRÜNNHILDE

(in höchster Ergriffenheit).

Sonnenhell
leuchtet der Tag meiner Schmach! —
O Siegfried! Siegfried!
Sieh' meine Angst!

Wälsungen-liebe-M.

(Ihre Miene verräth, dass ihr ein anmuthiges Bild vor die Seele tritt, von welchem ab sie den Blick mit Sanftmuth wieder auf Siegfried richtet.)

Reinheit-M.

Ewig war ich,
ewig bin ich,
ewig in süss
sehnender Wonne —
doch ewig zu deinem Heil!

O Siegfried! Herrlicher!
Hort der Welt!
Leben der Erde!
Lachender Held!

Liebesglück-M.

(Liebesglück-M.)

Lass', ach lass'!
lasse von mir!
Nahe mir nicht
mit der wüthenden Nähe!
Zwinge mich nicht
mit dem brechenden Zwang!
Zertrümm're die Traute dir nicht! —

Liebesglück-M.

Sah'st du dein Bild
im klaren Bach?
Hat es dich Frohen erfreut?
Rührtest zur Woge
das Wasser du auf;
zerflösse die klare
Fläche des Bach's:

Liebes-verwirrungs-M.

dein Bild säh'st du nicht mehr,
nur der Welle schwankend Gewog'.

Liebesglück-, Reinheit- u. Waberlohe-M.

So beiühre mich nicht,
trübe mich nicht:
ewig licht
lachst du selig
dann aus mir dir entgegen,
froh und heiter, ein Held! —
O Siegfried!
leuchtender Spross!
Liebe — dich,

Schicksal-M.

und lasse von mir:

Waberlohe-M.

vernichte dein Eigen nicht!

SIEGFRIED.

Dich — lieb' ich
o liebtest mich du!

Liebesgluth-M.

Nicht hab' ich mehr mich:
o hätte ich dich! —

Liebes-verwirrungs-M.

Ein herrlich Gewässer
wogt vor mir;
mit allen Sinnen
seh' ich nur sie,

die wonnig wogende Welle:
brach sie mein Bild,
so brenn' ich nun selbst,
sengende Gluth
in der Fluth zu kühlen;
ich selbst, wie ich bin,
spring' in den Bach: —
o dass seine Wogen
mich selig verschlängen,
mein Sehnen schwänd' in der Fluth! —
Erwache, Brünnhilde!
Wache, du Maid!
Lache und lebe,
süsseste Lust!
Sei mein! sei mein! sei mein!

(Liebesverwirrungs-M.) Waberlohe-M. Siegfriedliebe-M. Entzückungs-M. Jubel-M.

BRÜNNHILDE.

O Siegfried! dein —
war ich von je!

Entzückungs-M.

SIEGFRIED.

War'st du's von je,
so sei es jetzt!

Liebesverwirrungs-M.

BRÜNNHILDE.

Dein werd' ich
ewig sein!

Entzückungs-M.

SIEGFRIED.

Was du sein wirst,
sei es mir heut'!
Fasst dich mein Arm,
umschling' ich dich fest;
schlägt meine Brust
brünstig die deine;
zünden die Blicke,
zehren die Athem sich;
Aug' in Auge,
Mund an Mund:
dann bist du mir,

Liebesverwirrungs-M. Jubel-M. Entzückungs-M. Siegfriedliebe-M.

Jubel-M. was bang du mir war'st und wirst!
Dann brach sich die brennende Sorge,
ob jetzt Brünnhilde mein?

(Er hat sie umfasst.)

BRÜNNHILDE.

Schicksal-M. Ob jetzt ich dein? —

Liebes-verwirrungs-M.
Göttliche Ruhe
ras't mir in Wogen:
keuschestes Licht
lodert in Gluthen;
himmlisches Wissen
stürmt mir dahin,
Entzückungs-M. Jauchzen der Liebe
jagt es davon!

Schicksal-M. Ob jetzt ich dein? —
Siegfried! Siegfried!
siehst du mich nicht?
Entzückungs-M. Wie mein Blick dich verzehrt,
erblindest du nicht?
Wie mein Arm dich presst,
entbrennst du mir nicht?
Liebes-verwirrungs-M. Wie in Strömen mein Blut
entgegen dir stürmt,
Walküren-M. das wilde Feuer
fühlst du es nicht?
Fürchtest du, Siegfried,
fürchtest du nicht
Siegfried-M. das wild wüthende Weib?

SIEGFRIED.

Ha! —
Wie des Blutes Ströme sich zünden;
wie der Blicke Strahlen sich zehren;
wie die Arme brünstig sich pressen; —

kehrt mir zurück
mein kühner Muth, — **Siegfried-M.**
und das Fürchten, ach!
das ich nie gelernt —
das Fürchten, das du
mich kaum gelehrt:
das Fürchten — mich dünkt — — **Waldvogel-M.**
ich Dummer vergass es nun ganz!

(Er lässt bei den letzten Worten BRÜNNHILDE unwillkürlich los.)

BRÜNNHILDE
(im höchsten Liebesjubel wild auflachend).

O kindischer Held! — **Walkürenruf.**
O herrlicher Knabe!
Du hehrster Thaten
thöriger Hort!
Lachend muss ich dich lieben; — **Jubel-M.**
lachend will ich erblinden;
lachend lass uns verderben —
lachend zu Grunde geh'n! — **Liebesbund-M.**

SIEGFRIED.	BRÜNNHILDE.
Lachend erwachst du Wonnige mir!	
	Fahr' hin, Walhall's leuchtende Welt!
Brünnhilde lebt! Brünnhilde lacht!	Zerfall' in Staub deine stolze Burg!
Heil dem Tage, der uns umleuchtet! Heil der Sonne, die uns bescheint!	Leb' wohl, prangende Götter-Pracht! (**Entzückungs-M.**)
	End' in Wonne, du ewig Geschlecht!
Heil dem Licht, das der Nacht enttaucht!	Zerreisst, ihr Nornen, das Runenseil!
Heil der Welt, da Brünnhilde lebt! Sie wacht! sie lebt! sie lacht mir entgegen!	Götterdämm'rung, dunkle herauf, Nacht der Vernichtung, neble herein!

	Siegfried.	Brünnhilde.
Siegfried-liebe-M.	Prangend strahlt	Mir strahlt zur Stunde
	mir Brünnhilde's Stern!	Siegfriedes Stern!
Liebes-bund-M.	Sie ist mir ewig,	
	ist mir immer,	
	Erb' und Eigen,	
Ent-zückungs-M.	Ein und All:	Er ist mir ewig,
		ist mir immer,
		Erb' und Eigen,
		Ein und All':
Siegfriedliebe-, Jubel-, Siegfried-M.	leuchtende Liebe,	leuchtende Liebe,
	lachender Tod!	lachender Tod!

(Brünnhilde stürzt sich in Siegfried's Arme.)

Der Vorhang fällt.

Siegfried.

1. Aufzug.

1. Arbeits=M.
(vgl. M. 5.)

2. Feuerzauber=M.

3. Freiheit=M.

4. Grübel=M.

5. Horn=M.

6. Hort=M.

7. Jugendkraft=M.

8. Liebes=M.

9. Liebessehnsucht=M.

10. Loge=M.

11. Machtdünkel=M.

12. Mime=M.
(vgl. M. 14.)

13. Mime's Erziehungslied.

14. Nibelungen=M.

15. Nothung=M.

16. Riesen = M.

17. Ring = M.

18. Schleich = M.

19. M. aus Siegfried's Schmelzlied.

20. Schwert = M.

21. Siegfried = M.

22. Sieglinde = M.

23. Vertrags=M.

24. Vertragsschutz=M.

25. Waberlohe=M.

26. Walhall=M.

27. Wälsungen=M.

28. Wälsungenleid=M.

29. Wanderer=M.

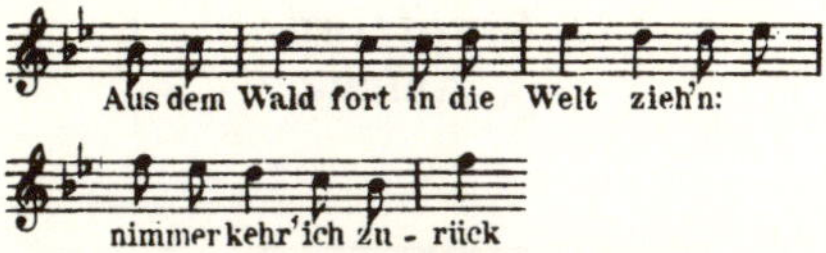

30. Wanderlied.

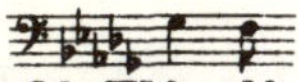

31. Wehe=M.

32. Wellen=M.

33. Weltesche=M. (vgl. M. 23.)

34. Wotan's Scheidegruss.
(s. Walk. M. 12.)

35. Wurm=M.

Siegfried.
2. Aufzug.

1. Fafner=M. (vgl. M. 21.)

2. Fluch=M.

3. Freia=M.

4. Freiheit=M.

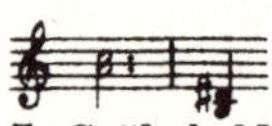

5. Grübel=M.

6. Horn=M.

7. Jugendkraft=M.

8. Liebesgluth=M.

9. Liebessehnsucht=M.

10. Loge=M.

11. Machtdünkel=M.

12. Mime=M.

13. Mime's Erziehungslied. (Text S. 10.)

14. Natur=M.

15. Naturweben=M.

16. Nibelungen = M.

17. Nibelungenhass = M.

18. Nothung = M.

19. Rheingold = M.

20. Rheintöchtersang.

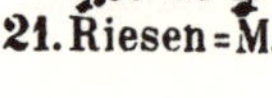

21. Riesen = M.

22. Ring = M.

23. Ritt=M.

24. M. aus Siegfried's Schmelzlied.

25. Schwert=M.

26. Siegfried=M.

27. Tarnhelm=M.

28. Unmuth=M.

29. Unruhe=M.

30. Vertrags = M.

31. Vertragsschutz=M.

32. Vertragstreue=M.

33. Waberlohe=M.

34. Waldvogel=M.

35. Waldweben.

36. Walhall=M.

37. Wälsungen=M.

38. Wälsungenleid=M.

39. Wanderer=M.

40. Wehe=M.

41. Wotan's Scheidegruss.
(s. Walk. M. 42.)

42. Wurm=M.

Siegfried.
3. Aufzug.

1. Abenteuer=M.
(vgl. Rhgld. M. 21a u. unten M. 37c u. 13.)

2. Arbeits=M.

3. Entsagungs=M.

4. Entzückungs=M.

5. Erda=M.

6. Erwachens=M.

7. Fafner=M.

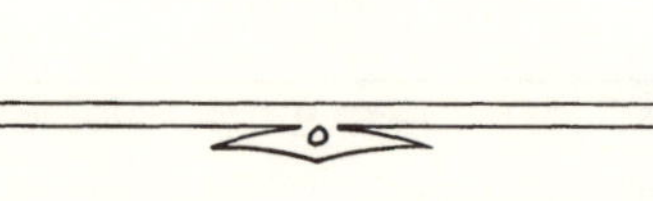

8. Feuerzauber=M.

9. Fluch=M.

10. Freia=M.

11. Götterdämmerungs=M.

12. Hingebungs=M.

13. Horn=M.

14. Jubel=M.

15. Jugendkraft=M.

16. Liebesbund=M.

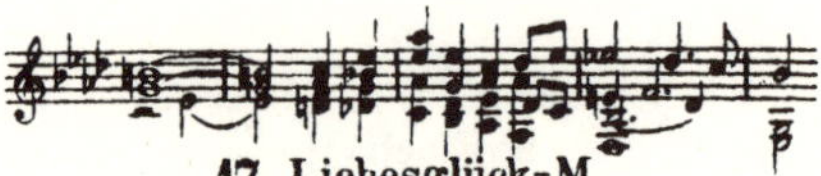

17. Liebesglück=M.

18. Liebesgluth=M.

19. Liebesverwirrung=M. (vgl. M. 41. u. 18.)

20. Loge=M.

21. Natur=M.

22. Naturweben=M.

23. Nibelungen=M.

24. Reinheit=M.

25. Ring=M.

26. Ritt=M.

27. Schicksal=M.

28. Schlaf=M.

29. Schwert=M.

30. Siegfried=M.

31. Siegfriedliebe=M.

32. Unmuth=M.

33. Unruhe=M.

34. Vertrags=M.

35. Verzweiflungs=M.

36. Waberlohe=M.

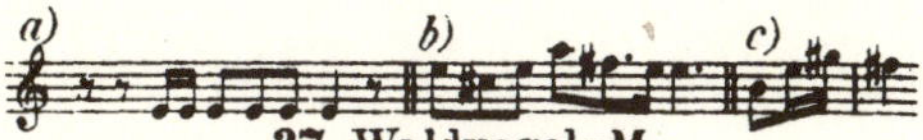

37. Waldvogel = M.

38. Walhall = M.

39. Walküren = M.

40. Walkürenruf

41. Wälsungenleid = M.

42. Wälsungenliebe = M.

43. Wanderer = M.

44. Weib = M.

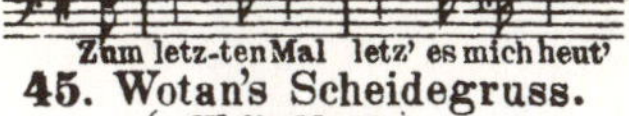

45. Wotan's Scheidegruss.
(s. Walk. M. 42.)

GÖTTERDÄMMERUNG.

DRITTER TAG AUS DER TRILOGIE:

DER RING DES NIBELUNGEN

VON

RICHARD WAGNER.

PERSONEN.

SIEGFRIED.
GUNTHER.
HAGEN.
ALBERICH.
BRÜNNHILDE.
GUTRUNE.
WALTRAUTE.
DIE NORNEN.
DIE RHEINTÖCHTER.
Mannen. Frauen.

VORSPIEL.

Erwachens-M.
Erda- u.
Wellen-M
Schicksal-M.

Auf dem Walkürenfelsen.

Die Scene ist dieselbe wie am Schlusse des zweiten Tages. — Nacht. Aus der Tiefe des Hintergrundes leuchtet Feuerschein auf.

DIE DREI NORNEN,

hohe Frauengestalten in langen, dunklen und schleierartigen Faltengewändern. Die erste (älteste) lagert im Vordergrunde rechts unter der breitästigen Tanne; die zweite (jüngere) ist an einer Steinbank vor dem Felsengemache hingestreckt; die dritte (jüngste) sitzt in der Mitte des Hintergrundes auf einem Felssteine des Höhensaumes. — Eine Zeit lang herrscht düsteres Schweigen. — Seil-M.

DIE ERSTE NORN
(ohne sich zu bewegen).

Welch' Licht leuchtet dort?

DIE ZWEITE.

Dämmert der Tag schon auf?

DIE DRITTE.

Loge's Heer — Loge-M.
lodert feurig um den Fels.
Noch ist's Nacht: — Seil-M.
was spinnen und singen wir nicht?

DIE ZWEITE
(zu der ersten).

Wollen wir spinnen und singen,
woran spannst du das Seil?

DIE ERSTE NORN
(erhebt sich, und knüpft während ihres Gesanges ein goldenes Seil mit dem einen Ende an einen Ast der Tanne). — Seil-M.

So gut und schlimm es geh',
schling' ich das Seil, und singe. —
An der Welt-Esche

Seil-M. wob ich einst,
da gross und stark
dem Stamm entgrünte
weihlicher Aeste Wald;
im kühlen Schatten
rauscht' ein Quell,
Weisheit raunend
rann sein Gewell':
da sang ich heil'gen Sinn. —

Ein kühner Gott
trat zum Trunk an den Quell;
Walhall-M. seiner Augen eines
zahlt' er als ewigen Zoll:
von der Welt-Esche
brach da Wotan einen Ast;
Vertrags-M. eines Speeres Schaft
entschnitt der Starke dem Stamm. —

In langer Zeiten Lauf
zehrte die Wunde den Wald;
Götterdämmerungs-M. falb fielen die Blätter,
dürr darbte der Baum:
traurig versiegte
des Quelles Trank;
trüben Sinnes
ward mein Gesang.
Seil-M. Doch web' ich heut'
an der Welt-Esche nicht mehr,
muss mir die Tanne
taugen zu fesseln das Seil:
singe, Schwester,
— dir werf' ich's zu —
Todesklage. weisst du wie das wird?

DIE ZWEITE NORN
(während sie das zugeworfene Seil um einen hervorspringenden Felsstein am Eingange des Gemaches windet).
Treu berath'ner
Verträge Runen

schnitt Wotan
in des Speeres Schaft:
den hielt er als Haft der Welt.
Ein kühner Held
zerhieb im Kampfe den Speer;
in Trümmer sprang
der Verträge heiliger Haft. —
Da hiess Wotan
Walhall's Helden
der Welt-Esche
welkes Geäst
mit dem Stamm in Stücke zu fällen:
die Esche sank;
ewig versiegte der Quell! —
Fess'le ich heut'
an den scharfen Fels das Seil:
singe, Schwester,
— dir werf' ich's zu —
weisst du wie das wird?

Weltesche-M.

Vertrags-schutz-M.

Walhall-M.

Götter-dämmerungs-M.

Seil-M.

Todesklage.

DIE DRITTE NORN
(das Seil auffangend, und dessen Ende hinter sich werfend)

Es ragt die Burg,
von Riesen gebaut:
mit der Götter und Helden
heiliger Sippe
sitzt dort Wotan im Saal.
Gehau'ner Scheite
hohe Schicht
ragt zu Hauf
rings um die Halle:
die Welt-Esche war dies einst!
Brennt das Holz
heilig brünstig und hell,
sengt die Gluth
sehrend den glänzenden Saal:
der ewigen Götter Ende
dämmert ewig da auf. —

Götter-dämmerungs-M.
Weltesche-M.

Vertrags-M.

Walhall-M.
Götter-dämmerungs-M.

Schicksal-M. Wisset ihr noch,
Seil-M. so windet von neuem das Seil;
von Norden wieder
werf' ich's dir nach:
spinne, Schwester, und singe!

(Sie hat das Seil der **zweiten**, diese es wieder der **ersten Norn** zugeworfen.)

DIE ERSTE NORN

Seil-M. (löst das Seil vom Zweige, und knüpft es während des folgenden Gesanges wieder an einen andern Ast).

Loge-M. Dämmert der Tag?
oder leuchtet die Lohe?
Getrübt trügt sich mein Blick;
nicht hell eracht' ich
das heilig Alte,
da Loge einst
entbrannte in lichter Gluth: —
Todesklage. weisst du was aus ihm ward?

DIE ZWEITE NORN

(das zugeworfene Seil wieder um den Stein windend).

Vertrags-M. Durch des Speeres Zauber
zähmte ihn Wotan;
Loge-M. Räthe raunt' er dem Gott:
an des Schaftes Runen
frei sich zu rathen,
nagte zehrend sein Zahn.
Vertrags-M. Da mit des Speeres
zwingender Spitze
Loge-M. bannte ihn Wotan,
Brünnhilde's Fels zu umbrennen: —
Todesklage. weisst du was aus ihm wird?

DIE DRITTE NORN

(das zugeschwungene Seil wieder hinter sich werfend).

Weltesche-M. Des zerschlag'nen Speeres
stechende Splitter
taucht einst Wotan
dem Brünstigen tief in die Brust:
zehrender Brand
zündet da auf;

den wirft der Gott
in der Welt-Esche
zu Hauf geschichtete Scheite. —
Wollt ihr wissen
wann das wird,
schwinget, Schwestern, das Seil!

Walhall-M.
Schlaf-M.
Schicksal-M.

(Sie wirft das Seil der **zweiten**, diese es wieder der **ersten** zu.)

DIE ERSTE NORN
(das Seil von neuem anknüpfend).

Die Nacht weicht;
nichts mehr gewahr' ich:
des Seiles Fäden
find' ich nicht mehr;
verflochten ist das Geflecht.
Ein wüstes Gesicht
wirrt mir wüthend den Sinn: —
das Rheingold
raubte Alberich einst: —
weisst du was aus ihm ward?

Ring-M.
Entsagungs-M.
Rheingold-M.
Rheintöchter-sang.

DIE ZWEITE NORN
(mit mühvoller Hast das Seil um den Stein windend).

Des Steines Schärfe
schnitt in das Seil;
nicht fest spannt mehr
der Fäden Gespinnst:
verwirrt ist das Geweb'.
Aus Noth und Neid
nagt mir des Niblungen Ring: —
ein rächender Fluch
nagt meiner Fäden Geflecht: —
weisst du was daraus wird?

Ring-M.
Seil-M.
Wehe-M.
Gold-herrschaft-M.
Schwert-M.

DIE DRITTE NORN.
(das zugeworfene Seil hastig fassend).

Zu locker das Seil!
mir langt es nicht:

Horn-M.

soll ich nach Norden
neigen das Ende,
straffer sei es gestreckt!

(Sie zieht gewaltsam das Seil an: dieses reisst in der Mitte.)

DIE DRITTE.

Es riss!

Fluch-M.

DIE ZWEITE.

Es riss!

DIE ERSTE.

Es riss!

Erschreckt sind die drei Nornen aufgefahren und nach der Mitte der Bühne zusammengetreten: sie fassen die Stücke des zerrissenen Seiles und binden damit ihre Leiber an einander.

DIE DREI NORNEN.

Zu End' ewiges Wissen!
Der Welt melden (Fluch-M.)
Weise nichts mehr: —
hinab zur Mutter, hinab! (Schlaf-M.)

(Sie verschwinden.) (Schicksal-M.)

Der Tag, der zuletzt immer heller gedämmert, bricht vollends ganz an, und dämpft den Feuerschein in der Tiefe. (Helden-M. (Ansatz) ... Brünnhilde-M.)

SIEGFRIED und BRÜNNHILDE

(treten aus dem Steingemach auf. SIEGFRIED ist in vollen Waffen, BRÜNNHILDE führt ihr Ross beim Zaume). (Helden-M. Walküren-M.)

BRÜNNHILDE.

Zu neuen Thaten, (Brünnhilde-M.)
theurer Helde,
wie liebt' ich dich — (Brünnhilde-M.)
liess' ich dich nicht?
Ein einzig Sorgen
lässt mich säumen:
dass dir zu wenig (Gattenliebe-M.)
mein Werth gewann!

Was Götter mich wiesen,
gab ich dir:
heiliger Runen

reichen Hort;
doch meiner Stärke
magdlichen Stamm
nahm mir der Held, **Entzückungs-M.**
dem ich nun mich neige. **Brünnhilde-M.**
Des Wissens bar —
doch des Wunsches voll;
an Liebe reich —
doch ledig der Kraft:
mög'st du die Arme
nicht verachten,
die dir nur gönnen — **Gattenliebe-M.**
nicht geben mehr kann!

SIEGFRIED. **Helden-M.**

Mehr gabst du, Wunderfrau,
als ich zu wahren weiss: **Gattenliebe-M. u.Brünnhilde-M.**
nicht zürne, wenn dein Lehren
mich unbelehret liess!
Ein Wissen doch wahr' ich wohl:
dass mir Brünnhilde lebt;
eine Lehre lernt' ich leicht:
Brünnhilde's zu gedenken!

BRÜNNHILDE.

Willst du mir Minne schenken, **Helden-M.**
gedenke deiner nur,
gedenke deiner Thaten!
Gedenk' des wilden Feuers,
das furchtlos du durchschrittest, **Abenteuer-M.**
da den Fels es rings umbrann — **Siegfried-M.**

SIEGFRIED.

Brünnhilde zu gewinnen! **Gattenliebe-M.**

BRÜNNHILDE. **Helden-M.**

Gedenk der beschildeten Frau,
die in tiefem Schlaf du fandest, **Walküren-M.**
der den festen Helm du erbrach'st — **Siegfried-M.**

SIEGFRIED.

Gattenliebe-M.

Brünnhilde zu erwecken!

BRÜNNHILDE.

Brünnhilde-M.

Gedenk' der Eide
die uns einen;
gedenk' der Treue
die wir tragen;

Gattenliebe- u. Brünnhilde-M.

gedenk' der Liebe
der wir leben:
Brünnhilde brennt dann ewig
heilig dir in der Brust! —

Siegfried-liebe-M.

(Sie umarmt Siegfried.)

SIEGFRIED.

Helden-M.

Lass' ich, Liebste, dich hier
in der Lohe heiliger Hut,
zum Tausche deiner Runen

Ring-M.

reich' ich dir diesen Ring.

Siegfried-M.

Was der Thaten je ich schuf,
dess' Tugend schliesst er ein;

Wurm-M. Helden-M.

ich erschlug einen wilden Wurm,
der grimmig lang' ihn bewacht.
Nun wahre du seine Kraft
als Weihe-Gruss meiner Treu'!

BRÜNNHILDE
(voll Entzücken den Ring sich ansteckend).

Ring-M.
Gattenliebe- u. Walküren-M.
Rheintöchter-sang.
Walküren-M.

Ihn geiz' ich als einziges Gut!
Für den Ring nun nimm auch mein Ross!
Ging sein Lauf mit mir
einst kühn durch die Lüfte —
mit mir
verlor es die mächt'ge Art;

Walküren-M.

über Wolken hin
auf blitzenden Wettern
nicht mehr
schwingt es sich muthig des Wegs.

Ritt-M.

Doch wohin du ihn führ'st
— sei es durch's Feuer —

grauenlos folgt dir Grane;
denn dir, o Helde,
soll er gehorchen!
Du hüt' ihn wohl;
er hört dein Wort: —
o bringe Grane
oft Brünnhilde's Gruss!

Helden-M. (Ritt-M.)
Liebes-M.
Gatten-liebe-M

SIEGFRIED.

Durch deine Tugend allein
soll so ich Thaten noch wirken?
Meine Kämpfe kiesest du,
meine Siege kehren zu dir:
auf deines Rosses Rücken,
in deines Schildes Schirm,
nicht Siegfried acht' ich mich mehr:
ich bin nur Brünnhilde's Arm!

Walküren-M.
Gattenliebe-M.
Walküren-M.
Helden-M.
Freiheit-M.
Gatten-liebe-M. Walküren-M.

BRÜNNHILDE.

O wäre Brünnhild' deine Seele!

Freiheit-M.

SIEGFRIED.

Durch sie entbrennt mir der Muth.

Gattenliebe-M.

BRÜNNHILDE.

So wär'st du Siegfried und Brünnhild'?

SIEGFRIED.

Wo ich bin, bergen sich beide.

Freiheit-M.

BRÜNNHILDE.

So verödet mein Felsensaal?

SIEGFRIED.

Vereint fasst er uns zwei.

BRÜNNHILDE
(in grosser Ergriffenheit).

Helden-M.

O heilige Götter,
hehre Geschlechter!
weidet eu'r Aug'
an dem weihvollen Paar!

Freiheit-M.
Brünnhilde-M.

Freiheit-M.
Brünnhilde-M.
Freiheit-M.
Gattenliebe-M.

Getrennt — wer will es scheiden?
Geschieden — trennt es sich nie!

SIEGFRIED.

Freiheit-M.

Heil dir, Brünnhilde,
prangender Stern!

BRÜNNHILDE.

Heil dir, Siegfried!
siegendes Licht!

SIEGFRIED.

Heil, strahlende Liebe!

BRÜNNHILDE.

Heil, strahlendes Leben!

BEIDE.

Gattenliebe- u. Walküren-M.

Heil! Heil! Heil! Heil!

Helden-, Freiheit-, Walküren-, Brünnhilde-M. Horn-, Brünnhilde-, Horn-M.

SIEGFRIED geleitet schnell das Ross den Felsen hinab, BRÜNNHILDE blickt ihm vom Höhensaume lange entzückt nach. Aus der Tiefe hört man SIEGFRIED'S Horn munter ertönen. BRÜNNHILDE lauscht. Sie tritt weiter auf den Abhang hinaus und erblickt SIEGFRIED nochmals in der Tiefe: sie winkt ihm mit entzückter Geberde zu. Aus ihrem freudigen Lächeln deutet sich der Anblick des lustig davonziehenden Helden. Der Vorhang fällt.

Liebesbund-M.

Horn-, Loge-, Liebesbund-M. Natur- u. Wellen-M. Götterdämmerungs-M. Rheintöchtersang, Ring-, Entsagungs-, Rheingold-, Wehe-, Goldherrschaft-M.

(Das Orchester nimmt die Weise des Hornes auf und führt sie in einem kräftigen Satze durch.)

ERSTER AUFZUG.

Die Halle der Gibichungen am Rhein.

Sie ist dem Hintergrunde zu ganz offen; diesen nimmt ein freier Uferraum bis zum Flusse hin ein; felsige Anhöhen umgränzen den Raum.

GUNTHER, HAGEN und GUTRUNE.

(GUNTHER und GUTRUNE auf dem Hochsitze, vor dem ein Tisch mit Trinkgeräth steht; HAGEN sitzt davor.) **Hagen-M.**

GUNTHER.

Nun hör', Hagen!
Sage mir, Held: **Gibichungen-M.**
sitz' ich herrlich am Rhein,
Gunther zu Gibich's Ruhm?

HAGEN.

Dich ächt genannten **Hagen-M.**
acht' ich zu neiden:
die beid' uns Brüder gebar, **Gibichungen-M.**
Frau Grimhild' liess mich's begreifen. **Ring-M.**

GUNTHER.

Dich neide ich:
nicht neide mich du!
Erbt' ich Erstlingsart, **Gibichungen-M.**
Weisheit ward dir allein: **Hagen-M.**
Halbbrüder Zwist **Gibichungen-M.**
bezwang sich nie besser;
deinem Rath nur red' ich Lob, **Hagen-M.**
frag' ich dich nach meinem Ruhm. **Gibichungen-M.**

HAGEN. **Gold-herrschaft-M.**

So schelt' ich den Rath, **Hagen-M.**
da schlecht noch dein Ruhm:
denn hohe Güter weiss ich, **Freia-M.**
die der Gibichung noch nicht gewann.

GUNTHER.

Verschwieg'st du sie,
so schelt' auch ich.

HAGEN.

In sommerlich reifer Stärke
seh' ich Gibich's Stamm,
dich, Gunther, unbeweibt,
dich, Gutrun', ohne Mann.

GUNTHER.

Wen räth'st du nun zu frei'n,
dass unsrem Ruhm' es fromm'?

Gibichungen-M. — HAGEN.

Walküren-M. — Ein Weib weiss ich,
das herrlichste der Welt: —
Feuerzauber-M. — auf Felsen hoch ihr Sitz;
Waldvogel-M. — ein Feuer umbrennt ihren Saal:
nur wer durch das Feuer bricht,
darf Brünnhilde's Freier sein.

GUNTHER.

Walküren-M. — Vermag das mein Muth zu besteh'n?

Gibichungen-M. — HAGEN.

Hagen-M. — Einem Stärk'ren noch ist's nur bestimmt.

GUNTHER

Wer ist der streitlichste Mann?

HAGEN.

Siegfried, der Wälsungen Spross:
der ist der stärkste Held.
Wälsungen-M. — Ein Zwillingspaar,
von Liebe bezwungen,
Siegmund und Sieglinde
zeugten den ächtesten Sohn:
Schwert- u. Horn-M. — der im Walde mächtig erwuchs,
den wünsch' ich Gutrun' zum Mann.

GUTRUNE.

Welche That schuf er so tapfer,
dass als herrlichster Held er genannt?

HAGEN.

Vor Neidhöhle — Wurm-M.
den Niblungenhort
bewachte ein riesiger Wurm:
Siegfried schloss ihm — Fafner-M.
den freislichen Schlund,
erschlug ihn mit siegendem Schwert.
Solch' ungeheurer That
enttagte des Helden Ruhm. — Schwert- u. Horn-M.

GUNTHER.

Vom Niblungenhort vernahm ich: — Ring-M.
er birgt den neidlichsten Schatz?

HAGEN.

Wer wohl ihn zu nützen wüsst',
dem neigte sich wahrlich die Welt. — Entsagungs-M.

GUNTHER. — Rheingold-M.

Und Siegfried hat ihn erkämpft?

HAGEN.

Knecht sind die Niblungen ihm. — Wehe-M. u. Goldherrschaft-M.

GUNTHER.

Und Brünnhild' gewänne nur er? — Schwert-M.

HAGEN.

Keinem and'ren wiche die Brunst. — Walküren-M.

GUNTHER
(unwillig sich vom Sitz erhebend).

Was weck'st du Zweifel und Zwist?
Was ich nicht zwingen soll,
danach zu verlangen
mach'st du mir Lust?

(Er schreitet bewegt in der Halle auf und ab.) — Gibichungen-M.

HAGEN. — Tarnhelm- u.

Brächte Siegfried — Vergessenheit-M.
die Braut dir heim,
wär' dann nicht Brünnhilde dein?

Gibichungen-M.

GUNTHER
(wendet sich wieder zweifelnd und unmuthig ab).

Was zwänge den frohen Mann
für mich die Braut zu frei'n?

HAGEN.

Ihn zwänge bald deine Bitte,
bänd' ihn Gutrun' zuvor.

GUTRUNE.

Verlockungs-M.

Du Spötter, böser Hagen!
Wie sollt' ich Siegfried binden?
Ist er der herrlichste
Held der Welt,
der Erde holdeste Frauen
friedeten längst ihn schon.

HAGEN.

Verlockungs-M.

Gedenk' des Trankes im Schrein;
vertraue mir, der ihn gewann:
den Helden, dess' du verlangst,
bindet er liebend an dich.
Träte nun Siegfried ein,
genöss' er des würzigen Tranks, —
dass vor dir ein Weib er ersah,
dass je ein Weib ihm genaht —
vergessen müsst' er dess' ganz. —
Nun redet: —
wie dünkt euch Hagen's Rath?

Freia- u. Hingebungs-M. Schwert-M. Tarnhelm-M. Freia-M. Vergessenheit-M. Hagen-M. Goldherrschaft-M.

GUNTHER
(der wieder an den Tisch getreten, und, auf ihn gelehnt, aufmerksam zugehört hat).

Hagen-M.

Gibichungen-M.

Gepriesen sei Grimhild',
die uns den Bruder gab!

GUTRUNE.

Möcht' ich Siegfried je erseh'n!

GUNTHER.

Wie fänden wir ihn auf?

Fluch-M.

HAGEN.

Jagt er auf Thaten
wonnig umher,
zum engen Tann
wird ihm die Welt:
wohl stürmt er in rastloser Jagd
auch zu Gibich's Strand an den Rhein.

Hagen-M. Horn-M.

GUNTHER.

Willkommen hiess' ich ihn gern.

(SIEGFRIED's Horn lässt sich von Ferne vernehmen. – Sie lauschen.)

Vom Rhein her tönt das Horn.

Hagen-M.

HAGEN

(ist an das Ufer gegangen, späht den Fluss hinab und ruft zurück).

In einem Nachen Held und Ross:
der bläst so munter das Horn. —

Horn-M.

Rheintöchter-sang u. Horn-M.

Ein gemächlicher Schlag
wie von müssiger Hand
treibt jach den Kahn
wider den Strom;
so rüstiger Kraft
in des Ruders Schwung
rühmt sich nur der,
der den Wurm erschlug: —
Siegfried ist es, sicher kein and'rer!

Schwert-M.

Ring-M.

GUNTHER.

Jagt er vorbei?

HAGEN

(durch die hohlen Hände nach dem Flusse zu rufend).

Hoiho! wohin,
du heit'rer Held?

SIEGFRIED'S

(Stimme, aus der Ferne, vom Flusse her).

Zu Gibich's starkem Sohne.

Gibichungen-M.

HAGEN.

Zu seiner Halle entbiet' ich dich:
hieher! hier lege an!

Fluch-M.

Heil Siegfried! theurer Held!

(SIEGFRIED legt an.)

GUNTHER ist zu HAGEN an das Ufer getreten. GUTRUNE erblickt SIEGFRIED vom Hochsitze aus, heftet eine Zeit lang in freudiger Ueberraschung den Blick auf ihn, und als die Männer dann näher zur Halle schreiten, entfernt sie sich, in sichtbarer Verwirrung, nach links durch eine Thüre in ihr Gemach.

Verlockungs-M.

SIEGFRIED

(der sein Ross an das Land geführt, und jetzt ruhig an ihm lehnt).

Siegfried-M.

Wer ist Gibich's Sohn?

GUNTHER.

Gibichungen-M.

Gunther, ich, den du such'st.

SIEGFRIED.

Siegfried-M.

Dich hört' ich rühmen
weit am Rhein:
nun ficht mit mir,
oder sei mein Freund!

GUNTHER.

Lass den Kampf:
sei willkommen!

Verlockungs-M.
Ritt-M.

SIEGFRIED.

Wo berg' ich mein Ross?

HAGEN.

Ich biet' ihm Rast.

Verlockungs-M.

SIEGFRIED.

Fluch-M.

Du rief'st mich Siegfried:
sah'st du mich schon?

HAGEN.

Siegfried-M.

Ich kannte dich nur
an deiner Kraft.

SIEGFRIED.

Wohl hüte mir Grane!
Du hieltest nie
von edlerer Zucht
am Zaume ein Ross.

Brünnhilde- u. Ritt-M.

Gattenliebe- u. Ritt-M.

HAGEN führt das Ross rechts hinter die Halle ab und kehrt bald darauf wieder zurück. GUNTHER schreitet mit SIEGFRIED in die Halle vor.

Gastfreundschaft-M.

GUNTHER.

Begrüsse froh, o Held
die Halle meines Vaters;
wohin du schreitest,
was du ersieh'st,
das achte nun dein Eigen:
dein ist mein Erbe,
Land und Leut' —
hilf, mein Leib, meinem Eide! —
mich selbst geb' ich zum Mann.

Gastfreundschaft-M.

SIEGFRIED.

Nicht Land noch Leute biete ich,
noch Vater's Haus und Hof:
einzig erbt' ich
den eig'nen Leib;
lebend zehr' ich den auf.
Nur ein Schwert hab' ich,
selbst geschmiedet —
hilf, mein Schwert, meinem Eide! —
das biet' ich mit mir zum Bund.

Wälsungen-M.

Jubel-M.

Schmelzlied-M.

Schwert- u. Nibelungen-M.

Hagen-M.

HAGEN
(hinter ihnen stehend).

Doch des Niblungen-Hortes
nennt die Märe dich Herrn?

Hagen-, Hort- u. Nibelungen-M.

SIEGFRIED.

Des Schatzes vergass ich fast:
so schätz' ich sein müss'ges Gut!
In einer Höhle liess ich's liegen,
wo ein Wurm es einst bewacht.

Rheintöchtersang u. Nibelungen-M.

Wurm-M.

Rheintöchtersang u. Nibelungen-M.

HAGEN.

Und nichts entnahm'st du ihm?

SIEGFRIED

(auf das stählerne Netzgewirk deutend, das er im Gürtel hängen hat).

Diess Gewirk, unkund seiner Kraft.

HAGEN.

Nibelungen-M.

Den Tarnhelm kenn' ich,
der Niblungen künstliches Werk:

Tarnhelm-M.

er taugt, bedeckt er dein Haupt,
dir zu tauschen jede Gestalt;
verlangt dich's an fernsten Ort,
er entführt flugs dich dahin. —

Nibelungen-M.

Sonst nichts entnahm'st du dem Hort?

SIEGFRIED.

Ring-M.

Einen Ring.

HAGEN.

Den hütest du wohl?

SIEGFRIED.

Gattenliebe-M.

Den hütet ein hehres Weib.

HAGEN

(für sich).

Hagen-M.

Brünnhild'! . . .

GUNTHER.

Nicht, Siegfried, sollst du mir tauschen:

Gastfreundschaft-M.

Tand gäb' ich für dein Geschmeid,
nähmst all' mein Gut du dafür!
Ohn' Entgelt dien' ich dir gern.

HAGEN ist zu Gutrune's Thüre gegangen, und öffnet sie jetzt. GUTRUNE tritt heraus, sie trägt ein gefülltes Trinkhorn und naht damit SIEGFRIED.

Gutrune-M.

GUTRUNE.

Willkommen Gast,
in Gibich's Haus!
Seine Tochter reicht dir den Trank.

SIEGFRIED

(neigt sich ihr freundlich, und ergreift das Horn; er hält es gedankenvoll vor sich hin, und sagt leise):

(Gutrune-M.)

Vergäss' ich alles
was du mir gab'st,
von einer Lehre
lass' ich doch nie: —
den ersten Trunk
zu treuer Minne,
Brünnhilde, bring' ich dir!

Entzückungs-M.

Siegfried-liebe-M.

Er trinkt, und reicht das Horn GUTRUNE zurück, welche, verschämt und verwirrt, ihre Augen vor ihm niederschlägt.

Vergessenheit-M.
Gutrune-M.

SIEGFRIED

(mit schnell entbrannter Leidenschaft den Blick anf sie heftend).

Die so mit dem Blitz
den Blick du mir seng'st,
was senk'st du dein Auge vor mir?

(GUTRUNE schlägt, erröthend, das Auge zu ihm auf.)

SIEGFRIED.

Ha, schönstes Weib!
schliesse den Blick!
Das Herz in der Brust
brennt mir sein Strahl:
zu feurigen Strömen fühl' ich
ihn zehrend zünden mein Blut! —

(Mit bebender Stimme.)

Gunther — wie heisst deine Schwester?

Verlockungs-M.

GUNTHER.

Gutrune.

Gutrune-M.

SIEGFRIED.

Sind's gute Runen,
die ihrem Aug' ich entrathe? —

(Er fasst GUTRUNE mit feurigem Ungestüm bei der Hand.)

Deinem Bruder bot ich mich zum Mann;
der Stolze schlug mich aus: —

trüg'st du, wie er, mir Uebermuth,
böt' ich mich dir zum Bund?

Hagen-M.
Gutrune-M.

(GUTRUNE trifft unwillkürlich auf HAGEN's Blick. Sie neigt demüthig das Haupt, und mit einer Gebärde, als fühle sie sich seiner nicht werth, verlässt sie wankenden Schrittes wieder die Halle.)

Fluch-M.

SIEGFRIED
(blickt ihr, wie fest gezaubert, nach, von HAGEN und GUNTHER aufmerksam beobachtet; dann, ohne sich umzuwenden, frägt er):

Hast du, Gunther, ein Weib?

GUNTHER.

Nicht freit' ich noch,
und einer Frau
soll ich mich schwerlich freu'n!
Auf eine setzt' ich den Sinn,
die kein Rath mir je gewinnt.

Walküren-M.
Gold-herrschaft-M.
Hagen-M.

SIEGFRIED
(lebhaft sich zu ihm wendend).

Was wär' dir versagt,
steh' ich zu dir?

Jubel-M.

GUNTHER.

Auf Felsen hoch ihr Sitz . . .

Feuerzauber-M.

SIEGFRIED
(verwundert, und wie um eines längst Vergessenen sich zu entsinnen, wiederholt leise):

„Auf Felsen hoch ihr Sitz . . . "?

GUNTHER.

Ein Feuer umbrennt den Saal . . .

SIEGFRIED.

„Ein Feuer umbrennt den Saal . . . "?

GUNTHER.

Nur wer durch das Feuer bricht . . .

Waldvogel-M.

SIEGFRIED
(hastig einfallend und schnell nachlassend).

„Nur wer durch das Feuer bricht . . . "?

GUNTHER.

— darf Brünnhilde's Freier sein. (Waldvogel-M.; Vergessenheit-M.)

(SIEGFRIED drückt durch eine schweigende Gebärde aus, dass bei Nennung von Brünnhilde's Namen die Erinnerung ihm vollends ganz schwindet.)

GUNTHER.

Nun darf ich den Fels nicht erklimmen;
das Feuer verglimmt mir nie!

SIEGFRIED
(heftig auffahrend). Loge-M.

Ich — fürchte kein Feuer:
für dich frei' ich die Frau;
denn dein Mann bin ich,
und mein Muth ist dein —
gewinn' ich mir Gutrun' zum Weib.

GUNTHER.

Gutrune gönn' ich dir gerne. Gutrune-M.

SIEGFRIED. Loge-M.

Brünnhilde bringe ich dir. Walküren-M.

GUNTHER.

Wie willst du sie täuschen?

SIEGFRIED.

Durch des Tarnhelm's Trug Hagen-M.
tausch' ich mir deine Gestalt.

GUNTHER.

So stelle Eide zum Schwur!

SIEGFRIED.

Blut-Brüderschaft Blutbrüderschaft-M.
schwöre ein Eid!

HAGEN füllt ein Trinkhorn mit frischem Wein; SIEGFRIED und GUNTHER ritzen sich mit ihren Schwertern die Arme, und halten diese einen Augenblick über das Trinkhorn. Beide legen zwei ihrer Finger auf das Horn, welches HAGEN fortwährend in ihrer Mitte hält. Fluch-, Vertrags-, Loge-, Schwert-, Gibichungen-M. Hagen-, Vertrags-M.

SIEGFRIED.

Blühenden Lebens

labendes Blut
träufelt' ich in den Trank.

GUNTHER.

Bruder-brünstig
muthig gemischt,
Hagen-, Vertrags-M. — blüh' im Trank unser Blut!

BEIDE.

Blutbrüderschaft-M. — Treue trink' ich dem Freund:
Freiheit-M. — froh und frei
entblühe dem Bund
Hagen-, Vertrags-M. — Blut-Brüderschaft heut'!

GUNTHER.

Sühne-M. — Bricht ein Bruder den Bund: —

SIEGFRIED.

Trügt den Treuen der Freund: —

BEIDE.

Was in Tropfen heut'
hold wir tranken,
in Strahlen ström' es dahin,
fromme Sühne dem Freund!

GUNTHER
(trinkt und reicht das Horn SIEGFRIED).

Fluch- u. Vertrags-M. — So — biet' ich den Bund!

SIEGFRIED.

Treue-M. — So — trink' ich dir Treu'!

Hagen-, Vertrags-M. — Er trinkt und hält das geleerte Horn HAGEN hin, dieser zerschlägt es mit seinem Schwerte in zwei Stücke. SIEGFRIED und GUNTHER reichen sich die Hände.

SIEGFRIED
Verlockungs-M. — (betrachtet HAGEN, welcher während des Schwures hinter ihm gestanden).

Gutrune-M. — Was nahmst du am Eide nicht Theil?

HAGEN.

Sühne-M. — Mein Blut verdärb' euch den Trank!
Jugend. u. — Nicht fliesst mir's ächt
Nibelungen-M. — und edel wie euch;

störrisch und kalt — **Ring-M.**
stockt's in mir; — **Nibelungen-M.**
nicht will's die Wange mir röthen. — **Entsagungs-M.**
Drum bleib' ich fern
vom feurigen Bund.

GUNTHER.

Lass den unfrohen Mann! — **Hagen-M.**

SIEGFRIED.

Frisch auf die Fahrt!
Dort liegt mein Schiff;
schnell führt es zum Felsen: — **Walküren-M. Loge-M.**
eine Nacht am Ufer — **Tarnhelm-M.**
harr'st du im Nachen;
die Frau führst du dann heim.

GUNTHER.

Rastest du nicht zuvor?

SIEGFRIED.

Um die Rückkehr ist's mir jach.

(Er geht zum Ufer.)

GUNTHER.

Du Hagen, bewache die Halle! — **Hagen-M. Walküren-M.**

(Er folgt SIEGFRIED.)

(GUTRUNE erscheint an der Thüre ihres Gemaches.)

GUTRUNE.

Wohin eilen die Schnellen?

HAGEN.

Zu Schiff, Brünnhild' zu frei'n. — **Walküren-M.**

GUTRUNE.

Siegfried? — **Loge-M.**

HAGEN.

Sieh', wie's ihn treibt
zum Weib dich zu gewinnen! — **Gutrune-M.**

Er setzt sich mit Speer und Schild vor der Halle nieder.
SIEGFRIED und GUNTHER fahren ab.

(Gutrune-M.)

Gutrune.

Siegfried — mein!

(Sie geht, lebhaft erregt, in ihr Gemach zurück.)

Nibelungen-hass-M. mit: Hagen-, Horn-M.

Hagen

(nach längerem Stillschweigen).

Hier sitz' ich zur Wacht,
wahre den Hof,
wehre die Halle dem Feind: —

Wehe- u. Gold-herrschaft-M.

Gibich's Sohne
wehet der Wind;
auf Werben fährt er dahin.

Hagen-, Horn-M.

Siegfried-M.

Ihm führt das Steuer
ein starker Held,

Wehe- u. Gold-herrschaft-M. Walküren-M.

Gefahr ihm will er besteh'n:
die eig'ne Braut
ihm bringt er zum Rhein;

Hagen- u. Entsagungs-M. Rheingold-M.

mir aber bringt er — den Ring. —
Ihr freien Söhne,
frohe Gesellen,

Entsagungs-M.

segelt nur lustig dahin!
Dünkt er euch niedrig,

Walhall- u. Rheingold-M.

ihr dient ihm doch —
des Niblungen Sohn'.

Wehe- Gold-herrschaft-M. Nibelungen-hass-M. mit Hagen-, Ring-, Horn-, Sieg-fried-, Ver-trags-M.

(Ein Teppich schlägt vor der Scene zusammen, und verschliesst die Bühne. Nachdem, während eines kurzen Orchester-Zwischenspieles, der Schauplatz verwandelt ist, wird der Teppich, der zuvor den Vordergrund der Halle einfasste, gänzlich aufgezogen.)

Brünnhilde-M. . . . . Fluch-M. . . . Ring-M.

Die Felsenhöhe
(wie im Vorspiel).

BRÜNNHILDE
(sitzt am Eingange des Steingemaches, und betrachtet in stummem Sinnen Siegfried's Ring; von wonniger Erinnerung überwältigt, bedeckt sie ihn dann mit Küssen, — als sie plötzlich ein fernes Geräusch vernimmt: sie lauscht, und späht zur Seite in den Hintergrund). **Vergessenheit-, Liebesglück-M.** **Walküren-M.**

Altgewohntes Geräusch
raunt meinem Ohr die Ferne: —
ein Luftross jagt **Ritt-M.**
im Laufe daher;
auf der Wolke fährt es
wetternd zum Fels! —
Wer fand mich Einsame auf?

WALTRAUTE'S
(Stimme, aus der Ferne).

Brünnhilde! Schwester! **Walkürenruf.**
schläf'st oder wach'st du?

BRÜNNHILDE
(fährt vom Sitze auf).

Waltraute's Ruf, **Ritt-M. u. Walkürenruf.**
so wonnig mir kund! —
Komm'st du, Schwester,
schwing'st dich kühn zu mir her?
(In die Scene rufend.)
Dort im Tann
— dir noch vertraut —
steige vom Ross
und stell' den Renner zu Rast!

Kommst du zu mir?
Bist du so kühn,
magst ohne Grauen
Brünnhild' bieten den Gruss?

WALTRAUTE ist aus dem Tann hastig aufgetreten, BRÜNNHILDE ist ihr stürmisch entgegengeeilt: diese beachtet in der Freude nicht die ängstliche Scheu WALTRAUTE'S.

WALTRAUTE.

Todesklage.

Einzig dir nur
galt meine Eil'.

BRÜNNHILDE
(in höchster freudiger Aufgeregtheit).

So wagtest du, Brünnhild' zu lieb,
Walvater's Bann zu brechen?
Oder wie? o sag'!
wär' wider mich
Wotan's Sinn erweicht? —
Als dem Gott entgegen
Siegmund ich schützte,
fehlend — ich weiss es —
erfüllt' ich doch seinen Wunsch:

Todesklage.

dass sein Zorn sich verzogen,
weiss ich auch;
denn verschloss er mich gleich in Schlaf,
fesselt' er mich auf den Fels,
wies er dem Mann mich zur Magd,
der am Weg' mich fänd' und erweckt': —

Brünnhilde's Wälsungenliebe-M.

meiner bangen Bitte
doch gab er Gunst:

Walküren- u. Loge-M.

mit zehrendem Feuer
umgab er den Fels,

Wälsungenliebe-M.

dem Zagen zu wehren den Weg.
So zur Seligsten

Entzückungs- u. Siegfried-M.

schuf mich die Strafe:
der herrlichste Held
gewann mich zum Weib;
in seiner Liebe

Entzückungs- u. Walküren-M.

leucht' und lach' ich heut' auf. —
Lockte dich Schwester mein Loos?
An meiner Wonne
willst du dich weiden?
theilen, was mich betraf?

WALTRAUTE.

Theilen den Taumel,

der dich Thörin erfasst? —
Ein and'res bewog mich in Angst
zu brechen Wotan's Gebot.

BRÜNNHILDE.

Angst und Furcht
fesseln dich Arme?

So verzieh der Strenge noch nicht?
du zag'st vor des Strafenden Zorn?

WALTRAUTE.

Dürft' ich ihn fürchten, — Unmuth-M.
meiner Angst fänd' ich ein End'!

BRÜNNHILDE.

Staunend versteh' ich dich nicht!

WALTRAUTE.

Wehre der Wallung:
achtsam höre mich an!
Nach Walhall wieder
treibt mich die Angst,
die von Walhall hieher mich trieb.

BRÜNNHILDE
(erschrocken).

Was ist's mit den ewigen Göttern?

WALTRAUTE.

Höre mit Sinn was ich dir sage! —
Seit er von dir geschieden, — Unmuth-M.
zur Schlacht nicht mehr
schickte uns Wotan;
irr und rathlos — Unmuth-M.
ritten wir ängstlich zu Heer. — Walküren-M.
Walhall's muthige Helden — Unmuth- u. Unheil-M.
mied Walvater:
einsam zu Ross — Unruhe- u. Ritt-M.
ohne Ruh' und Rast
durchschweift' er als Wand'rer die Welt.

Walhall-M.	Jüngst kehrte er heim;
Vertrags-M.	in der Hand hielt er
Walhall-M.	seines Speeres Splitter:
	die hatte ein Held ihm geschlagen.
	Mit stummem Wink
	Walhall's Edle
	wies er zum Forst,
Walhall-M.	die Welt-Esche zu fällen;
Weltesche-M.	des Stammes Scheite
	hiess er sie schichten
	zu ragendem Hauf
	rings um der Seligen Saal.
Walhall- u. Weltesche-M.	Der Götter Rath
	liess er berufen;
	den Hochsitz nahm
	heilig er ein:
	ihm zu Seiten
	hiess er die Bangen sich setzen,
	in Ring und Reih'
	die Hall' erfüllen die Helden.
	So — sitzt er,
Schicksal-M.	sagt kein Wort,
	auf hehrem Sitze
Schicksal-M.	stumm und ernst,
	des Speeres Splitter
	fest in der Faust;
Jugend-M.	Holda's Aepfel
	rührt er nicht an:
Walhall-M.	Staunen und Bangen
	binden starr die Götter. —
Wehe-M.	Seiner Raben beide
	sandt' er auf Reise:
	kehrten die einst
	mit guter Kunde zurück,
Rheintöchter-sang.	dann noch einmal
	— zum letzten Mal —
	lächelte ewig der Gott. —
Unmuth-M.	Seine Knie' umwindend

liegen wir Walküren: (Unmuth-M.)
blind bleibt er
den flehenden Blicken;
uns alle verzehrt
Zagen und endlose Angst.
An seine Brust Unmuth- u.
presst' ich mich weinend: Unheil-M.
da brach sich sein Blick —
er gedachte, Brünnhilde, dein'! Wotan's
Tief seufzt' er auf, Scheidegruss.
schloss das Auge,
und wie im Traume Rheintöchter-
raunt' er das Wort: — sang.
„Des tiefen Rheines Töchtern Ring-M.
gäbe den Ring sie wieder zurück, Entsagungs-M.
von des Fluches Last Fluch M.
erlös't wär' Gott und Welt!" — Rheintöchtersang, Walhall-M.
Da sann ich nach:
von seiner Seite Unmuth- u.
durch stumme Reihen Unheil-M.
stahl ich mich fort;
in heimlicher Hast
bestieg ich mein Ross,
und ritt im Sturme zu dir. Ritt-M.
Dich, o Schwester,
beschwör' ich nun:
was du vermagst,
vollend' es dein Muth!
Ende der Ewigen Qual!
Unmuth-M.

BRÜNNHILDE.

Welch' banger Träume Mären
meldest du Traurige mir!
Der Götter heiligem Walhall-M.
Himmels-Nebel
bin ich Thörin enttaucht:
nicht fass' ich, was ich erfahre.
Wirr und wüst Unheil-M.

(Unheil-M.) scheint mir dein Sinn;
in deinem Aug'
— so übermüde —
glänzt flackernde Gluth:
mit blasser Wange
du bleiche Schwester,
was willst du Wilde von mir?

WALTRAUTE
(mit unheimlicher Hast).

Ring-M.

An deiner Hand der Ring —
er ist's: hör' meinen Rath!
für Wotan wirf ihn von dir!

BRÜNNHILDE.

Den Ring — von mir?

WALTRAUTE.

Den Rheintöchtern gieb ihn zurück!

BRÜNNHILDE.

Den Rheintöchtern — ich — den Ring?
Ring-M. Siegfried's Liebespfand? —
Bist du von Sinnen?

WALTRAUTE.

Hör' mich! hör' meine Angst!
Gold-herrschaft-M. Der Welt Unheil
haftet sicher an ihm: —
wirf ihn von dir
fort in die Welle!
Gold-herrschaft-M. Walhall's Elend zu enden,
den verfluchten wirf in die Fluth!

Ring-M.

BRÜNNHILDE.

Ha! weisst du, was er mir ist?
Wie kannst du's fassen,
fühllose Maid! —
Ring-M. Mehr als Walhall's Wonne,
mehr als der Ewigen Ruhm —
ist mir der Ring:

ein Blick auf sein helles Gold,
ein Blitz aus dem hehren Glanz —
gilt mir werther
als aller Götter
ewig währendes Glück!
Denn selig aus ihm — Siegfried-liebe-M.
leuchtet mir Siegfried's Liebe:
Siegfried's Liebe
— o liess' sich die Wonne dir sagen! — — Brünnhilde-M.
sie — wahrt mir der Reif. — Entzückungs-M.

Geh' hin zu der Götter — Unheil-M.
heiligem Rath;
von meinem Ringe
raune ihnen zu:
die Liebe liesse ich nie, — Entsagungs-M.
mir nehmen nie sie die Liebe —
stürzt' auch in Trümmern — Walhall-M.
Walhall's strahlende Pracht!

WALTRAUTE.

Diess deine Treue? — Verzweiflungs- u. Fluch-M.
So in Trauer
entlässest du lieblos die Schwester?

BRÜNNHILDE.

Schwinge dich fort;
fliege zu Ross:
den Ring entführst du mir nie!

WALTRAUTE.

Wehe! Wehe!
Weh' dir Schwester!
Walhall's Göttern Weh'! — Wehe-M.

Sie stürzt fort; man hört sie schnell — wie zu Ross — vom Tann aus fortbrausen. — Walküren-M. u. Walkürenruf.

BRÜNNHILDE

(blickt einer davonjagenden, hell erleuchteten Gewitterwolke nach, die sich bald gänzlich in der Ferne verliert.)

Blitz und Gewölk, — Walküren-M.

(Walküren-M.) vom Wind geblasen,
stürme dahin:
zu mir nie steu're mehr her! —

Feuerzauber-M. Es ist Abend geworden: aus der Tiefe leuchtet der Feuerschein stärker auf.

Abendlich Dämmern
deckt den Himmel:
heller leuchtet
die hütende Lohe herauf. —

Loge M. Immer glühendere Flammenzungen lecken über den Felsensaum auf.

Was leckt so wüthend
die lodernde Welle zum Wall?
Zur Felsenspitze
wälzt sich der feurige Schwall. —

Siegfried-M. Man hört aus der Tiefe SIEGFRIED's Hornruf nahen. BRÜNNHILDE lauscht, und fährt dann entzückt auf.

Feuerzauber-M. Horn-M. Siegfried! . .
Siegfried zurück?
Horn-M. Seinen Ruf sendet er her:
Auf! — Auf, ihm entgegen!
Siegfried-M. in meines Gottes Arm!

Horn-M. Sie stürzt in höchstem Entzücken dem Hintergrunde zu. Feuerflammen schlagen über den Höhensaum auf: aus ihnen springt SIEGFRIED auf einen hoch ragenden Felsstein empor, worauf die Flammen wieder zurückweichen, und abermals nur aus der Tiefe des Hintergrundes heraufleuchten. — SIEGFRIED, auf dem Haupte den Tarnhelm, der ihm bis zur Hälfte das Gesicht verdeckt und nur die Augen frei lässt, erscheint in GUNTHER's Gestalt.

BRÜNNHILDE

(voll Entsetzen zurückweichend).

Hagen M. Tarnhelm-M. Verrath? — Wer drang zu mir?

Sie flieht bis in den Vordergrund, und heftet von da aus in sprachlosem Erstaunen ihren Blick auf SIEGFRIED.

SIEGFRIED

Vergessenheit-M. Gibichungen M. (im Hintergrunde auf dem Steine verweilend, betrachtet sie lange, auf seinen Schild gelehnt; dann redet er sie mit verstellter — tieferer — Stimme an).

Tarnhelm-M. Brünnhild'! ein Freier kam,
den dein Feuer nicht geschreckt.

Dich werb' ich nun zum Weib; — Vergessenheit-M.
du folge willig mir! — Gibichungen-M.

BRÜNNHILDE
(heftig zitternd).

Wer ist der Mann,
der das vermochte, — Tarnhelm-M.
was dem Stärksten nur bestimmt!

SIEGFRIED
(immer noch auf dem Steine im Hintergrunde).

Ein Helde, der dich zähmt — — Vergessenheit-M.
bezwingt Gewalt dich nur. — Gibichungen-M.

BRÜNNHILDE
(von Grausen erfasst).

Ein Unhold schwang sich
auf jenen Stein; —
ein Aar kam geflogen — Wehe-M.
mich zu zerfleischen! —
Wer bist du, Schrecklicher?

(SIEGFRIED — schweigt.)

Stamm'st du von Menschen? — Tarnhelm-M.
komm'st du von Hella's
nächtlichem Heer?

SIEGFRIED
(nach längerem Schweigen).

Vergessenheit-M.

Ein Gibichung bin ich,
und Gunther heisst der Held,
dem, Frau, du folgen soll'st. — Gibichungen-M.

BRÜNNHILDE
(in Verzweiflung ausbrechend).

Wotan! ergrimmter,
grausamer Gott!
Weh'! nun erseh' ich — Unheil-M.
der Strafe Sinn:
zu Hohn und Jammer — Wehe-M.
jag'st du mich hin!

SIEGFRIED

(springt vom Stein herab und tritt näher).

Hagen-M.
Tarnhelm-M.
Vergessenheit-M.

Die Nacht bricht an:
in deinem Gemach
musst du dich mir vermählen.

BRÜNNHILDE

(den Finger, an dem sie Siegfried's Ring trägt, drohend emporstreckend).

Ring-M.
Wehe-M.
Goldherrschaft-M.

Bleib' fern! fürchte diess Zeichen!
Zur Schande zwingst du mich nicht,
so lang' der Ring mich beschützt.

SIEGFRIED.

Hagen-M.

Mannesrecht gebe er Gunther:
durch den Ring sei ihm vermählt!

BRÜNNHILDE.

Ring-M.
Goldherrschaft-M.
Walküren-M.

Zurück, du Räuber!
frevelnder Dieb!
Erfreche dich nicht mir zu nah'n!
Stärker als Stahl
macht mich der Ring:
nie — raubst du ihn mir!

SIEGFRIED.

Fluch-M.

Von dir ihn zu lösen
lehrst du mich nun.

Wehe- u. Walküren-M.
Gattenliebe-M.
Fluch-M.
Hagen-M.
Liebesglück-M.,
Brünnhilde- u. Tarnhelm-M.

Er dringt auf sie ein; sie ringen. BRÜNNHILDE windet sich los und flieht. SIEGFRIED setzt ihr nach. Sie ringen von neuem: er erfasst sie, und entzieht ihrem Finger den Ring. Sie schreit laut auf. Als sie, wie zerbrochen, in seinen Armen niedersinkt, streift ihr Blick bewusstlos die Augen SIEGFRIED'S. Er lässt die Machtlose auf die Steinbank vor dem Felsengemache niedergleiten.

SIEGFRIED.

Vergessenheit-M.

Jetzt bist du mein! —
Brünnhilde, Gunther's Braut —
gönne mir nun dein Gemach!

BRÜNNHILDE
(fast ohnmächtig). — Nibelungen-hass-M. Brünnhilde-M.

Was könntest du wehren,
elendes Weib?

SIEGFRIED treibt sie mit einer gebietenden Bewegung an: zitternd und wankenden Schrittes geht sie in das Gemach. — Hagen-M. Unheil- u. Nibelungenhass-M.

SIEGFRIED
(das Schwert ziehend, — mit seiner natürlichen Stimme). — Treue-M. Schwert-, Hagen-, Vertrags-M.

Nun, Nothung zeuge du, — Blutbrüderschaft-M.
dass ich in Züchten warb:
die Treue wahrend dem Bruder, — Gutrune-M.
trenne mich von seiner Braut! — Schwert-M.
(Er folgt BRÜNNHILDE nach.) — Treue-, Tarnhelm-, Vergessenheit-, Brünnhilde-, Treue-, Tarnhelm-M.

Der Vorhang fällt.

ZWEITER AUFZUG.

Nibelungen-hass-M. mit Hagen- u. Wehe-M.

Uferraum

vor der Halle der Gibichungen: rechts der offene Eingang zur Halle; links das Rheinufer; von diesem aus erhebt sich eine durch verschiedene Bergpfade gespaltene, felsige Anhöhe, quer über die Bühne, nach rechts dem Hintergrunde zu aufsteigend. Dort sieht man einen der FRICKA errichteten Weihstein, welchem, höher hinauf, ein grösserer für WOTAN, sowie seitwärts ein gleicher für DONNER geweihter entspricht. Es ist Nacht.

HAGEN, den Speer im Arm, den Schild zur Seite, sitzt schlafend an der Halle. Der Mond wirft plötzlich ein grelles Licht auf ihn und seine nächste Umgebung: man gewahrt ALBERICH vor HAGEN kauernd, die Arme auf dessen Kniee gelehnt. — Ring-M.

ALBERICH.

Schläfst du, Hagen, mein Sohn? — — Nibelungen-hass-M.
Du schläfst, und hörst mich nicht,
den Ruh' und Schlaf verrieth?

HAGEN

(leise, und ohne sich zu rühren, so dass er immer fort zu schlafen scheint, obwohl er die Augen offen hat).

Ich höre dich, schlimmer Albe:
was hast du meinem Schlaf zu sagen?

ALBERICH.

Ring-M.

Gemahnt sei der Macht,
der du gebietest,
bist du so muthig

Entsagungs-M.

wie die Mutter dich mir gebar.

HAGEN.

Nibelungen-hass-M.

Gab mir die Mutter Muth,
nicht mag ich ihr doch danken,
dass deiner List sie erlag:
frühalt, fahl und bleich,
hass' ich die Frohen,

Entsagungs-M.

freue mich nie!

ALBERICH.

Nibelungen-hass-M.

Hagen, mein Sohn,
hasse die Frohen!
Mich Lust-freien,
Leid-belasteten,
liebst du so wie du sollst!

Nibelungen-hass-M.

Bist du kräftig,
kühn und klug:
die wir bekämpfen
mit nächtigem Krieg,
schon giebt ihnen Noth unser Neid.

Ring-M.

Der einst den Ring mir entriss,
Wotan, der wüthende Räuber,
vom eig'nen Geschlechte
ward er geschlagen:

Schwert-M.

an den Wälsung verlor er
Macht und Gewalt;

Walhall-M. (verzerrt).

mit der Götter ganzer Sippe
in Angst ersieht er sein Ende.

Nicht ihn fürcht' ich mehr. Nibelungen-hass-M.
fallen muss er mit allen! —

Schläfst du, Hagen, mein Sohn?

HAGEN
(bleibt unverändert wie zuvor).

Der Ewigen Macht,
wer erbte sie?

ALBERICH.

Ich — und du: Mord-M.
wir erben die Welt,
trüg' ich mich nicht
in deiner Treu',
theil'st du meinen Gram und Grimm. —
Wotan's Speer Schwert-M.
zerspellte der Wälsung, Vertrag-M.
der Fafner, den Wurm, Fafner-M.
im Kampfe gefällt,
und kindisch den Reif sich errang: Ring-M.
jede Gewalt
hat er gewonnen;
Walhall und Nibelheim
neigen sich ihm;
an dem furchtlosen Helden
erlahmt selbst mein Fluch:
denn nicht kennt er
des Ringes Werth,
zu nichts nützt er
die neidlichste Macht;
lachend in liebender Brunst Horn-M.
brennt er lebend dahin.
Ihn zu verderben Hagen-M.
taugt uns nun einzig . . .

Entsagungs-M.
Schläfst du, Hagen, mein Sohn? Nibelungen-hass-M.

HAGEN.

Zu seinem Verderben Hagen-M.
dient er mir schon.

ALBERICH.

Mord-M. — Den gold'nen Ring,
den Reif gilt's zu erringen!
Brünnhilden's Wälsungenliebe-M. — Ein weises Weib
lebt dem Wälsung zu Lieb':
Nibelungenhass-M. — rieth' es ihm je
Rheintöchter-M. — des Rheines Töchtern
— die in Wassers Tiefen
einst mich bethört! —
Ring-M. — zurück zu geben den Ring:
verloren ging' mir das Gold,
keine List erlangte es je.
Mord-M. — Drum ohne Zögern
ziel' auf den Reif:
Nibelungenhass-M. — Dich Zaglosen
zeugt' ich mir ja,
dass wider Helden
hart du mir hieltest.
Fafner-M. — Zwar stark nicht genug
den Wurm zu besteh'n
Fafner- u. Schwert-M. — — was allein dem Wälsung bestimmt —
Mord-M. — zu zähem Hass doch
erzog ich Hagen:
der soll mich nun rächen,
den Ring gewinnen,
dem Wälsung und Wotan zum Hohn!
Walhall-M. — Schwör'st du mir's, Hagen, mein Sohn?

HAGEN.

Nibelungenhass-M. — Den Ring soll ich haben:
harre in Ruh'!

ALBERICH.

Schwör'st du mir's, Hagen, mein Held?

HAGEN.

Mir selbst schwör' ich's:
Fluch-M. — schweige die Sorge!

Ein immer finsterer Schatten bedeckt wieder HAGEN und ALBERICH: vom Rhein her dämmert der Tag.

ALBERICH

(wie er allmälig immer mehr dem Blicke entschwindet, wird auch seine Stimme immer unvernehmbarer).

(Nibelungenhass-M.) (Fluch-M.)

Sei treu, Hagen, mein Sohn!
Trauter Helde, sei treu!
Sei treu! — treu!

Wehe-M.

ALBERICH ist gänzlich verschwunden. HAGEN, der unverrückt in seiner Stellung geblieben, blickt regungslos und starren Auges nach dem Rheine hin.

(Die Sonne geht auf und spiegelt sich in der Fluth.)

SIEGFRIED tritt plötzlich, dicht am Ufer, hinter einem Busche hervor. Er ist in seiner eigenen Gestalt; nur den Tarnhelm hat er auf dem Haupte: er zieht ihn ab, und hängt ihn in den Gürtel.

Tarnhelm-M.
Horn-M.

SIEGFRIED.

Hoiho! Hagen!
Müder Mann!
Siehst du mich kommen?

HAGEN

(gemächlich sich erhebend).

Hei! Siegfried!
Geschwinder Helde!
Wo brausest du her?

SIEGFRIED.

Vom Brünnhildenstein; Loge-M.
dort sog ich den Athem ein,
mit dem ich dich rief:
so schnell war meine Fahrt! Horn-M.
Langsamer folgt mir ein Paar:
zu Schiff gelangt das her.

HAGEN.

So zwangst du Brünnhild'?

SIEGFRIED.

Wacht Gutrune?

HAGEN.

Hoiho! Gutrune! Gutrune-M.
Komm' heraus!

Loge-M.

Siegfried ist da:
was säumst du drin?

SIEGFRIED
(zur Halle sich wendend).

Euch beiden meld' ich,
wie ich Brünnhild' band.

Hochzeitsruf.

(GUTRUNE tritt ihnen unter der Halle entgegen.)

SIEGFRIED.

Heiss' mich willkommen,
Gibichskind!
Ein guter Bote bin ich dir.

GUTRUNE.

Freia grüsse dich
zu aller Frauen Ehre!

SIEGFRIED.

Frei und hold
sei nun mir Frohen:
zum Weib gewann ich dich heut'.

GUTRUNE.

So folgt Brünnhild' meinem Bruder?

SIEGFRIED.

Leicht ward die Frau ihm gefreit.

GUTRUNE.

Sengte das Feuer ihn nicht?

SIEGFRIED.

Ihn hätt' es auch nicht versehrt;
doch ich durchschritt es für ihn,
Hochzeitsruf.
da dich ich wollt' erwerben.

GUTRUNE.

Doch dich hat es verschont?

SIEGFRIED.

Mich freute die schwebende Brunst.

GUTRUNE.

Hielt Brünnhild' dich für Gunther? **Loge- u. Tarnhelm.M.**

SIEGFRIED.

Ihm glich ich auf ein Haar:
der Tarnhelm wirkte das,
wie Hagen tüchtig es wies.

HAGEN.

Dir gab ich guten Rath.

GUTRUNE.

So zwangst du das kühne Weib?

SIEGFRIED.

Sie wich — Gunther's Kraft. **Gibichungen-M.**

GUTRUNE.

Und vermählte sie sich dir?

SIEGFRIED.

Ihrem Mann gehorchte Brünnhild'
eine volle bräutliche Nacht.

GUTRUNE.

Als ihr Mann doch galtest du? **Vergessenheit-M.**

SIEGFRIED.

Bei Gutrune weilte Siegfried. **Gutrune-M.**

GUTRUNE.

Doch zur Seite war ihm Brünnhild'?

SIEGFRIED
(auf sein Schwert deutend). **Treue-M.**

Zwischen Ost und West der Nord: **Schwert-, Hagen-, Vertrags M.**
so nah — war Brünnhild' ihm fern. **Blutbrüderschaft-M.**

GUTRUNE.

Wie empfing Gunther sie nun von dir?

SIEGFRIED.

Durch des Feuers verlöschende Lohe
im Frühnebel vom Felsen **Loge-M.**
folgte sie mir zu Thal;

(Loge-M.) dem Strande nah,
flugs die Stelle
Tarnhelm M. tauschte Gunther mit mir:
durch des Geschmeides Tugend
wünscht' ich mich schnell hieher.
Horn-M. Ein starker Wind nun treibt
die Trauten den Rhein herauf:
d'rum rüstet jetzt den Empfang!

GUTRUNE.

Vergessenheit-M. Siegfried, mächtigster Mann:
wie fasst mich Furcht vor dir!

HAGEN

(von der Höhe im Hintergrunde den Fluss hinab spähend).

In der Ferne seh' ich ein Segel.

SIEGFRIED.

So sagt dem Boten Dank!

GUTRUNE.

Hochzeitsruf. Lasst sie uns hold empfangen,
dass heiter sie und gern hier weile!
Du Hagen! minnig
rufe die Mannen
nach Gibich's Hof zur Hochzeit!
Frohe Frauen
ruf' ich zum Fest:
der Freudigen folgen sie gern.

(Nach der Halle schreitend, zu SIEGFRIED.)

Rastest du, schlimmer Held?

SIEGFRIED.

Dir zu helfen ruh' ich aus.

(Er folgt ihr. Beide gehen in die Halle ab.)

HAGEN

(auf der Anhöhe stehend, stösst, der Landseite zugewendet, mit aller Kraft in ein grosses Stierhorn).

Wehe-M. Hoiho! Hoiho! Hoho!
Ihr Gibichs-Mannen,
machet euch auf!

Wehe! Wehe!
Waffen! Waffen! — **Hochzeitsruf.**
Waffen durch's Land!
Gute Waffen! — **Hochzeitsruf.**
Starke Waffen,
scharf zum Streit! — **Gibichungen-M.**
Noth ist da! — **Götter-**
Noth! Wehe! Wehe! — **dämmerungs-M.**
Hoiho! Hoiho! Hoho! — **Wehe-M.**

Er bläst abermals. Aus verschiedenen Gegenden vom Lande her antworten Heerhörner. Von den Höhen und aus dem Thale stürmen in Hast und Eile gewaffnete Mannen herbei.

Die Mannen
(erst einzelne, dann immer mehre zusammen).

Was tos't das Horn? — **Mannen-M.**
was ruft es zu Heer?
Wir kommen mit Wehr,
wir kommen mit Waffen.
Hagen! Hagen!
Hoiho! Hoiho!
Welche Noth ist da?
Welcher Feind ist nah?
Wer giebt uns Streit?
Ist Gunther in Noth? — **Gibichungen-M.**

Hagen
(von der Anhöhe herab). — **Hochzeitsruf.**

Rüstet euch wohl
und rastet nicht;
Gunther sollt ihr empfah'n:
ein Weib hat der gefreit.

Die Mannen.

Drohet ihm Noth? — **Mannen-M.**
drängt ihn der Feind?

Hagen.

Ein freisliches Weib
führet er heim.

Die Mannen.

Mannen-M. Ihm folgen der Magen
feindliche Mannen?

Hagen.

Einsam fährt er:
keiner folgt.

Die Mannen.

So bestand er die Noth,
bestand er den Kampf?

Hagen.

Horn-M. Der Wurmtödter
wehrte der Noth:
Siegfried, der Held,
der schuf ihm Heil.

Die Mannen.

Mannen-M. Was soll ihm das Heer nun noch helfen?
Was hilft ihm nun das Heer?

Hagen.

Starke Stiere
soll't ihr schlachten:
am Weihstein fliesse
Wotan ihr Blut.

Die Mannen.

Mannen-M. Was, Hagen, was heissest du uns dann?

Hagen.

Einen Eber fällen
sollt ihr für Froh;
einen stämmigen Bock
Mannen-M. stechen für Donner;
Schafe aber
schlachtet für Fricka,
dass gute Ehe sie gebe!

Die Mannen
(mit immer mehr ausbrechender Heiterkeit).

Mannen-M. Schlugen wir Thiere,
was schaffen wir dann?

HAGEN.

Das Trinkhorn nehm't,
von trauten Frau'n
mit Meth und Wein
wonnig gefüllt.

DIE MANNEN. — Mannen M.

Das Horn zur Hand,
wie halten wir es dann?

HAGEN.

Rüstig gezecht,
bis der Rausch euch zähmt:
alles den Göttern zu Ehren,
dass gute Ehe sie geben!

DIE MANNEN
(in ein schallendes Gelächter ausbrechend).

Gross Glück und Heil
lacht nun dem Rhein,
da Hagen, der grimme,
so lustig mag sein!
Der Hage-Dorn
sticht nun nicht mehr
zum Hochzeitrufer — Hochzeitsruf.
ward er bestellt.

HAGEN
(der immer sehr ernst geblieben). — Mannen-M.

Nun lasst das Lachen,
muth'ge Mannen!
Empfangt Gunther's Braut:
Brünnhilde naht dort mit ihm.
(Er ist herabgestiegen und unter die Mannen getreten.) — Hochzeitsruf.
Hold seid der Herrin, — Mannen-M.
helfet ihr treu;
traf sie ein Leid, — Hagen-M.
rasch seid zur Rache!

GUNTHER und BRÜNNHILDE

sind im Nachen angekommen. Einige der MANNEN springen in den Fluss, und ziehen den Kahn an das Land. Während GUNTHER BRÜNNHILDE an das Ufer geleitet, schlagen die MANNEN jauchzend an die Waffen. HAGEN steht zur Seite im Hintergrunde.

DIE MANNEN.

Hochzeitsruf.

Heil! Heil!
Willkommen! Willkommen!
Heil dir, Gunther!
Heil dir und deiner Braut!

Walküren-M.

GUNTHER

(BRÜNNHILDE, welche bleich und gesenkten Blickes ihm folgt, den MANNEN vorstellend).

Brünnhild', die hehrste Frau,
bring' ich euch her zum Rhein:
ein edleres Weib
ward nie gewonnen!
Der Gibichungen Geschlecht,
gaben die Götter ihm Gunst,
zum höchsten Ruhm
rag' es nun auf!

DIE MANNEN

(an die Waffen schlagend).

Heil dir,
Glücklicher Gibichung!

Walküren-, Unheil-M.

GUNTHER geleitet BRÜNNHIDE, welche nie aufblickt, zur Halle, aus welcher jetzt SIEGFRIED und GUTRUNE, von Frauen begleitet, heraustreten.

GUNTHER

(mit BRÜNNHILDE vor der Halle anhaltend).

Hochzeitsruf. Gastfreundschaft-M.

Gegrüsst sei, theurer Held!
gegrüsst, holde Schwester!
Dich seh' ich froh ihm zur Seite,
der dich zum Weib gewann.
Zwei sel'ge Paare
seh' ich hier prangen:

Brünnhild' — und Gunther, — Hochzeitsruf.
Gutrun' — und Siegfried!

(Brünnhilde erschrickt, schlägt die Augen auf, und erblickt Siegfried: sie lässt Gunther's Hand fahren, geht heftig bewegt einen Schritt auf Siegfried zu, weicht entsetzt zurück, und heftet starr den Blick auf ihn. — Alle sind sehr betroffen.) — Schwert-, Hagen-, Unheil-M. — Schicksal-M.

MANNEN und FRAUEN.

Was ist ihr?
Ist sie entrückt? — Tarnhelm-M.

SIEGFRIED

(geht ruhig einige Schritte auf Brünnhilde zu). — Vergessenheit-M.

Was müh't Brünnhilden's Blick? — Hagen-M.

BRÜNNHILDE

(kaum ihrer mächtig).

Siegfried . . . hier . . ? Gutrune . . ? — Hochzeitsruf.

SIEGFRIED.

Gunther's milde Schwester: — Gutrune-M.
mir vermählt,
wie Gunther du.

BRÜNNHILDE.

Ich . . ? Gunther . . ? Du lüg'st! — — Schicksal-M.
Mir schwindet das Licht . . .

(Sie droht umzusinken: Siegfried, ihr zunächst, stützt sie.)

BRÜNNHILDE

(matt und leise in Siegfried's Arme). — Brünnhilde-M.

Siegfried . . . kennt mich nicht? . .

SIEGFRIED.

Gunther, deinem Weib ist übel!

(Gunther tritt hinzu.)

Erwache, Frau!
hier steht dein Gatte.

Indem Siegfried auf Gunther mit dem Finger deutet, erkennt an diesem Brünnhilde den Ring.

BRÜNNHILDE

(mit furchtbarer Heftigkeit aufschreckend).

Ha! — der Ring . . . — Ring-M.
an seiner Hand!
Er . . ? Siegfried? — Fluch M.

MANNEN und FRAUEN.

Was ist?

Nibelungenhass-M.

HAGEN

(aus dem Hintergrunde unter die MANNEN tretend)

Jetzt merket klug,
was die Frau euch klagt!

BRÜNNHILDE

(sich ermannend, indem sie die schrecklichste Aufregung gewaltsam zurückhält).

Einen Ring sah ich
an deiner Hand: —
nicht dir gehört er,
ihn entriss mir
(auf GUNTHER deutend)
— dieser Mann!
Wie mochtest von ihm
den Ring du empfah'n?

SIEGFRIED

(aufmerksam den Ring an seiner Hand betrachtend).

Vergessenheit- u- Rheingold-M.

Den Ring empfing ich
nicht von ihm.

BRÜNNHILDE

(zu GUNTHER).

Wehe-M. / Goldherrschaft-M.

Nahm'st du von mir den Ring,
durch den ich dir vermählt;
so melde ihm dein Recht,
ford're zurück das Pfand!

GUNTHER

(in grosser Verwirrung).

Vergessenheit-M.

Den Ring? — ich gab ihm keinen: —
doch kenn'st du ihn auch gut?

BRÜNNHILDE.

Rheingold-M.

Wo bärgest du den Ring,
den du von mir erbeutet?

Tarnhelm-M.

(GUNTHER schweigt in höchster Betroffenheit.)

BRÜNNHILDE

(wüthend auffahrend).

Wehe-M.

Ha! — Dieser war es,

der mir den Ring entriss: Ring-M.
Siegfried, der trugvolle Dieb!

SIEGFRIED Unheil- u. Ring-M.

(der über der Betrachtung des Ringes in fernes Sinnen entrückt war).

Von keinem Weib
kam mir der Reif;
noch war's ein Weib, Ring- u. Wurm-M.
dem ich ihn abgewann:
genau erkenn' ich
des Kampfes Lohn, Fafner-M. Rheintöchtersang.
den vor Neidhöhl' einst ich bestand, Fafner-M.
als den starken Wurm ich erschlug. Rheingold-M.

HAGEN

(zwischen sie tretend).

Brünnhild', kühne Frau! Nibelungenhass-M.
kennst du genau den Ring? Rheingold-M.
Ist's der, den du Gunther'n gabst,
so ist er sein, — Hagen-M.
und Siegfried gewann ihn durch Trug, Siegfried-M.
den der Treulose büssen sollt'! Vergessenheit-M.

BRÜNNHILDE

(im furchtbarsten Schmerz aufschreiend).

Betrug! Betrug!
Schändlichster Betrug! Ring-M.
Verrath! Verrath! —
Wie noch nie er gerächt! Unheil- u. Wehe-M.

GUTRUNE.

Verrath? Unheil-M.

MANNEN und FRAUEN.

Verrath? An wem?

BRÜNNHILDE.

Heilige Götter! Walhall-M.
himmlische Lenker!
Rauntet ihr diess Unheil-M.
in eurem Rath?

Nibelungen-hass-M. Lehrt ihr mich Leiden
wie keiner sie litt?
Schuft ihr mir Schmach
Wehe-M. wie nie sie geschmerzt?
Rathet nun Rache
wie nie sie geras't!
Zündet mir Zorn
wie noch nie er gezähmt!
Heisset Brünnhild'
ihr Herz zu zerbrechen,
den zu zertrümmern,
der sie betrog!

GUNTHER.

Mannen-M. Brünnhild', Gemahlin!
mäss'ge dich!

BRÜNNHILDE.

Unheil-M. Weich' fern, Verräther!
selbst Verrath'ner! —
Wisset denn Alle:
nicht — ihm, —
dem Manne dort
bin ich vermählt.

MANNEN und FRAUEN.

Unheil-M. Siegfried? Gutrun's Gemahl?

BRÜNNHILDE.

Hingebungs-M. Er zwang mir Lust
und Liebe ab.

SIEGFRIED.

Unheil-M. Achtest du so
der eig'nen Ehre?
Die Zunge, die sie lästert,
Unheil-M. muss ich der Lüge sie zeihen? —
Hagen-M. Hört, ob ich Treue brach!
Blutbrüderschaft-M. Blutbrüderschaft
Treue-M. hab' ich Gunther geschworen:
Schwert-, Hagen-, Vertrag-M. Nothung, das werthe Schwert,

wahrte der Treue Eid; Blutbrüderschaft-, Schwert-M.
mich trennte seine Schärfe
von diesem traurigen Weib. Schwert-M.

BRÜNNHILDE. Unheil-M.

Du listiger Held!
sieh' wie du lüg'st,
wie auf dein Schwert
du schlecht dich beruf'st!
Wohl kenn' ich seine Schärfe. Schwert-M.
doch kenn' auch die Scheide, Gattenliebe-M.
darin so wonnig
ruht' an der Wand Schwert-M.
Nothung, der treue Freund, Gattenliebe-M.
als die Traute sein Herr sich gefreit.

DIE MANNEN
(in lebhafter Entrüstung zusammentretend).

Wie? brach er die Treue? Mannen-M.
trübte er Gunther's Ehre? Gattenliebe-M.

GUNTHER.

Geschändet wär' ich, Nibelungenhass-, Wehe-, Gattenliebe-M.
schmählich bewahrt,
gäb'st du die Rede
nicht ihr zurück!

GUTRUNE.

Treulos, Siegfried,
sannest du Trug?
Bezeuge, dass Jene Loge- u. Gattenliebe M.
falsch dich zeiht!

DIE MANNEN.

Reinige dich,
bist du im Recht:
schweige die Klage,
schwöre den Eid!

SIEGFRIED.

Schweig' ich die Klage, Wehe- u. Gattenliebe M.
schwör' ich den Eid:

wer von euch wagt
seine Waffe daran?

HAGEN.

Hagen-, Unheil-, Wehe-M. Meines Speeres Spitze
wag' ich daran:
sie wahr' in Ehren den Eid.

Sühne-M. Unheil-M. Die MANNEN schliessen einen Ring um SIEGFRIED, HAGEN hält die Spitze seines Speeres hin: SIEGFRIED legt zwei Finger seiner rechten Hand darauf.

Speereid. SIEGFRIED.

Helle Wehr!
Hagen-M. heilige Waffe!
Unheil-M. hilf meinem ewigen Eide! —
Bei des Speeres Spitze
Hagen-M. sprech' ich den Eid:
Unheil-M. Spitze, achte des Spruchs! —
Mord-M. Wo Scharfes mich schneidet,
schneide du mich;
Mord-M. wo der Tod mich soll treffen,
treffe du mich:
klagte das Weib dort wahr,
brach ich dem Bruder den Eid!

BRÜNNHILDE

Walküren-M. (tritt wüthend in den Ring, reisst SIEGFRIED's Hand vom Speere, und fasst dafür mit der ihrigen die Spitze).

Speereid. Helle Wehr!
Hagen-M. heilige Waffe!
Unheil-M. hilf meinem ewigen Eide! —
Bei des Speeres Spitze
Hagen-M. sprech' ich den Eid:
Unheil-M. Spitze, achte des Spruchs! —
Mord-M. Ich weihe deine Wucht,
dass sie ihn werfe;
Mord-M. deine Schärfe segn' ich,
dass sie ihn schneide:
denn, brach' seine Eide er all,
schwur Meineid jetzt dieser Mann

DIE MANNEN

(im höchsten Aufruhr).

Hilf, Donner!
tose dein Wetter,
zu schweigen die wüthende Schmach! — Gattenliebe-M.

SIEGFRIED.

Gunther, wehr' deinem Weibe,
das schamlos Schande dir lügt! — Gattenliebe-M.
Gönn't ihr Weil' und Ruh',
der wilden Felsen-Frau,
dass ihre freche Wuth sich lege, — Liebes-M.
die eines Unhold's
arge List
wider uns alle erregt! —
Ihr Mannen, kehret euch ab!
lasst das Weiber-Gekeif'!
Als Zage weichen wir gern,
gilt es mit Zungen den Streit.

(Dicht zu GUNTHER tretend.)

Glaub', mehr zürnt es mich als dich, — Loge- u. Tarnhelm-M.
dass schlecht ich sie getäuscht:
der Tarnhelm, dünkt mich fast,
hat halb mich nur gehehlt.
Doch Frauengroll
friedet sich bald:
dass ich dir es gewann,
dankt dir gewiss noch das Weib. — Gattenliebe-M.

(Er wendet sich wieder zu den MANNEN.)

Munter, ihr Mannen!
folgt mir zum Mahl! —
Froh zur Hochzeit — Hochzeitsruf.
helfet, ihr Frauen! —
Wonnige Lust
lache nun auf:
in Hof und Hain
heiter vor allen
sollt ihr heute mich seh'n.

(Hochzeitsruf.) Wen die Minne freut,
meinem frohen Muthe
thu' es der Glückliche gleich!

Er schlingt in ausgelassenem Uebermuthe seinen Arm um GUTRUNE, und zieht sie mit sich in die Halle; die MANNEN und FRAUEN folgen ihm nach.

Fluch-, Entsagungs-, Nibelungenhass-, Gattenliebe-, Vergessenheit-, Sühne-, Wehe, Mord-M.

BRÜNNHILDE, GUNTHER und HAGEN bleiben zurück. GUNTHER hat sich, in tiefer Scham und furchtbarer Verstimmung, mit verhülltem Gesicht abseits niedergesetzt.

BRÜNNHILDE
(im Vordergrunde stehend und vor sich hin starrend).

Unheil-M. Welches Unhold's List
Mord-M. liegt hier verhohlen?
Unheil-M. Welches Zaubrer's Rath
Schicksal-M. regte diess auf?
Wo ist nun mein Wissen
gegen diess Wirrsal?
Wo sind meine Runen
gegen diess Räthsel?

Wehe-M. Ach Jammer! Jammer!
Weh'! ach Wehe!
Siegfriedliebe-M. All mein Wissen
wies ich ihm zu:
Gattenliebe-M. in seiner Macht
hält er die Magd;
in seinen Banden
hält er die Beute,
die, jammernd ob ihrer Schmach,
jauchzend der Reiche verschenkt! —

Mord-M.
Unheil- u. Wehe-M. Wer bietet mir nun das Schwert,
mit dem ich die Bande zerschnitt'?

HAGEN
(dicht an sie heran tretend).

Speereid-M. Vertraue mir,
betrog'ne Frau!

Wer dich verrieth, (Speereid-M.)
das räche ich.

BRÜNNHILDE.

An wem?

HAGEN.

An Siegfried, der dich betrog.

BRÜNNHILDE.

An Siegfried? . . du?
(Sie lacht bitter.)
Ein einz'ger Blick Liebesglück-M.
seines blitzenden Auges (verzerrt).
— das selbst durch die Lügengestalt Vergessenheit-M.
leuchtend strahlte zu mir — Liebesglück-M. (verzerrt).
deinen besten Muth Horn-M.
machte er bangen!

HAGEN.

Doch meinem Speere Speereid-M.
spart' ihn sein Meineid?

BRÜNNHILDE.

Eid, und Meineid —
müssige Acht! Siegfried-M.
Nach Stärk'rem späh',
deinen Speer zu waffnen,
willst du den Stärksten besteh'n! Mord-M.

HAGEN.

Wohl kenn' ich Siegfried's
siegende Kraft,
wie schwer im Kampf er zu fällen; Mord-M.
d'rum raune nun du Loge-M.
mir guten Rath,
wie doch der Recke mir wich'?

BRÜNNHILDE.

O Undank; schändlichster Lohn!
Nicht eine Kunst
war mir bekannt,

Siegfried-M. die zum Heil nicht half seinem Leib'!
Unwissend zähmt' ihn
Siegfried-M. mein Zauberspiel,
das ihn vor Wunden nun gewahrt.

HAGEN.

Mord-M. So kann keine Wehr ihm schaden?

BRÜNNHILDE.

Im Kampfe nicht: — doch —
Nibelungen-hass-M. träf'st du im Rücken ihn.
Niemals — das wusst' ich —
Siegfried-M. wich' er dem Feind,
Schwert-M. nie reicht er fliehend ihm den Rücken:
an ihm d'rum spart' ich den Segen.

HAGEN.

Und dort trifft ihn mein Speer!
(Er wendet sich rasch zu GUNTHER um.)
Unheil- u. Wehe-M. Auf, Gunther!
edler Gibichung!
Sühne-M. Hier steht dein starkes Weib:
was häng'st du dort in Harm?

GUNTHER
(leidenschaftlich auffahrend).

O Schmach!
O Schande!
Wehe mir,
Entsagungs-M. dem jammervollsten Manne!

HAGEN.

Unheil-M. In Schande liegst du —
läugn' ich das?

BRÜNNHILDE.

O feiger Mann!
falscher Genoss!
Hinter dem Helden
hehltest du dich,
dass Preise des Ruhmes
Mord-M. er dir erränge!

Tief wohl sank
das theure Geschlecht,
das solche Zagen erzeugt!

GUNTHER
(ausser sich).

Betrüger ich — und betrogen! — Unheil M.
Verräther ich — und verrathen! —
Zermalmt mir das Mark, — Sühne-M.
zerbrecht mir die Brust!
Hilf, Hagen! — Wehe-M.
hilf meiner Ehre!
hilf deiner Mutter, — Entsagungs-M.
die dich — auch ja gebar!

HAGEN.

Dir hilft kein Hirn, — Unheil-M.
dir hilft keine Hand;
dir hilft nur — Siegfried's Tod!

GUNTHER.

Siegfried's Tod! — Unheil- u. Wehe-M.

HAGEN.

Nur der sühnt deine Schmach.

GUNTHER
(von Grausen gepackt vor sich hin starrend).

Blutbrüderschaft — Blutbrüderschaft-M.
schwuren wir uns!

HAGEN.

Des Bundes Bruch
sühne nun Blut!

GUNTHER.

Brach er den Bund? — Sühne-M.

HAGEN.

Da er dich verrieth.

GUNTHER.

Verrieth er mich?

BRÜNNHILDE.

Dich verrieth er,
und mich verriethet ihr Alle!
Wär' ich gerecht,
alles Blut der Welt
Unheil-M. büsste mir nicht eure Schuld!
Mord-M. Doch des Einen Tod
Brünnhilde-M. taugt mir für Alle:
Mord-M. Siegfried falle —
zur Sühne für sich und euch!

HAGEN.
(nahe zu GUNTHER gewendet).

Hagen-M. Er falle — dir zum Heil!
Ring-M. Ungeheure Macht wird dir,
gewinn'st von ihm du den Ring,
Entsagungs-M. den der Tod ihm wohl nur entreisst.

GUNTHER.

Gattenliebe-M. (verzerrt). Brünnhilde's Ring?

HAGEN.

Wehe- u. Goldherrschaft-M. Des Niblungen Reif.

GUNTHER
(schwer seufzend).

So wär' es Siegfried's Ende!

HAGEN.

Unheil- u. Wehe-M. Uns allen frommt sein Tod.

GUNTHER.

Gutrune-M. Doch Gutrune, ach!
der ich ihn gönnte:
straften den Gatten wir so,
wie bestünden wir vor ihr?

BRÜNNHILDE
(wild auffahrend).

Was rieth mir mein Wissen?
was wiesen mich Runen?
Im hilflosen Elend

ahnet mir's hell:
Gutrune heisst der Zauber, — Hochzeitsruf.
der den Gatten mir entzückt! — Gutrune-M.
Angst treffe sie!

HAGEN
(zu GUNTHER).

Muss sein Tod sie betrüben, — Verlockungs-M.
verhehlt sei ihr die That.
Auf munt'res Jagen — Horn-M.
ziehen wir morgen:
der Edle braus't uns voran: —
ein Eber bracht' ihn da um. — Unheil- u. Wehe-M.

GUNTHER.	BRÜNNHILDE.	HAGEN.	
So soll es sein! Siegfried falle!			
	So soll es sein! Siegfried falle!		
Sühn' er die Schmach, die er mir schuf!			Sühne- u. Nibelungenhass-M.
	Sühn' er die Schmach, die er mir schuf!	Sterb' er dahin, der strahlende Held!	
Des Eides Treue	Eid-Treue	Mein ist der Hort, mir muss er gehören.	
hat er getrogen: mit seinem Blut büss' er die Schuld!	hat er getrogen: mit seinem Blut büss' er die Schuld!	d'rum sei der Reif ihm entrissen.	
Allrauner! rächender Gott! Schwurwissender Eideshort! Wotan! wende dich her! weise die schrecklich	Allrauner! rächender Gott! Schwurwissender Eideshort! Wotan! wende dich her! weise die schrecklich	Alben-Vater! gefall'ner Fürst! Nacht-Hüter! Niblungen-Herr! Alberich! achte auf mich! Weise von neuem	Speereid-M.

Walhall-, Hagen-M. Mord-M.	GUNTHER.	BRÜNNHILDE.	HAGEN.
	heilige Schaar,	heilige Schaar,	der Niblungen Schaar,
	hieher zu horchen	hieher zu horchen	dir zu gehorchen
	dem Racheschwur!	dem Racheschwur!	des Reifes Herrn!

Hochzeitsruf. — Unheil- u. Wehe-M. Hochzeitsruf. — Unheil- u. Wehe-M.

Als GUNTHER mit BRÜNNHILDE heftig der Halle sich zuwendet, tritt ihm der von dort heraustretende Brautzug entgegen. Knaben und Mädchen, Blumenstäbe schwingend, springen lustig voraus. SIEGFRIED wird auf einem Schilde, GUTRUNE auf einem Sessel von den Männern getragen. Auf der Anhöhe des Hintergrundes führen Knechte und Mägde auf verschiedenen Bergpfaden Opfergeräthe und Opferthiere zu den Weihsteinen herbei und schmücken diese mit Blumen. SIEGFRIED und die MANNEN blasen auf ihren Hörnern den Hochzeitsruf. Die FRAUEN fordern BRÜNNHILDE auf, an GUTRUNE's Seite sie zu geleiten. BRÜNNHILDE blickt starr zu GUTRUNE auf, welche ihr mit freundlichem Lächeln zuwinkt. Als BRÜNNHILDE heftig zurücktreten will, tritt HAGEN rasch dazwischen und drängt sie an GUNTHER, der jetzt von Neuem ihre Hand erfasst, worauf er selbst von den Männern sich auf einen Schild erheben lässt. Während der Zug, kaum unterbrochen, schnell der Höhe zu sich in Bewegung setzt, fällt der Vorhang.

Horn-, Wehe-M., Hochzeitsruf. — Natur-M., Rheintöchtersang, Rheingold-M., Hochzeitsruf, Horn-, Wasserspiel-M.

DRITTER AUFZUG.

Wasserspiel-M.

Wildes Wald- und Felsenthal

am Rheine, welcher im Hintergrunde an einem steilen Abhange vorbei fliesst.

DIE DREI RHEINTÖCHTER

(WOGLINDE, WELLGUNDE und FLOSSHILDE) tauchen aus der Fluth auf, und schwimmen während des folgenden Gesanges, wie im Reigentanze, im Kreise umher.

Frau Sonne
sendet lichte Strahlen;
Rheingold-M. — Nacht liegt in der Tiefe:
einst war sie hell,
da heil und hehr
Rheingold-M. — des Vaters Gold noch in ihr glänzte!

Rhein-Gold!
klares Gold!
wie hell du einstens strahltest,
hehrer Stern der Tiefe! (Wasserspiel-M.)

Frau Sonne,
sende uns den Helden,
der das Gold uns wieder gäbe! Rheingold-M.
Liess' er es uns,
dein lichtes Auge
neideten dann wir nicht länger. Rheingold-M.
Rhein-Gold!
klares Gold!
wie froh du dann strahltest,
freier Stern der Tiefe!

(Man hört SIEGFRIED's Horn von der Höhe her.) **Horn-M.**

WOGLINDE.

Ich höre sein Horn.

WELLGUNDE.

Der Helde naht.

FLOSSHILDE.

Lasst uns berathen!

(Sie tauchen schnell in die Fluth.) **Wasserspiel M.**

(SIEGFRIED erscheint auf dem Abhange in vollen Waffen.)

SIEGFRIED.

Ein Albe führte mich irr',
dass ich die Fährte verlor: —
he Schelm! in welchem Berg
barg'st du so schnell das Wild?

DIE DREI RHEINTÖCHTER
(wieder auftauchend). **Wasserspiel M.**

Siegfried!

FLOSSHILDE.

Was schilt'st du so in den Grund?

WELLGUNDE.

Welchem Alben bist du gram?

(Wasserspiel-M.)

WOGLINDE.

Hat dich ein Nicker geneckt?

ALLE DREI.

Sag' es, Siegfried! sag' es uns!

SIEGFRIED

(sie lächelnd betrachtend).

Entzücktet ihr zu euch
den zottigen Gesellen,
der mir verschwand?
Ist's euer Friedel,
euch lustigen Frauen
lass' ich ihn gern.

Wasserspiel-M.

(Die MÄDCHEN lachen laut auf.)

WOGLINDE.

Siegfried, was giebst du uns,
wenn wir das Wild dir gönnen?

SIEGFRIED.

Noch bin ich beutelos:
so bittet, was ihr begehrt.

Rheingold-M.

WELLGUNDE.

Ring-M.

Ein gold'ner Ring
ragt dir am Finger —

DIE DREI MÄDCHEN

(zusammen).

Entsagungs-M.

Den gieb' uns!

SIEGFRIED.

Wurm-M.

Einen Riesenwurm
erschlug ich um den Reif:
für eines schlechten Bären Tatzen
böt' ich ihn nun zum Tausch?

WOGLINDE.

Wasserspiel-M.

Bist du so karg?

WELLGUNDE.

So geizig beim Kauf?

FLOSSHILDE.

Freigebig
solltest Frauen du sein.

(Wasserspiel-M.)

SIEGFRIED.

Verzehrt' ich an euch mein Gut,
dess' zürnte mir wohl mein Weib.

FLOSSHILDE.

Sie ist wohl schlimm?

WELLGUNDE.

Sie schlägt dich wohl?

WOGLINDE.

Ihre Hand fühlt schon der Held!

(Sie lachen).

SIEGFRIED.

Nun lacht nur lustig zu!
in Harm lass' ich euch doch:
denn giert ihr nach dem Ring,
euch Neckern geb' ich ihn nie.

Wasserspiel-M.

FLOSSHILDE.

So schön!

WELLGUNDE.

So stark!

WOGLINDE.

So gehrenswerth!

DIE DREI
(zusammen).

Wie Schade, dass er geizig ist!

(Sie lachen und tauchen unter).

SIEGFRIED
(tiefer in den Grund hinabsteigend.)

Was leid' ich doch
das karge Lob?
Lass' ich so mich schmäh'n?
Kämen sie wieder,
zum Wasserrand,

Wasserspiel-M.

Rheingold-M.

Ring-M.

Entsagungs-M.

den Ring könnten sie haben. —
He he! ihr munt'ren
Wasserminnen!
kommt rasch: ich schenk' euch den Ring!

DIE DREI RHEINTÖCHTER
(tauchen wieder auf, und zeigen sich ernst und feierlich).

Behalt' ihn, Held,
und wahr' ihn wohl,
bis du das Unheil erräth'st,
das in dem Ring du heg'st.
Froh fühl'st du dich dann,
befrei'n wir dich von dem Fluch.

SIEGFRIED
(gelassen den Ring wieder ansteckend).

Ring-M.
Entsagungs-M.

So singet was ihr wisst!

DIE RHEINTÖCHTER
(einzeln und zusammen).

Wehe-M.

Ring-M.

Rheingold-M.

Fluch-M.

Ring- u. Wurm-M.
Fluch-M.

Wehe-M.

Rhein-töchter-sang.

Nibelungen-M.

Natur-M.
Götter-dämmerungs-M.

Siegfried! Siegfried! Siegfried!
Schlimmes wissen wir dir.
Zu deinem Wehe
wahr'st du den Ring!
Aus des Rheines Gold
ist der Reif geglüht:
der ihn listig geschmiedet
und schmählich verlor,
der verfluchte ihn,
in fernster Zeit
zu zeugen den Tod
dem, der ihn trüg'.
Wie den Wurm du fälltest,
so fällst auch du,
und heute noch
— so heissen wir's dir: —
tauschest den Ring du uns nicht,
im tiefen Rhein ihn zu bergen.
Nur seine Fluth
sühnet den Fluch!

SIEGFRIED.

Ihr listigen Frauen,
lass't das frei!
Traut' ich kaum eurem Schmeicheln,
euer Drohen schreckt mich noch minder.

Schicksal-M.
Wasserspiel M.

DIE RHEINTÖCHTER.

Siegfried! Siegfried!
Wir weisen dich wahr:
weiche! weiche dem Fluch!
Ihn flochten nächtlich
webende Nornen
in des Urgesetzes Seil.

Wehe-M.
Götter-dämmerungs-M.
Ring- u. Seil-M.

SIEGFRIED.

Mein Schwert zerschwang einen Speer: —
des Urgesetzes
ewiges Seil,
flochten sie wilde
Flüche hinein,
Nothung zerhaut es den Nornen!
Wohl warnte mich einst
vor dem Fluch' ein Wurm,
doch das Fürchten lehrt' er mich nicht! —
Der Welt Erbe
gewänne mir der Ring:
für der Minne Gunst
miss' ich ihn gern —
ich geb' ihn euch, gönnt ihr mir Lust.
Doch bedroht ihr mir Leben und Leib:
fasste er nicht
eines Finger's Werth —
den Reif entringt ihr mir nicht!
Denn Leben und Leib
seht! — so
werf' ich sie weit von mir!

Vertrags-M.
Ring- u. Seil-M.
Siegfried-M.
Schwert-M.
Fafner-M.
Walhall-M.
Wasserspiel-M.
Wehe-M.
Ring-M.

Er hat eine Erdscholle vom Boden aufgehoben, und mit den letzten Worten sie über sein Haupt hinter sich geworfen.

Die Rheintöchter.

Wasser-spiel-M.

Kommt, Schwestern!
schwindet dem Thoren!
So weise und stark
verwähnt sich der Held,
als gebunden und blind er doch ist.
Eide schwur er —
und achtet sie nicht:
Runen weiss er —
und räth sie nicht;

Brünnhilde-M.

ein hehrstes Gut
ward ihm gegönnt —
dass er's verworfen
weiss er nicht:
nur den Ring, der zum Tod ihm taugt —
den Reif nur will er sich wahren!

Wasser-spiel-M. Ring-M.

Leb' wohl, Siegfried!
Ein stolzes Weib
wird noch heut' dich Argen beerben:
sie beut uns bess'res Gehör.
Zu ihr! Zu ihr! Zu ihr!

(Sie schwimmen singend davon. Man hört ihren Gesang immer ferner.)

Siegfried
(sieht ihnen lächelnd nach).

Im Wasser wie am Lande
lernte nun ich Weiberart:
wer nicht ihrem Schmeicheln traut,
den schrecken sie mit Drohen;
wer dem nun kühnlich trotzt,
dem kommt dann ihr Keifen dran.
Und doch —
trüg' ich nicht Gutrun' Treu',
der zieren Frauen eine
hätt' ich mir frisch gezähmt!

Fluch-M.
Hochzeitsruf.
Wehe-M.
Horn-M.

Jagdhornrufe kommen von der Höhe näher: Siegfried antwortet lustig auf seinem Horne.

Gunther, Hagen und Mannen kommen während des Folgenden von der Höhe herab.

Hagen
(noch auf der Höhe).

Hoiho!

Siegfried.

Hoiho!

Die Mannen.

Hoiho! hoïho!

Hagen.

Finden wir endlich
wohin du flogest?

Siegfried.

Kommt herab! hier ist frisch und kühl. Wasserspiel-M. Horn-M., Hochzeitsruf, Wasserspiel-M. Horn-M.

Hagen.

Hier rasten wir
und rüsten das Mahl.
Lasst ruh'n die Beute
und bietet die Schläuche!

Jagdbeute wird zu Hauf gelegt; Trinkhörner und Schläuche werden hervorgeholt. Dann lagert sich alles. Horn-M.

Hagen.

Der uns das Wild verscheuchte,
nun sollt ihr Wunder hören,
was Siegfried sich erjagt.

Siegfried
(lachend).

Schlimm steht es um mein Mahl:
von eurer Beute
bitte ich für mich.

Hagen.

Du beutelos?

Siegfried.

Auf Waldjagd zog ich aus, Wasserspiel- u. Horn-M.
doch Wasserwild zeigte sich nur:
war ich dazu recht berathen,

(Wasserspiel- u. Horn-M.) drei wilde Wasservögel
hätt' ich euch wohl gefangen,
die dort auf dem Rhein mir sangen,
Unheil- u. Wehe-M. erschlagen würd' ich noch heut'.

GUNTHER
(erschrickt und blickt düster auf Hagen).

HAGEN.
Das wäre böse Jagd,
wenn den Beutelosen selbst
ein lauernd Wild erlegte!

SIEGFRIED.
Mich dürstet!
Er hat sich zwischen HAGEN und GUNTHER gelagert; gefüllte Trinkhörner werden ihnen gereicht.

HAGEN.
Ich hörte sagen, Siegfried,
Waldvogel-M. der Vögel Sanges-Sprache
verstündest du wohl:
so wäre das wahr?

SIEGFRIED.
Seit lange acht' ich
des Lallens nicht mehr.
(Er trinkt und reicht dann sein Horn GUNTHER.)
Hochzeitsruf. Trink', Gunther! trink'!
dein Bruder bringt es dir.

GUNTHER
(gedankenvoll und schwermüthig in das Horn blickend).
Sühne-M. Du mischtest matt und bleich: —
Unheil- u. Wehe-M. dein Blut allein darin!

SIEGFRIED
(lachend).
So misch' es mit dem deinen!
Hochzeitsruf u. Loge-M. (Er giesst aus GUNTHER's Horn in das seine, so dass es überläuft.)
Nun floss gemischt es über:
der Mutter Erde
lass' das ein Labsal sein!

GUNTHER
(seufzend).
Du überfroher Held! — Loge-M.

SIEGFRIED
(leise zu HAGEN).
Ihm macht Brünnhilde Müh'? — Tarnhelm-M.

HAGEN.
Verstünd' er sie so gut,
wie du der Vögel Sang!

SIEGFRIED.
Seit Frauen ich singen hörte, — Wasserspiel-M.
vergass ich der Vöglein ganz. — Waldvogel-M.

HAGEN.
Doch einst vernahmst du sie?

SIEGFRIED.
Hei! Gunther!
grämlicher Mann!
Dank'st du es mir,
so sing' ich dir Mären — Nibelungen-M.
aus meinen jungen Tagen.

GUNTHER.
Die hör' ich gern. — Nibelungen-M. Waldvogel-M.

HAGEN.
So singe, Held!

Alle lagern sich nahe um SIEGFRIED, welcher allein aufrecht sitzt, während die andren tiefer gestreckt liegen.

SIEGFRIED. — Nibelungen-M.
Mime hiess
ein mürrischer Zwerg:
in des Neides Zwang — Nibelungen-M.
zog er mich auf,
dass einst das Kind,
wann kühn es erwuchs,
einen Wurm ihm fällt' im Wald, — Wurm-M.
der faul dort hütet' einen Hort.
Er lehrte mich schmieden — Mime's Erziehungslied.

(Mime's Erziehungslied.) und Erze schmelzen:
doch was der Künstler
selber nicht konnt',
des Lehrling's Muthe
musst' es gelingen —:
eines zerschlag'nen Stahles Stücken
Schwert-M. neu zu schweissen zum Schwert.
Nothung-M. Des Vaters Wehr
fügt' ich mir neu:
Nothung-M. nagelfest
schuf ich mir Nothung;
Grübel-M. tüchtig zum Kampf
dünkt' er dem Zwerg:
Wurm-M. der führte mich nun zum Wald;
dort fällt' ich Fafner, den Wurm.

Jetzt aber merkt
wohl auf die Mär':
Wälsungenleid-M. Wunder muss ich euch melden.
Von des Wurmes Blut
mir brannten die Finger;
sie führt' ich kühlend zum Mund:
kaum netzt' ein wenig
die Zunge das Nass, —
was da ein Vöglein sang,
das konnt' ich flugs versteh'n:
Waldweben. Auf den Aesten sass es und sang —
Waldvogel-M. „Hei, Siegfried gehört nun
der Niblungen Hort:
o fänd' in der Höhle
den Hort er jetzt!
Wollt' er den Tarnhelm gewinnen,
der taugt' ihm zu wonniger That:
doch möcht' er den Ring sich errathen,
der macht' ihn zum Walter der Welt!"

HAGEN.

Ring und Tarnhelm
trug'st du nun fort?

EIN MANNE.

Das Vöglein hörtest du wieder?

SIEGFRIED.

Ring und Helm
hatt' ich gerafft;
da lauscht' ich wieder
dem wonnigen Laller;
der sass im Wipfel und sang: —
„Hei, Siegfried gehört nun
der Helm und der Ring:
o traute er Mime,
dem Treulosen, nicht!
Ihm sollt' er den Hort nur erheben;
nun lauert er listig am Weg:
nach dem Leben trachtet er Siegfried —
o traute Siegfried nicht Mime!"

HAGEN.

Es mahnte dich gut?

DIE MANNEN.

Vergaltest du Mime?

SIEGFRIED.

Mit tödtlichem Tranke
trat er zu mir;
bang und stotternd
gestand er mir Böses:
Nothung streckte den Strolch.

HAGEN
(lachend).

Was nicht er geschmiedet
schmeckte doch Mime!

DIE MANNEN.

Was wies das Vöglein dich wieder?

HAGEN
(nachdem er den Saft eines Krautes in das Trinkhorn ausgedrückt).

Trink' erst, Held,
aus meinem Horn:

(Waldweben.)

Wälsungenleid-M.

Waldvogel-M.

Wälsungenleid-M.

Nibelungen-M.

Verlockungs-M.

(Verlockungs-M.)

Tarnhelm-M.

ich würzte dir holden Trank,
die Erinnerung hell dir zu wecken,
dass Fernes nicht dir entfalle!

Vergessenheit, Gattenliebe-, Wälsungenleid-, Brünnhilde-M.

SIEGFRIED
(nachdem er getrunken).

In Leid zu dem Wipfel
lauscht' ich hinauf;
da sass es noch und sang: —
„Hei, Siegfried erschlug nun
den schlimmen Zwerg!
Jetzt wüsst' ich ihm noch
das herrlichste Weib: —
auf hohem Felsen sie schläft,
Feuer umbrennt ihren Saal;
durchschritt' er die Brunst,
weckt' er die Braut,
Brünnhilde wäre dann sein!"

Waldweben. Waldvogel-M.

(GUNTHER hört mit wachsendem Erstaunen zu.)

HAGEN.

Und folgtest du
des Vögleins Rathe?

SIEGFRIED.

Rasch ohne Zögern
zog ich nun aus,
bis den feurigen Fels ich traf;
die Lohe durchschritt ich,
und fand zum Lohn —
schlafend ein wonniges Weib
in lichter Waffen Gewand.
Den Helm löst' ich
der herrlichen Maid;
mein Kuss erweckte sie kühn! —
o wie mich brünstig da umschlang
der schönen Brünnhilde Arm!

Feuerzauber-M.

Freia-M.

Waberlohe-M.

Siegfriedliebe-M.

GUNTHER.

Was hör' ich!

Zwei Raben fliegen aus einem Busche auf, kreisen über SIEGFRIED, und fliegen davon.

HAGEN.

Erräth'st du auch
dieser Raben Geraun'?

(SIEGFRIED fährt heftig auf, und blickt, HAGEN den Rücken wendend, den Raben nach.) — Fluch- u. Wehe-M.

HAGEN.

Rache rathen sie mir!

Er stösst seinen Speer in SIEGFRIED's Rücken. GUNTHER und die MANNEN stürzen sich über ihn. SIEGFRIED schwingt mit beiden Händen seinen Schild hoch empor, um ihn nach HAGEN zu werfen: die Kraft verlässt ihn; der Schild entsinkt ihm rückwärts; er selbst stürzt über dem Schild zusammen. — Siegfried-M. (abgebrochen).

DIE MANNEN. — Todes-M.

Hagen, was thust du?
Was thatest du?

GUNTHER. — Todes-M. Schicksal-M. Sühne-M.

Hagen, was thatest du?

HAGEN.

Meineid rächt' ich!

HAGEN wendet sich ruhig zur Seite ab, und verliert sich dann einsam über die Höhe, wo man ihn langsam von dannen schreiten sieht. — GUNTHER beugt sich schmerzergriffen zu SIEGFRIED's Seite nieder. Die MANNEN umstehen theilnahmvoll den Sterbenden. Lange Stille der tiefsten Erschütterung. — Todes-M. Schicksal-M.

(Dämmerung ist bereits mit der Erscheinung der Raben eingebrochen.)

SIEGFRIED
(noch einmal die Augen glanzvoll aufschlagend, mit feierlicher Stimme beginnend). — Musik wie bei Brünnhildes Erwachen. (Siegfried S. 251 f.)

Brünnhilde — — Erwachens-M.
heilige Braut —
wach' auf! öff'ne dein Auge!
Wer verschloss dich — Schicksal-M.
wieder in Schlaf?
wer band dich in Schlummer so bang? —
Der Wecker kam;
er küsst dich wach, — Siegfried-M.
und aber der Braut
bricht er die Bande: —
da lacht ihm Brünnhilde's Lust! —

Entzückungs-M.

Ach, dieses Auge,
ewig nun offen! —
ach, dieses Athems
wonniges Wehen! —

Jubel-M.

Süsses Vergehen —
seliges Grauen —:

Schicksal-M.

Brünnhild' bietet mir — Gruss! —

Todes-M. Wälsungenleid-M.

(Er sinkt zurück und stirbt. Regungslose Trauer der Umstehenden.)

Todes-, Wälsungen-M.

Die MANNEN erheben die Leiche auf den Schild, und geleiten sie in feierlichem Zuge über die Felsenhöhe langsam von dannen. GUNTHER folgt der Leiche zunächst. —

Wehwalt-, Wälsungenleid-, Sieglinde-, Liebes-, Schwert-, Todes- (dur), Siegfried-, Helden-, Brünnhilde-, Wehe-, Goldherrschaft-, Fluch-, Helden- (moll) M.

Der Mond bricht durch die Wolken hervor, und beleuchtet auf der Höhe den Trauerzug. — Dann steigen Nebel aus dem Rheine auf, und erfüllen allmälig die ganze Bühne bis nach vornen. — Sobald sich dann die Nebel wieder zertheilen, ist die Scene verwandelt.

Die Halle der Gibichungen

mit dem Uferraume, wie im ersten Aufzuge. — Nacht. Mondschein spiegelt sich im Rhein.

Gutrune-M.

GUTRUNE tritt aus ihrem Gemach in die Halle heraus.

Horn- u. Wehe-M.

GUTRUNE.

War das sein Horn?

Horn- u. Wehe-M.

(Sie lauscht.)

Nein! — noch
kehrt er nicht heim. —

Horn-M.

Schlimme Träume
störten mir den Schlaf! —

Walküren-M.

Wild wieherte sein Ross: —
Lachen Brünnhilde's
weckte mich auf. — —
Wer war das Weib,

Rheintöchtersang.

das ich zum Ufer schreiten sah? —

Brünnhilde-M.

Ich fürchte Brünnhild'! —

Schicksal-M.

Ist sie daheim?

(Sie lauscht an einer Thüre rechts, und ruft dann leise:)

Brünnhild'! Brünnhild'!
bist du wach? —

(Sie öffnet schüchtern und blickt hinein.) — Brünnhilde-M.

Leer das Gemach! — —
so war es sie,
die ich zum Rheine schreiten sah? —

(Sie erschrickt und lauscht nach der Ferne.) — Hochzeitsruf.

War das sein Horn? —
Nein! —
öd' alles! — —
Säh' ich Siegfried nur bald! — Gutrune- u. Unheil-M.

Sie will sich wieder ihrem Gemache zuwenden: als sie jedoch HAGEN's Stimme vernimmt, hält sie an, und bleibt, von Furcht gefesselt, eine Zeit lang unbeweglich stehen.

HAGEN'S
(Stimme von aussen sich nähernd).

Hoiho! Hoiho! — Wehe-M. Unheil-M.
Wacht auf! wacht auf!
Lichte! Lichte!
helle Brände!
Jagdbeute
bringen wir heim.
Hoiho! Hoiho! — Wehe-M.

(Licht und wachsender Feuerschein von aussen.)

HAGEN
(in die Halle tretend).

Auf! Gutrun'! — Hochzeitsruf.
begrüsse Siegfried!
Der starke Held,
er kehret heim. — Helden-M.

MANNEN und FRAUEN begleiten, mit Lichtern und Feuerbränden, in grosser Verwirrung den Zug der mit SIEGFRIED's Leiche Heimkehrenden, unter denen GUNTHER.

GUTRUNE
(in grosser Angst).

Was geschah, Hagen? — Unheil-M.
nicht hört' ich sein Horn!

HAGEN.

Sühne-M. Der bleiche Held,
nicht bläs't er es mehr;
nicht stürmt er zur Jagd,
zum Streite nicht mehr,
Hingebungs-M. noch wirbt er um wonnige Frauen!

GUTRUNE

Horn-M. (mit wachsendem Entsetzen).

Was bringen die?

Siegfried-M.

HAGEN.

Wehe-M. Eines wilden Ebers Beute:
Siegfried, deinen todten Mann!

(GUTRUNE schreit auf, und stürzt über die Leiche hin, welche in der Mitte der Halle niedergesetzt ist. — Allgemeine Erschütterung und Trauer.)

GUNTHER

(indem er die Ohnmächtige aufzurichten sucht).

Gutrun'! holde Schwester!
Hebe dein Auge,
schweige mir nicht!

GUTRUNE

(wieder zu sich kommend).

Todes-M. Siegfried! — Siegfried erschlagen!

(Sie stösst GUNTHER heftig zurück).

Fort! treuloser Bruder!
du Mörder meines Mannes!
O Hülfe! Hülfe!
Wehe! Wehe!
Sie haben Siegfried erschlagen!

GUNTHER.

Hagen-M. Nicht klage wider mich!
dort klage wider Hagen:
Hagen-M. Horn-M. er ist der verfluchte Eber,
der diesen Edlen zerfleischt'.

HAGEN.

Bist du mir gram darum? — Hagen-M.

GUNTHER.

Angst und Unheil — Mord-M.
greife dich immer!

HAGEN
(mit furchtbarem Trotze herantretend).

Ja denn! ich hab' ihn erschlagen: — Speereid-M.
ich — Hagen —
schlug ihn zu todt!
Meinem Speer war er gespart, — Sühne-M.
bei dem er Meineid sprach.
Heiliges Beute-Recht
hab' ich mir nun errungen:
d'rum fordr' ich hier diesen Ring.

Ring-M.

GUNTHER.

Zurück! was mir verfiel
sollst nimmer du empfah'n.

HAGEN.

Ihr Mannen, richtet mein Recht! — Ring-M.

GUNTHER.

Rühr'st du an Gutrune's Erbe,
schamloser Albensohn?

HAGEN
(sein Schwert ziehend).

Des Alben Erbe — Fluch-M.
fordert so — sein Sohn!

Er dringt auf GUNTHER ein; dieser wehrt sich: sie fechten. Die MANNEN werfen sich dazwischen. GUNTHER fällt von einem Streiche HAGEN's todt darnieder. — Ring-M. — Wehe-M.

HAGEN.

Her den Ring! — Goldherrschaft-M.

Er greift nach SIEGFRIED's Hand: diese hebt sich drohend empor. Allgemeines Entsetzen. GUTRUNE und die FRAUEN schreien laut auf. — Schwert-M.

Götter-dämmerungs-M.

Vom Hintergrunde her schreitet BRÜNNHILDE fest und feierlich dem Vordergrunde zu.

BRÜNNHILDE
(noch im Hintergrunde).

Natur-u. Götter-dämmerungs-M.

Schweigt eures Jammers
jauchzenden Schwall!
Das ihr alle verriethet,
zur Rache schreitet sein Weib.

Schicksal-M.

(Sie schreitet ruhig weiter vor.)

Kinder hört' ich
greinen nach der Mutter,
da süsse Milch sie verschüttet:

Schicksal-M.

doch nicht erklang mir

Todesklage.

würdige Klage,
des höchsten Helden werth.

GUTRUNE.

Brünnhilde! Neid-erbos'te!
du brachtest uns diese Noth!
Die du die Männer ihm verhetztest,
weh', dass du dem Haus genah't!

BRÜNNHILDE.

Gutrune-M.

Armselige, schweig'!
Sein Eheweib warst du nie:
als Buhlerin
bandest du ihn.

Siegfriedliebe-M.

Sein Mannes-Gemahl bin ich,
der ewige Eide er schwur,
eh' Siegfried je dich ersah.

GUTRUNE
(in heftigster Verzweiflung).

Vergessenheit-M.

Verfluchter Hagen!
Dass du das Gift mir riethest,
das ihr den Gatten entrückt!
Ach Jammer!
wie jäh nun weiss ich's:

Brünnhild' war die Traute,
die durch den Trank er vergass!

Gutrune-M.
Schicksal-M.

Sie wendet sich voll Scheu von Siegfried ab, und beugt sich in Schmerz aufgelös't über Gunther's Leiche: so verbleibt sie regungslos bis an das Ende. — Langes Schweigen.

HAGEN steht, auf Speer und Schild gelehnt, in finsteres Sinnen versunken, trotzig auf der äussersten anderen Seite.

BRÜNNHILDE

(allein in der Mitte: nachdem sie lange, zuerst mit tiefer Erschütterung, dann mit fast überwältigender Wehmuth das Angesicht Siegfried's betrachtet, wendet sie sich mit feierlicher Erhebung an die Männer und Frauen).

Weltesche-M.

Starke Scheite
schichtet mir dort
am Rande des Rhein's zu Hauf:
hoch und hell
lod're die Gluth,
die den edlen Leib
des hehrsten Helden verzehrt! —
Sein Ross führet daher,
dass mit mir dem Recken es folge:
denn des Helden heiligste
Ehre zu theilen
verlangt mein eigener Leib. —
Vollbringt Brünnhilde's Wort!

Feuerzauber-M.
Siegfried- u. Götterdämmerungs-M.
Siegfried-M.
Feuerzauber-M.
Walküren-M.
Weltesche-M.

Die jüngeren Männer errichten während des Folgenden vor der Halle, nahe am Rheinufer, einen mächtigen Scheithaufen: Frauen schmücken ihn mit Decken, auf die sie Kräuter und Blumen streuen.

BRÜNNHILDE

(von neuem in den Anblick der Leiche versunken).

Entzückungs-M.

Wie die Sonne lauter
strahlt mir sein Licht:
der Reinste war er,
der mich verrieth!
Die Gattin trügend
— treu dem Freunde —
von der eig'nen Trauten
— einzig ihm theuer —

Schwert-M. schied er sich durch sein Schwert. —
Aechter als er
Entzückungs-M. schwur keiner Eide;
treuer als er
hielt keiner Verträge:
laut'rer als er
liebte kein and'rer:
und doch alle Eide,
alle Verträge,
die treueste Liebe —
Treue-M. trog keiner wie er! —

Todesklage. Wisst ihr wie das ward?

Walhall-M. O ihr, der Eide
heilige Hüter!
lenkt eu'ren Blick
auf mein blühendes Leid:
Todesklage. erschaut eu're ewige Schuld!
Wälsungenliebe- u. Schicksal-M. Meine Klage hör',
du hehrster Gott!
Durch seine tapferste That,
dir so tauglich erwünscht,
weihtest du den,
der sie gewirkt,
dem Fluche, dem du verfielest:
mich — musste
der Reinste verrathen,
Schicksal-M. dass wissend würde ein Weib! —

Weiss ich nun was dir frommt? —

Alles! Alles!
Alles weiss ich:
alles ward mir nun frei!
Wehe-M. Auch deine Raben
hör' ich rauschen:

mit bang ersehnter Botschaft
send' ich die beiden nun heim. **Fluch-M.**
Ruhe! Ruhe, du Gott! — **Rheintöchtersang, Walhall-, Unruhe-M.**

Sie winkt den Mannen, Siegfried's Leiche aufzuheben, und auf das Scheitgerüste zu tragen; zugleich zieht sie von Siegfried's Finger den Ring, betrachtet ihn während des Folgenden und steckt ihn endlich an ihre Hand. **Weltesche-M. Götterdämmerungs-M. Natur-M.**

Mein Erbe nun
nehm' ich zu eigen. — **Ring-M.**
Verfluchter Reif!
furchtbarer Ring!
Dein Gold fass' ich,
und geb' es nun fort.
Der Wassertiefe **Rheintöchtersang u. Wasserspiel-M.**
weise Schwestern,
des Rheines schwimmende Töchter, **Rheintöchter-M.**
euch dank' ich redlichen Rath! **Rheintöchtersang u. Wasserspiel-M.**
Was ihr begehrt,
ich geb' es euch:
aus meiner Asche **Rheingold-M.**
nehmt es zu eigen!
Das Feuer, das mich verbrennt,
rein'ge vom Fluche den Ring!
Ihr in der Fluth
löset ihn auf, **Wasserspiel-M.**
und lauter bewahrt
das lichte Gold, **Ring-M.**
das euch zum Unheil geraubt. — **Fluch-M.**

Sie wendet sich nach hinten, wo Siegfried's Leiche bereits auf dem Gerüste ausgestreckt liegt, und entreisst einem Manne den mächtigen Feuerbrand. **Vertrags-M. Loge-M.**

Fliegt heim, ihr Raben!
raun't es eurem Herrn,
was hier am Rhein ihr gehört!
An Brünnhilde's Felsen
fahret vorbei:
der dort noch lodert,
weiset Loge nach Walhall!
Denn der Götter Ende **Götterdämmerungs-M.**

Natur-M.
dämmert nun auf:

Götterdämmerungs-M.
so — werf' ich den Brand

Walhall-M. (Ansatz).
in Walhall's prangende Burg.

Loge-M.
Sie schleudert den Brand in den Holzstoss, der sich schnell hell entzündet. Zwei Raben sind vom Ufer aufgeflogen, und verschwinden nach dem Hintergrunde zu.

Diese Stelle ist nicht komponirt.

(„Dass diese Strophen, weil ihr Sinn in der Wirkung des musikalisch ertönenden Drama's bereits mit höchster Bestimmtheit ausgesprochen wird, bei der lebendigen Ausführung hinwegzufallen hatten, durfte schliesslich dem Musiker nicht entgehen.“ Richard Wagner.)

Ihr, blühenden Lebens
bleibend Geschlecht:
was ich nun euch melde,
merket es wohl! —
Saht ihr vom zündenden Brand
Siegfried und Brünnhild' verzehrt;
saht ihr des Rheines Töchter
zur Tiefe entführen den Ring:
nach Norden dann
blickt durch die Nacht!
Erglänzt dort am Himmel
ein heiliges Glüh'n,
so wisset all' —
dass ihr Walhall's Ende gewahrt! —

Verging wie Hauch
der Götter Geschlecht,
lass' ohne Walter
die Welt ich zurück:
meines heiligsten Wissens Hort
weis' ich der Welt nun zu. —
Nicht Gut, nicht Gold,
noch göttliche Pracht;
nicht Haus, nicht Hof,
noch herrischer Prunk:
nicht trüber Verträge
trügender Bund,
noch heuchelnder Sitte
hartes Gesetz:
selig in Lust und Leid
lässt — die Liebe nur sein! —

Walküren-M.
Zwei junge Männer führen das Ross herein; BRÜNNHILDE fasst es, und entzäumt es schnell.

Grane, mein Ross, (Walküren-M.)
sei mir gegrüsst!
Weisst du auch, mein Freund,
wohin ich dich führe?
Im Feuer leuchtend — Erlösungs- u. Siegfried-M.
liegt dort dein Herr,
Siegfried, mein seliger Held.
Dem Freunde zu folgen — Walküren-M.
wieherst du freudig?
Lockt dich zu ihm
die lachende Lohe? — Feuerzauber-M.
Fühl' meine Brust auch, — Erlösungs-M.
wie sie entbrennt;
helles Feuer
das Herz mir erfasst;
ihn zu umschlingen,
umschlossen von ihm,
in mächtigster Minne
vermählt ihm zu sein! —
Heiajaho! Grane! — Siegfried-M.
grüss' deinen Herren! — Erlösungs- u. Siegfried-M.
Siegfried! Siegfried! Sieh'!
Selig grüsst dich dein Weib!

Sie hat sich stürmisch auf das Ross geschwungen, und sprengt es mit einem Satze in den brennenden Scheithaufen. (Walküren-M.) Sogleich steigt prasselnd der Brand hoch auf, so dass das Feuer den ganzen Raum vor der Halle erfüllt, und diese selbst schon zu ergreifen scheint. (Feuerzauber-M.) Entsetzt drängen sich die Frauen nach dem Vordergrunde. Plötzlich bricht das Feuer zusammen, sodass nur noch eine düstre Gluthwolke über der Stätte schwebt; diese steigt auf und zertheilt sich ganz: der Rhein ist vom Ufer her mächtig angeschwollen, und wälzt seine Fluth über die Brandstätte bis an die Schwelle der Halle. (Wellen-M.) Auf den Wogen sind die DREI RHEINTÖCHTER herbeigeschwommen. — HAGEN, der seit dem Vorgange mit dem Ringe in wachsender Angst BRÜNNHILDE's Benehmen beobachtet hat, geräth beim Anblick der RHEINTÖCHTER in höchsten Schreck; er wirft hastig Speer, Schild und Helm von sich, und (Rheintöchtersang.) stürzt wie wahnsinnig mit dem Rufe: Zurück vom Ringe! (Fluch-M. (abbrechend).) sich in die Fluth. WOGLINDE und WELLGUNDE umschlingen (Wasserspiel-M.) mit ihren Armen seinen Nacken, und ziehen ihn so zurückschwimmend mit sich in die Tiefe: FLOSSHILDE, ihnen voran, (Rheintöchter-M.) hält jubelnd den gewonnenen Ring in die Höhe. — Durch die

Walhall-M.
Rheintöchter- u.
Erlösungs-M.

Walhall-M
Rheintöchter- u.
Erlösungs-M.
Walhall-M.
Walhall- u.
Weltesche-M.
Siegfried-M.
Götter-
dämmerungs-M.
Rheintöchtersang u.
Erlösungs-M.

Wolkenschicht, welche sich am Horizont gelagert, bricht ein röthlicher Gluthschein mit wachsender Helligkeit aus. Von dieser Helligkeit beleuchtet, sieht man die drei Rheintöchter auf den ruhigeren Wellen des allmälig wieder in sein Bett zurückgetretenen Rheines, lustig mit dem Ringe spielend, im Reigen schwimmen. Aus den Trümmern der zusammengestürzten Halle sehen die Männer und Frauen, in höchster Ergriffenheit, dem wachsenden Feuerscheine am Himmel zu. Als dieser endlich in lichtester Helligkeit leuchtet, erblickt man darin den Saal Walhall's, in welchem die Götter und Helden, ganz nach der Schilderung Waltraute's im ersten Aufzuge, versammelt sitzen. Helle Flammen scheinen in dem Saale der Götter aufzuschlagen. Als die Götter von den Flammen gänzlich verhüllt sind, fällt der Vorhang.

Götterdämmerung.
Vorspiel & 1. Aufzug.

1. Abenteuer=M.

2. Blutbrüderschaft=M.

3. Brünnhilde=M.

4. Entsagungs=M.

5. Entzückungs=M.

6. Erda=M.

7. Erwachens=M.

8. Fafner=M.

9. Feuerzauber=M.

10. Fluch=M.

11. Freia=M.

12. Freiheit=M.

(vgl. M. 19.)

13. Gastfreundschaft=M.

14. Gattenliebe=M.

15. Gibichungen=M.

16. Goldherrschaft=M.

17. Götterdämmerung=M.

(vgl. M. 19.) 18. Gutrune=M.

(auch mit anderem Intervall.)

19. Hagen=M.

20. Helden=M. Siegfried's.
(vgl. M. 22.)

21. Hingebungs=M.
(vgl. M. 4.)

22. Horn=M.

23. Hort=M.

24. Jubel=M.

25. Jugend=M.

26. Liebes=M.

27. Liebesbund=M.

28. Liebesglück=M.

29. Loge=M.

30. Natur=M.

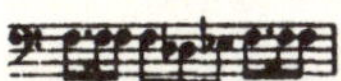
31. Nibelungen=M.

32. Nibelungenhass=M.

33. Rheingold=M.

34. Rheintöchtersang.

35. Ring=M.

36. Ritt=M.

37. Schicksal=M.

38. Schlaf=M.

39. M. aus Siegfried's Schmelzlied.

40. Schwert=M.

41. Seil=M.

42. Siegfried=M.

43. Siegfriedliebe=M.

44. Sühne=M.

45. Tarnhelm=M.

46. Todesklage.

47. Treue=M.
(vgl. M. 19.)

48. Unheil=M.
(vgl. M. 49.)

49. Unmuth=M.

50. Unruhe=M.

51. Vergessenheit=M.

(vgl. M. 19.)
52. Verlockungs=M.

53. Vertrags=M.

54. Vertragsschutz=M.

55. Verzweiflungs=M.

56. Waldvogel=M.

57. Walhall=M.

58. Walküren=M.

59. Walkürenruf=M.

60. Wälsungen=M.

61. Wälsungenliebe=M.

62. Wehe=M.

63. Wellen=M.

64. Weltesche=M.

65. Wotan's Scheidegruss.
s. Walk. M. 42

66. Wurm=M.

Götterdämmerung.

2. Aufzug.

1. Blutbrüderschaft=M.

2. Brünnhilde=M.

3. Entsagungs=M.

4. Fafner=M.

5. Fluch=M.

6. Gastfreundschaft=M.

7. Gattenliebe=M.

8. Gibichungen=M.

9. Goldherrschaft=M.

10. Götterdämmerung=M.

11. Gutrune=M.

12. Hagen=M.

13. Hingebungs=M.

14. Hochzeitruf. (vgl. M. 11.)

15. Horn=M.

16. Liebes=M.

17. Liebesglück=M.
(s. 1. Aufz. M. 28.)

18. Loge=M.

19. Mannen=M.

20. Mord=M.

21. Nibelungenhass=M.

22. Rheingold=M.

23. Rheintöchter=M.

24. Rheintöchtersang.

25. Ring=M.

26. Schicksal=M.

27. Schwert=M.

28. Siegfried=M.

29. Siegfriedliebe=M.

30. Speereid=M.

31. Sühne=M.

32. Tarnhelm=M.

33. Treue=M.

34. Unheil=M.

35. Vergessenheit=M.

36. Verlockungs=M.

37. Vertrags=M.

38. Walhall=M.

39. Walküren=M.

40. Wälsungenliebe=M.

41. Wehe=M.

Götterdämmerung.
3. Aufzug.

1. Brünnhilde=M.

2. Entsagungs=M.

3. Entzückungs=M.

4. Erlösungs=M.

5. Erwachens=M.

6. Fafner=M.

7. Feuerzauber=M.

8. Fluch=M.

9. Freia=M.

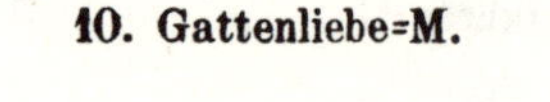
10. Gattenliebe=M.

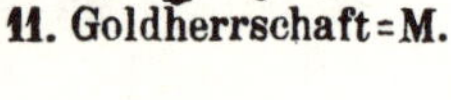
11. Goldherrschaft=M.

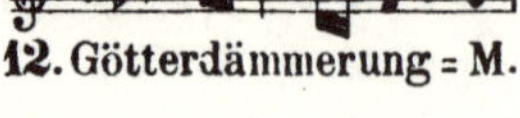
12. Götterdämmerung=M.

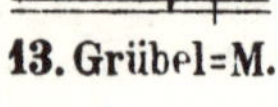
13. Grübel=M.

14. Gutrune=M.

15. Hagen=M.

16. Helden=M.

17. Hingebungs=M.

18. Horn=M.

19. Hochzeitsruf.

20. Jubel=M.

21. Liebes=M.

22. Loge=M.

23. Mime's Erziehungslied. (s. Siegfr. S. 10.)

24. Mord=M.

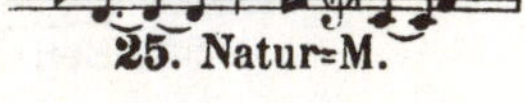

25. Natur=M.

26. Nibelungen=M.

27. Nothung=M.

28. Rheingold=M.

29. Rheintöchter=M.

30. Rheintöchtersang.

31. Ring=M.

32. Schicksal=M.

33. Schwert=M.

34. Seil=M.

35. Siegfried=M.

36. Siegfriedliebe=M.

37. Sieglinde=M.

38. Speereid=M. (s. 2. Aufz. M. 30.)

39. Sühne=M.

40. Tarnhelm=M.

41. Todes=M.

42. Todesklage.

43. Treue=M.

44. Unheil=M.

45. Unruhe=M.

46. Vergessenheit=M.

47. Verlockungs=M. 48. Vertrags=M.

49. Waberlohe=M.

50. Waldvogel=M.

51. Waldweben.

52. Walhall=M.

53. Walküren=M.

54. Wälsungen=M.

55. Wälsungenleid=M.

56. Wälsungenliebe=M.

57. Wasserspiel=M.

58. Wehe=M.

59. Wehwalt=M.

60. Wellen=M.

61. Weltesche=M.

62. Wurm=M.